La Peinture décorative en Anjou

du XIIE au XVIIIE siècle

LA

Peinture décorative en Anjou

du XIIe au XVIIIe siècle

PAR

LE CHANOINE CH. URSEAU

Correspondant du Ministère de l'Instruction publique
Conservateur des Antiquités et Objets d'art de Maine-et-Loire

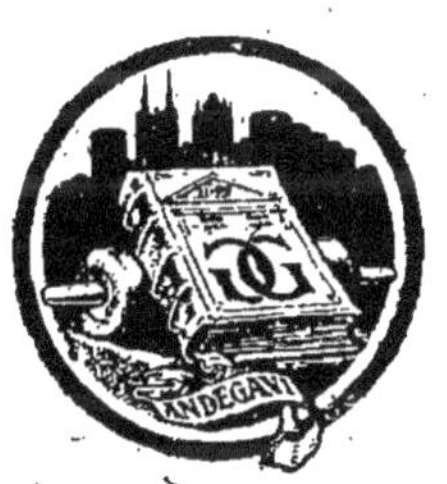

ANGERS

G. GRASSIN, IMPRIMEUR-ÉDITEUR

40, rue du Cornet et rue Saint-Laud

1918

INTRODUCTION

———

Les plus anciennes peintures décoratives de l'Anjou[1]
sont du douzième siècle. Les plus récentes datent du
commencement du dix-huitième siècle.

Dès le douzième siècle, en Anjou comme partout en
France, c'est dans le décor des édifices et dans le décor
des manuscrits que l'art des premiers peintres s'essaie,
s'enhardit et s'affirme. « Dans l'un, le génie français
satisfait ses goûts natifs et constants d'unité, d'harmonie,
de clarté, son besoin de généralisations morales et ins-
tructives; dans l'autre, il se livre à ses instincts de liberté
intellectuelle, de caprices imaginatifs, d'observation pro-
chaine et familière, dans l'ordre sentimental et satirique.
Dans l'un, les grandes images sacrées et héroïques, lé-
gendaires ou historiques, symboliques ou réelles, parlent,

[1] Mon enquête se limite au département de Maine-et-Loire.
M. Lécureux, professeur agrégé au lycée du Mans, se propose d'étudier les peintures murales qui existent dans les anciennes paroisses
de l'Anjou réunies au département de la Sarthe et au département
de la Mayenne.

en traits simples et fermes, à l'âme inculte et naïve des foules; dans l'autre, les images minuscules s'adressent, par des confidences plus intimes et plus variées, à l'esprit ouvert et curieux de l'élite de toutes les classes, lettrés et artistes de l'Église, de la cour, de la ville[1]. »

Pendant longtemps, d'ailleurs, les décorateurs de nos monastères et de nos églises s'inspirèrent de l'œuvre des miniaturistes et, jusqu'au quinzième siècle, on trouve des peintures murales qui ne sont que l'agrandissement d'un feuillet de manuscrit. Peu après 1150, les moines de Saint-Aubin d'Angers firent représenter sur les arcades de leur cloître l'*Histoire des rois Mages* et le *Massacre des Innocents*[2]. Quelques années plus tôt, leurs frères, installés au milieu des vignes de la seigneurie de Trèves, dans le charmant ermitage de Saint-Macé, avaient décoré de fresques l'oratoire qu'ils venaient de faire construire. Ne peut-on pas supposer que l'abbaye angevine leur a fourni elle-même des modèles et peut-être des ouvriers? En effet, on y voit fonctionner, dans la seconde moitié du neuvième siècle, puis au milieu du onzième siècle, un atelier d'enlumineurs, dont les œuvres trahissent, sans doute, une grande inexpérience, mais témoignent aussi, surtout les plus récentes, d'un désir marqué de figurer le détail pittoresque[3]. Ce sont les plus anciens spécimens de l'art angevin. A leur suite, viennent immédiatement les fresques du prieuré de Saint-Macé, les peintures du cloître de Saint-Aubin, les fragments de décoration qu'on a découverts dans la chapelle de Doussé,

---

[1] G. Lafenestre, L'*Exposition des Primitifs français*, p. 7 et 8.

[2] Toutes les peintures citées au cours de cette introduction seront étudiées en détail. On trouvera à chaque article les références bibliographiques.

[3] Cf. A. Boinet, *Quelques peintures exécutées à l'abbaye Saint-Aubin d'Angers, du* IXe *au* XIIe *siècle* (*Congrès archéologique de France*, 1890, p. 159-179).

à Daumeray, le *Christ en majesté* de l'église de Chanteussé et celui de l'église de Châteaupanne, à Montjean.

Pour apprécier cet art, assurément naïf et parfois rudimentaire, il faut se garder avec soin de comparer. Rien de ce qui nous charme dans la peinture, telle que nous la comprenons aujourd'hui, ne s'y rencontre, ni la beauté des formes, ni la grâce des attitudes, ni la magie des effets de lumière, encore moins ces perspectives savantes, ces raccourcis audacieux, ces prodiges d'adresse, avec lesquels nous sommes depuis longtemps familiarisés. Le peintre décorateur du moyen âge dédaignerait, sans doute, cette science, que nous voyons trop souvent se substituer à l'art véritable. En tout cas, il ne s'attarderait pas à l'acquérir. Son idéal est plus haut.

Il ne sait pourtant manier que quelques couleurs : l'ocre jaune, l'ocre rouge, adoucies par leur mélange avec la chaux, le vert, plus ou moins éteint, le blanc, le rose, qu'il emploie pour les chairs, le bleu, qu'il réserve habituellement pour l'entourage du Christ, le noir, qui lui sert à accuser les traits. Mais il juxtapose ces tons avec un instinct et un goût assez sûrs, qui rendent presque toujours harmonieuses et agréables à l'œil les grandes pages imagées, sorties de son pinceau.

Le treizième siècle, à son début, ne paraît pas avoir laissé, en Anjou, des peintures aussi remarquables que celles du siècle précédent. Les fresques du petit oratoire que renferme le clocher de Saint-Pierre de Chemillé, tracées par une main peu habile sur un enduit rugueux, ressemblent plutôt à une ébauche qu'à un travail définitif. La décoration d'une des absidioles de l'église de Lué, où plus d'un détail rappelle les œuvres de la vallée du Loir, est trop endommagée; la scène qui ornait un pignon de maison, dans la rue des Filles-Dieu, à Angers, est trop peu visible, pour qu'il soit possible de juger de l'ensemble, ici et là, d'après les fragments qui restent. Si l'on veut être renseigné sur le mérite des artistes de notre province, à cette époque, c'est la peinture sur verre et non la peinture monumentale, qu'il faut interroger.

L'atelier des maîtres verriers angevins, d'où sortirent, au dernier tiers du douzième siècle, les admirables vitraux de la nef de Saint-Maurice, fit preuve, au siècle suivant, d'une activité étonnante et d'une fidélité particulière aux grandes traditions de la période romane. Les verrières dont il garnit les fenêtres du chœur de la cathédrale n'ont pas la valeur de celles de Chartres, de Bourges et de Sens; néanmoins, elles s'imposent à l'attention par l'éclat de leurs couleurs, l'harmonie de leurs dispositions, l'ampleur de leurs formes et la profusion de leurs ornements. Elles furent mises en place, les plus rapprochées du transept, avant 1240, les autres, après la construction du chevet, qui ne fut terminé qu'en 1274. Mais déjà les peintres décorateurs avaient retrouvé la vie, et bientôt les fleurs de nos jardins, de nos coteaux et de nos prairies s'épanouiront sur les murs et sur les voûtes de nos églises, avec autant de variété et de grâce que sur les encadrements des livres d'heures.

Cette flore, la vraie flore vivante et familière, a inspiré, dès la fin du treizième siècle, les ouvriers qui ont fait les premières peintures de l'église de Pontigné. L'atelier qui a travaillé, au quatorzième siècle, à Cunaud et à la Haie-aux-Bons-Hommes, l'a prise pour modèle. A la Haie, en particulier, les décorateurs ont imité les lis et les roses, les campanules et les narcisses des prés du voisinage, la frétillaire aux diverses phases de sa floraison, les branches de chênes-brosses chargées de glands et de cupules, la ficaire, l'ail des ours, l'anémone-sylvie [1].

---

[1] Cf. *Bulletin historique et monumental de l'Anjou*, 1re série, t. III, 1855, p. 42, et T.-L. Houdebine, *La Haie-aux-Bons-Hommes lès-*

Quelques-uns de ces peintres décorateurs, qui commençaient à observer la nature avec une candeur fervente, étaient aussi des peintres « d'hystoires » attentifs, qui alliaient au respect des vieilles méthodes et des enseignements du passé une certaine recherche de l'éclat et de la couleur, dont on constate partout l'apparition, dans la seconde moitié du treizième siècle, et que M. E. Mâle attribue, non sans preuves, à l'influence du vitrail sur la fresque [1]. C'est ainsi qu'à Pontigné, par exemple, l'artiste qui a tracé de son naïf pinceau les scènes admirables de l'*Annonciation* et de la *Nativité de Jésus* était le serviteur encore docile d'une doctrine traditionnelle. Il a adopté, jusque dans les détails, la disposition symbolique que la théologie avait imposée à la peinture. Il n'a pas renoncé à la grave harmonie des ocres. Mais la couleur, qu'il a employée de préférence est le vert, un vert légèrement adouci, qui donne à ces deux jolies fresques une chaleur de ton tout à fait remarquable. A l'église de la Haie-aux-Bons-Hommes, dont les peintures furent faites vers 1360, l'ensemble du décor n'a plus cette tonalité d'aquarelle qu'on remarque dans les œuvres du douzième siècle et du commencement du treizième siècle : il est plus vif, plus coloré. La litre qui s'étend sur les murs de la nef et de l'abside est ornée d'animaux réels ou chimériques, sous la figure desquels le moyen âge représentait les passions du cœur humain, les vices et les vertus : tous ces animaux sont peints en rouge, excepté la licorne, qui est jaune.

L'on retrouve pourtant, à la chapelle du village de Souzigné, sur la commune de Martigné-Briant, une peinture de la fin du quinzième siècle, qui conserve toute la

Angers (*Mémoires de la Société d'Agriculture, Sciences et Arts d'Angers*, V^e série, t. II, 1899, p. 328).

[2] *La peinture en France, au* XIIIe *et au* XIVe *siècle*, dans l'*Histoire de l'art* de A. Michel, t. II, p. 402.

sobriété de la tradition romane. Elle représente le *Christ en majesté*, entouré des symboles évangéliques et accompagné de quatre anges, qui proclament sa puissance et sa grandeur. Un peu d'ocre rouge et jaune, un fond blanc, semé de fleurs de lis rouges, des traits noirs ou bruns, qui indiquent les plis des vêtements font tous les frais de cette scène, qui doit son élégance à la légèreté des tons employés par l'artiste.

La chapelle du Pimpéan, à Grésillé, est décorée de peintures splendides, qui ne sont pas antérieures à 1460. L'ouvrier qui les a faites était resté fidèle, lui aussi, aux leçons du passé. Il ne connaît que l'ocre rouge, l'ocre jaune et le bleu, qui, mélangé avec la chaux, s'est transformé en vert. Il peint les chairs en blanc, avec des traits bruns, dont quelques-uns seulement sont modelés. Mais les pages qu'il a composées à l'aide de ces quatre ou cinq couleurs sont dignes d'être comparées avec les meilleures productions de l'époque. L'une représente les *Anges portant les instruments de la Passion*, l'autre figure diverses scènes de la *Vie de la Vierge*. Si la première, malgré le charme délicat qui s'en dégage, n'est pas exempte d'une certaine monotonie, avec ces adolescents aux yeux mouillés de larmes, qui volent dans l'azur en tenant dans leurs mains les instruments de la passion et de la mort du Christ, la seconde, au contraire, est admirable par la variété des tableaux, la distinction de l'arrangement, la sincérité et le naturel des gestes et des attitudes : tout y révèle un maître, doué d'un goût très fin et d'une grande habileté, dans lequel il ne serait pas impossible de reconnaître Coppin Delft, l'un des meilleurs peintres de la cour du duc d'Anjou.

A l'église de Cunaud, la scène de la *Transfiguration* n'est peinte qu'avec des ocres; mais la dureté de touche qu'on peut lui reprocher décèlerait peut-être la main d'un artiste étranger au pays.

Dans la chapelle du château de Montreuil-Bellay, ce qui frappe le regard, ce n'est plus, comme au Pimpéan, l'harmonie discrète des tonalités adoucies; c'est, au contraire, « une dorure très fraîche », selon la remarque d'un visiteur d'autrefois. Le rouge vif, le bleu d'azur, l'or couvrent les nervures et les compartiments de la voûte, où voltige un délicieux orchestre d'anges musiciens. Les saints personnages qui ornent les murs se détachent eux-mêmes d'un fond de brocard d'or et, partout sur leurs vêtements, éclatent les chaudes notes du rouge, du bleu ou du vert. Cette brillante décoration remonte à la fin du quinzième siècle. L'or et les vives couleurs ne se retrouveront plus en Anjou qu'à la chapelle de la Bourgonnière, quinze ou vingt ans plus tard, et au château de Raguin, vers le milieu du dix-septième siècle. Mais, tandis qu'à la chapelle de la Bourgonnière la Renaissance italienne a marqué fortement son empreinte, à l'oratoire de Montreuil-Béllay c'est la pure tradition française qui persiste, bien que l'ensemble du travail puisse être attribué à deux ouvriers différents. En effet, les anges musiciens de la voûte rappellent les anges volants de la chapelle de Jacques Cœur, à Bourges; les images de saints indiquent plutôt l'influence de l'école de Jehan Foucquet.

L'influence principale qui se fit sentir sur la peinture, en Anjou, au quinzième siècle, fut celle du roi René. Depuis que, en 1434, le duché d'Anjou était passé entre ses mains jusqu'à sa mort, le bon roi René se montra le protecteur dévoué des arts. Il avait groupé autour de lui des enlumineurs et aussi des peintres, les « peintres du roi de Sicile », qu'il logeait dans ses châteaux et qui travaillaient sous ses yeux. On comptait parmi eux quelques étrangers, tels que Barthélemy de Clerc et Coppin Delft, tous deux originaires des Pays-Bas, et le suisse Gilbert Vandellant; mais on y trouvait surtout des français, comme Jehan Chapuis, Colin Descourtils, Pierre Garnier et Pierre de Villant. Le duc d'Anjou maniait lui-même le pinceau. Il peignit plusieurs sujets de piété et enlumina quelques feuillets de manuscrits. Il est possible que la chambre aux chaufferettes, la chambre aux sèches, la chambre aux gougourdes et la chambre aux groseilles rouges de son manoir de Reculée, à Angers, aient été décorées de sa main : la mode existait, depuis plusieurs siècles déjà, d'orner les chambres des châteaux de peintures murales représentant des arbres, des fleurs, des animaux ou des objets divers. Mais qu'il ait peint, à la cathédrale, dans la chapelle de sainte Anne, les douze *Apôtres* tenant à la main des rouleaux sur lesquels étaient inscrits les articles du Symbole; que les *Anges portant les instruments de la Passion*, qui ornaient la chapelle de saint Bernardin de Sienne, dans l'église des Cordeliers d'Angers, soient son œuvre personnelle, c'est une légende, que rien ne justifie et à laquelle il faut renoncer.

On peut se demander pourtant si le roi René n'aurait pas dessiné lui-même, de sa main, le modèle d'une peinture murale, qui fut reproduite dans plusieurs édifices religieux de l'Anjou.

En effet, dans les derniers mois de l'année 1484, Charlotte de Beauvau, épouse de Jean Rabault, avait fait orner de peintures la chapelle qu'elle venait de faire construire, sur sa terre de Montriou, en la paroisse de Feneu. Cette décoration, déjà à demi-effacée avant le milieu du siècle dernier, a disparu, peu après 1860, quand le châtelain de Montriou restaura la chapelle. L'artiste avait figuré, sur le lambris, les *Anges portant les instruments de la Passion* et, sur les murs, une autre scène que le *Bulletin historique et archéologique de l'Anjou*, de l'année 1853, décrit en ces termes : « Au-dessus de l'une de ces fresques, qui représente une longue croix, portée par des personnages de rang divers, en costume du quinzième siècle, est écrite cette parole du Christ : *Qui vult venire post me, abneget semetipsum, tollat crucem suam et sequatur me* [1]. » M. de la Loge, propriétaire du château de Montriou, qui est mort en 1915, âgé de quatre-vingt-quatre ans, conservait un souvenir très précis de cette peinture, dont il déplorait amèrement la destruction. Souvent il en parlait et, à chaque fois qu'il en était question, il affirmait qu'elle ressemblait au *Portement de croix* de l'église Saint-Aubin des Ponts-de-Cé, avec cette différence que, à Montriou, le peintre avait ajouté, à la suite des personnages qui aidaient le Christ à porter sa croix, un « prédicateur en chaire », qu'on ne voyait pas aux Ponts-de-Cé.

Le Portement de croix de l'église Saint-Aubin des Ponts-de-Cé datait du milieu du seizième siècle. Recouvert d'un épais badigeon, au milieu du dix-huitième siècle, remis au jour en 1847, puis, de nouveau badigeonné en 1877, il a été dessiné par l'architecte Morel, dans ses *Promenades artistiques et archéologiques*. Le Christ, couronné d'épines, portait sur ses épaules et soutenait de ses deux mains la partie supérieure d'une lourde croix. Derrière lui, quelques hommes du peuple, dont l'un devait être un voyageur, car il tenait de la main gauche le bâton des pèlerins, puis, après eux, une femme, enveloppée d'un voile de deuil, un enfant, quatre moines soulevaient le long pied de la croix, comme pour venir en aide au Sauveur et s'associer à ses souffrances. Une inscription en caractères gothiques, que les écorchures avaient rendue illisible, mais qui reproduisait probablement le même texte qu'à Montriou, complétait et expliquait la scène.

Dans le dessin de Morel, le Christ et trois ou quatre des hommes qui le suivent de plus près sont à peine visibles. Par contre, au Lion d'Angers, où l'une des fresques de l'église représente un *Portement de croix*, du seizième

---

[1] *Bulletin historique et archéologique de l'Anjou*, 1853, p. 121.

siècle, qui s'inspire de la même idée que celui de Montriou et celui des Ponts-de-Cé, le Sauveur et les gens du peuple qui viennent à sa suite sont restés apparents, tandis qu'on ne retrouve plus les autres personnages, en particulier, la femme et les moines, dont la silhouette n'était pas encore effacée vers 1853 [1].

A première vue, on serait tenté de rapprocher ces trois peintures de la fresque bien connue de l'église Notre-Dame de Chauvigny, en Poitou, où Jésus, chargé de l'instrument de son supplice, est suivi d'une foule innombrable, composée de gens d'Église : papes, évêques, abbés, moines et clercs, et de laïques, qui cherchent à prendre leur part du fardeau divin [2]; mais ici, le groupe des compagnons du Sauveur se réduit à douze ou treize personnes, parmi lesquelles on distingue quatre ou cinq hommes du peuple, reconnaissables à leur costume, une femme en deuil, un jeune enfant et quatre religieux. A Chauvigny, le Christ, accablé sous le poids de la croix qui charge ses épaules endolories, fixe son regard à terre, semblable à une victime qui va défaillir; en Anjou, il se retourne, avec un visage d'une douceur infinie, comme pour remercier et encourager ceux qui sont venus à son secours. Le peintre de Chauvigny a voulu figurer l'Église entière aidant le Christ à porter sa croix; le peintre angevin a cherché à exprimer une idée différente et, dans les personnages qu'il a représentés, il nous montre l'Humanité souffrante portant sa croix, à l'exemple du Christ.

Or, l'idée d'ennoblir les souffrances de l'humanité en les associant à la croix du Sauveur, le roi René l'a mise en vers et chantée dans une complainte mélancolique,

---

[1] C. Port, qui n'avait étudié que superficiellement le sujet, y avait vu « un groupe de jeunes clercs et de saintes femmes », soutenant le pied de la croix (*Dict. de Maine-et-Loire*, t. II, p. 522).

[2] Cf. *Congrès archéologique de France*, 1903, p. 63.

qui rappelle son *Mortifiement de vaine plaisance* et fait songer involontairement à quelque danse macabre. Le texte de cette complainte a été recueilli, vers la fin du quinzième siècle, par un moine de l'abbaye de Clairvaux, qui l'a reproduit, sans indiquer la source où il a puisé, dans un manuscrit que possède aujourd'hui la bibliothèque municipale de Troyes (ms. 763, f°s 74-77). La pièce comprend cent vingt-deux vers de huit et de dix pieds. Bien qu'elle ne soit pas inédite [1], il est intéressant de la reproduire en entier, parce qu'elle explique jusque dans les moindres détails l'une des plus curieuses peintures de l'Anjou.

L'œuvre de René est précédée d'une courte introduction et accompagnée de quelques remarques du copiste.

« Par devant Notre Seigneur portant sa croix y a ung escripteau contenant ce que s'ensuyt cy apres. Et c'est une exortation en la personne de notre benoist Saulueur Jesus incitant plusieurs à l'exemple de luy de porter patiemment leurs tribulations et luy aydant à porter sa croix. Composé par feu bon roy René, roi de Sicile, etc. Et dit prem'èrement le benoist Saulueur ce que s'ensuyt :

« *Qui vult venire post me, abneget semetipsum; tollat crucem suam et sequatur me* :

> Soustenez bien chascun de vous
> Patiemment portans vos fez
> Comme moy, pouures amys doulx,
> Malades et ladres infectz,

[1] Le comte de Quatrebarbes ne parle pas de cette poésie, dans son édition des *Œuvres complètes du roi René*. Lecoy de la Marche la cite (*Le roi René*, t. II, p. 173, n. 2) : elle ne lui « paraît pas autrement authentique »; mais il n'avait pas dû l'étudier de bien près, car il dit qu'elle « comprend quatre-vingts vers ». Elle a été publiée par le R. P. Ubald d'Alençon (*Revue des questions historiques*, octobre 1909, t. LXXXVI, p. 578-582), avec de légères erreurs de transcription, que la complaisance de M. Morel Payen, conservateur la bibliothèque de Troyes, m'a permis de rectifier.

Et vous prisonniers sans meffez,
Laboureurs, aussy pelerins,
Par moy serez tres tous reffaiz,
Veufues, mendians, orphelins.

Je parle à vous, mes pouures d'esperit
Qui souffrez soif, fain et griesve indigence,
Ladres piteux desquelz le corps perist,
Prenez en moy mirouer de patience,
Soustenez tous ceste croix par puissance,
Gens de labeur, pelerins, prisonniers,
Veu que je suis le premier en la dance
Dieu, filz de Dieu, l'un de vos parsonnyers.

Qui veult venir apres moy la croix porte,
Soymesme nye et humblement me suyue;
Vérité suis, vie, voye et porte,
Qui voys mourir par amour excessiue;
Hommes exempts de joie deceptive,
Quant par péché souffrez tormens diuers,
Prenez en gré : la peyne est transitive
Et par cela mes cieulx vous sont ouvers.

« Nota que de chascune qualité des personnaiges
denommez aux trois premiers couppletz y en a ung aydant
à Nostre Seigneur à porter sa croix. Et dit ung chascun
selon sa vocation ung coupplet correspondant auxdits
trois premiers couppletz. Et premierement commence :
« Le pouure homme suyuant la croix et aydant à
nostre Seigneur à porter sadicte croix dit ce que s'ensuyt :

Si j'ay vescu sans richesse mondaine
Usant mes jours en grant mendicité,
Patiemment doy porter ceste peyne
Quant mon Saulueur à ce m'a incité;
Au monde a eu grande nécessité
Et en ce cas suis euréux de le suyure,
Car j'espère qu'après la mendicité
Il me fera éternellement vivre.

« Le lardre suyuant notre Seigneur et aydant à porter
sa croix :

> Ladre je suis degecté des humains
> Tout plein d'horreur et vile infection;
> De vous Jesus estime on a eu moins,
> Combien que fut par vostre election
> Quant par damnée et orde affection
> D'infectz crachatz eustes la face taincte;
> Si p᷁ens en gré mon imperfection
> En ensuyuant votre doctrine saincte.

« Le malade aussi aydant à porter la croix :

> Oncq en ma vie n'euz santé en mon corps,
> Donc je dois bien mon Dieu remercyer,
> Quant luy a pleu, qui est misericors,
> En ses douleurs moy pouure assocyer;
> En gré prendray sans fort m'en soulcyer
> Puisque pour moy malade a voulu estre;
> Car on ne peult l'honneur aprecyer
> Du serviteur qui bien ensuyt son maistre.

« Le prisonnyer aussi aydant à nostre Seigneur à porter
sa croix :

> Si prisonnyer suis detenu en fers,
> C'est bien raison que ma coulpe j'en batte;
> Mais puisque Dieu qui rompit les enfers
> Fut es prisons de Cayphe et Pilate,
> Il ne fault pas que desespoir m'abatte
> Car monstré m'a par parole et par œuure,
> Le grand docteur que personne ne flate,
> Que aux patiens son paradis il euvre.

« Le pelerin aussi aydant à nostre Seigneur à porter
sa croix :

> Pelerin suis vain, las et trauellé,
> Hoste d'aultruy vagant de place en place,
> Matin levé après qu'ay tart veillé
> En cheminant et par chault et par glace;

Mais quant je voys que souuent on desplace
Mon Redempteur au pourchatz de Cayphe,
Tout mon ennuy s'amendrist et s'efface
Et au traueil je ne compte une biffe.

« Le laboureur aussy y aydant :

A grand traueil me faut gaigner le pain
Dont sont repeux ma femme et mon mesnage;
L'un jour j'ay soif, l'autre je meurs de fain
Pour le péché de mon premier lignaige;
Mais congnoissant par certain tesmoignaige
Que Jesucrist a porté si grant faiz
Pour me donner son tres riche heritage,
Je prens en gré les labeurs que je faiz.

« Les quatre mendians aussi aydans à porter la croix
de nostre Seigneur :

Promis avons chasteté, servitude,
Et de tousiours nostre pain mendier,
Porter la croix ce doit estre l'estude
Que nous devons tous temps estudier;
Pareillement nous convient publier
Que l'on laisse toute mondaine pompe
Et qui en veult ung tout seul oublyer
En nostre estat il se damne et se trompe.

« La femme vesue aussy y aidant :

A grant douleur de mon mari suis vesue
Et de mes maulx ay bien peu de soulas,
Car chascun jour me survient peyne neuve
Dont j'ay le cueur marry, triste et las;
Mais quant je voy que oncques ne fus las
Mon Createur de pour moy peyne prendre
Et que les tiens t'ont délaissé, hélas,
Je doys en toy ma patience esprendre.

« L'orphelin aydant comme dessus :

Orphelin suis et de pere et de mere
Car en jeune aage demouray pouure enfant

Sans rien gaigner. qui m'est bien chose ameré,
Et n'est possible car l'aage le deffend;
Mais congnoissant que du ciel tout despend
En confiant de ta grace benigne,
O doulx Jésus, qui par nous souffriz tant,
Je prens à gré ma misere enfantine.

« Le mau maryé aydant aussi à porter la croix de nostre Seigneur :

Et moy pouueret que terribilité tue
Ne suis je point de votre piteux nombre,
Quant j'ay femme si terrible et testue
Qu'elle m'assotist seulement de son umbre;
Mais, doulx Jesus, quant je calcule et nombre
Comme je suis tenu en ses destroytz,
Elle ne sert que d'enuy et d'encombre,
J'ayde donc bien à soustenir ta croix.

« Ung docteur estant le dernier de la compaignye dit en latin ce qui s'ensuyt :

« *Sic oportuit Christum pati et ita intrare in gloriam suam.*

« Et en françois dit :

Puisqu'à Jesus pour entrer en sa gloire
A convenu endurer et souffrir,
Pouures pecheurs ayez bien en memoire
De voz corps à penitence offrir;
Faire le fault ou autremens mourir
D'orrible mort qui est de damnation,
Mais le chemin pour es haulx cieulx venir,
C'est patience et tribulation

O Jhesucrist roy souverain
Redempteur de lignaige humain
Qui pour moy a voulu morir,
En croix mourant me secourir,
Fay moi sentir tes grans douleurs,
Mes maulx plorer et mes soleurs
Et porter meritoirement
Toutes mes peines et torment,

> Donne moy viure sainctement
> Et parvenir à sauluement.
>
> Amen ! [1]

Dans la peinture de Montriou, ce docteur, « le dernier de la compaignye », n'était pas au rang de ceux qui suivaient le Sauveur et l'aidaient à porter sa croix. Il était monté dans une chaire, comme un prédicateur, et c'est aux chrétiens qui venaient prier à la chapelle, et non aux compagnons du Christ, que s'adressait son discours. Tous les autres personnages que le roi fait parler, « chascun selon sa vocation », se retrouvent, en partie dans la fresque des Ponts-de-Cé et en partie dans celle du Lion d'Angers : à l'église des Ponts-de-Cé, les quatre mendiants, placés deux par deux de chaque côté de la croix, dont ils soutiennent l'extrémité, l'enfant, qui représente l'orphelin « de père et de mère », la veuve au long voile, le pèlerin et probablement le laboureur; à l'église du Lion d'Angers, trois ou quatre hommes, dont le temps et la poussière ont altéré les traits, mais dans lesquels il n'est pas impossible de reconnaître le pauvre, le lépreux, le malade et peut-être aussi le « mal marié » de la complainte.

Le *Portement de croix*, que Charlotte de Beauvau fit peindre, vers 1484, dans la chapelle de son château de Montriou et qui fut reproduit un peu plus tard aux Ponts-de-Cé et au Lion d'Angers, s'inspire donc, trait pour trait, d'une poésie du roi René.

René d'Anjou, qui aimait à peindre autant qu'à rimer, n'aurait-il pas, de plus, dessiné le modèle, « le carton » de cette

---

[1] Je m'étais demandé si le roi René n'avait pas emprunté à saint Bernardin de Sienne, son confesseur, l'idée qui fait le fond de cette poésie; mais je ne trouve qu'un sermon (*Sancti Bernardini Senensis opera quæ extant omnia*, Venetiis, apud Juntas, MDXCI, t. II, p. 627-629), où le saint religieux commente le texte *Qui vult venire post me*, et le thème qu'il développe est différent de celui de René.

scène, sur laquelle son imagination s'était fixée avec complaisance? La question peut se poser. En effet, il existait certainement à Angers, du vivant du roi René, et probablement au château d'Angers, « ung patron en toille, ou Dieu porte la croix, ou il y a plusieurs mendians et autres personnaiges aidant à porter la dicte croix »[1]. Tous ces détails, il faut le reconnaître, s'appliquent rigoureusement au *Portement de croix*, tel qu'on le voyait à la chapelle de Montriou et à l'église des Ponts-de-Cé, tel qu'on le retrouve à l'église du Lion d'Angers. Après la mort de René, Louis XI, qui venait d'hériter du duché d'Anjou, fit don à Anne de Bretagne de cette curieuse « toille », dont on constate la présence, dans les collections de la duchesse, jusqu'en 1494. L'idée qu'eut Louis XI de la faire « aporter d'Angiers », le soin avec lequel la princesse la conserva, la mention détaillée que lui consacre l'inventaire de 1494, tout fait supposer qu'il ne s'agit pas ici d'une œuvre quelconque, mais d'un « document », comme on dirait de nos jours, auquel on attachait le plus grand intérêt. Si l'on admet que la toile a été peinte par le duc d'Anjou, l'attention dont elle fut l'objet s'explique d'elle-même.

L'artiste qui décora la chapelle de Montriou n'eut pas sous les yeux ce « patron en toille », puisque Louis XI l'avait emporté d'Angers entre 1480 et 1484; mais, pour en reproduire tous les traits, il lui suffit de suivre les indications fournies par Charlotte de Beauvau. La dame de Montriou était fille de Bertrand de Beauvau, familier

---

[1] Le Roux de Lincy, *Détails sur la vie privée d'Anne de Bretagne* (dans la *Bibliothèque de l'École des Chartes*, 3e série, t. I, 1849, p. 158); énumération de tableaux, tirée des anciens inventaires d'Anne : « Ung patron en toille, ou Dieu porte la croix, ou il y a plusieurs mendians et autres personnaiges aidant à porter la dicte croix, lequel le feu Roy [Louis XI] feist aporter d'Angiers » (Inventaire du 12 mai 1494).

et grand maître de l'hôtel du roi René. Elle avait eu ses entrées à la cour ducale, où son père exerçait une charge des plus importantes. Si le modèle du *Portement de croix* était vraiment l'œuvre de René, il avait dû attirer son attention et se graver dans son esprit. En consultant ses souvenirs, il lui fut facile, quelques années plus tard, de guider la main du peintre qui retraça pour elle cette scène émouvante.

L'école angevine ne disparut pas avec René. Après la mort du roi, elle fut représentée par Olivier Chiffelin, auquel Philippe de Commines confia, en 1487, la décoration de la chapelle de Dreux, Jean de Cormont, qui reçut d'Anne de Bretagne la commande d'une *Vierge*, Roland Lagouz, « vitrier-peintre et ymaigier », le père de la longue dynastie des Lagouz, rivale, amie et alliée des Vandellant. C'est à peine si l'Anjou a conservé le nom de ces ouvriers, dont plusieurs furent des maîtres habiles, qui, au siècle suivant, enluminèrent les murs et les lambris de nos églises. Les œuvres qui nous restent de cette époque sont encore nombreuses, car, dans l'Anjou, le seizième siècle fut, pour la peinture monumentale, la période, sinon la plus brillante, du moins la plus féconde.

Serait-ce l'un de ces artistes formés à l'école du roi René, qui, tout à la fin du quinzième siècle, aurait décoré le plafond de la salle des gardes, au château du Plessis-Bourré? On n'ose l'affirmer, quand on voit Jean Bourré, l'argentier de Louis XI, qui éleva cette somptueuse demeure, passer un marché, en 1471, avec un vitrier de Tours, pour « toute la voirrerie du grant corps » de son château et engager en dehors de l'Anjou les ouvriers, qui, en 1481, construisirent la chapelle seigneuriale de sa résidence de Jarzé. Mais, si l'on considère à quel point les scènes qui garnissent les fonds des panneaux rappellent, par leur coloration d'un gris blanchâtre, la tonalité des fresques angevines du quinzième siècle, on est tenté de faire honneur de ce travail à un peintre du pays.

Quel qu'il fût, angevin ou étranger à la province, celui dont le pinceau spirituel et malin a tracé tous ces petits tableaux s'était familiarisé avec les fables et les proverbes, qui tenaient une si grande place dans l'enseignement moral du moyen âge. Il n'ignore rien des calembours à la mode. Il représente, sous les traits d'un homme chargé d'une hotte pleine de rats, le « rapporteur », porteur de rats, rats-porteur, que le Dr de Ribier signale au château de Bransac, en Auvergne [1], et M. Lécureux, à l'ancien logis abbatial de Clermont, dans la Mayenne [2], que le roi René, dans son *Abuzé en court*, dénonçait déjà comme une des plaies de la cour. Il connaît la Chiche-Face et la Bigorne : la première est d'une maigreur effrayante, car elle ne se nourrit que de femmes obéissantes, et il paraît qu'elles sont rares; la seconde a pu s'engraisser sans peine en dévorant les hommes qui font la volonté de leurs femmes [3]. S'il ne recule pas devant une gauloiserie, par exemple, quand il montre une femme occupée à coudre le derrière de son oie, « pour ce qu'elle a parlé trop hault », il n'hésite pas non plus à donner des leçons d'une vraie portée morale. Les hommes qui essaient inutilement, malgré leurs efforts, de « rompre » des anguilles, figurent les présomptueux. Le paysan qui veut ferrer une oie exprime à peu près la même idée. Le fou qui laisse tomber une pierre dans un puits illustre ce proverbe :

[1] Dr de Ribier, *Quelques reproductions des fresques de Bransac*, Paris, Champion, 1913 ; extrait de la *Revue de la Haute-Auvergne*.

[2] L. Lécureux, *Les peintures murales du logis abbatial de Clermont*, dans le *Bulletin de la Commission historique et archéologique de la Mayenne*, IIe série, t. 31, 1915, p. 299-341.

[3] « Le dit de Chiche-Face » et « le dit de la Bigorne » ont été représentés en particulier, au commencement du seizième siècle, sous les arcades du château de Villeneuve-Lembron, dans le Puy-de-Dôme.

Getle souvent foul pierre en puy,
Dont cent saiges, pour vreoy, depuis
Sont, pour le faire au fond pescher,
Par bien longtemps fort empeschez.

Depuis deux siècles, les peintres, en France, ne se croyaient plus obligés de reproduire sans cesse les héros et les épisodes religieux. Peu à peu, ils s'étaient habitués à jeter leurs regards sur le monde extérieur, et la vie quotidienne, avec ses petits côtés, avait souvent inspiré leur caprice. A la fin du quinzième siècle, la satire n'était pas rare dans leurs œuvres et, quand ils n'osaient pas risquer des allusions trop transparentes, ils avaient recours aux fables, aux proverbes, aux rébus, qui prêtaient à leurs critiques une forme plus discrète. Ils mêlaient sans scrupule le profane au sacré et ils n'hésitaient pas à introduire leurs fantaisies jusque dans le lieu saint. C'est à l'une de ces hardiesses que l'on doit la décoration du lambris de l'église de Fontaine-Guérin, où l'on remarque, au milieu d'arbres chargés d'armoiries, d'animaux grotesques et de figures grimaçantes, deux serpents à queue unique, affublés d'un jupon, sous lequel apparaissent deux pattes d'oiseau, des dragons ailés, avec des figures humaines sur le ventre, des fous coiffés du bonnet pointu.

Les lambris ont été fort en honneur, dans tout l'Anjou, depuis le milieu du quinzième siècle jusqu'au second tiers du seizième siècle. On les construisait en bardeaux de chêne, polis ou simplement fendus, que l'on égayait de nervures, de semis de fleurs, de jeux de fond, d'armoiries, de personnages en pied ou de scènes variées. Le goût moderne n'en veut plus; pourtant, si les ressources manquent pour établir une voûte en pierre, un bon lambris de chêne n'est-il pas de beaucoup préférable au plâtre ou à la brique plâtrée?

Aucun de ces lambris ne nous est arrivé intact. Beaucoup

ont été détruits, quelques-uns ont été restaurés, d'autres sont fortement endommagés ou tombent en ruines.

A leur défaut, les peintures murales de cette époque qui subsistent dans nos églises attestent que les peintres angevins du seizième siècle pouvaient encore traduire, par le dessin et la couleur, l'idéale beauté des scènes évangéliques, la charmante naïveté des légendes ou les caractères principaux de la physionomie des saints. Quelques-unes des œuvres qu'ils nous ont léguées : le *Martyre de saint Blaise*, en l'église de Saint-Aubin des Ponts-de-Cé, par exemple, les grands personnages, qui s'alignent encore, quoique bien délabrés, sur les murs de l'ancienne salle capitulaire de la Baumette, la scène de la *Médisance*, à l'église de Chanteussé, la *Nativité de Jésus* et l'*Adoration des Mages*, qui décorent la petite chapelle du château de la Sorinière, à Chemillé, témoignent hautement de la fidélité avec laquelle ils conservaient les traditions du beau métier. Les fresques de la Sorinière surtout sont remarquables : il suffirait aujourd'hui d'un tel morceau pour établir, dans une province, la réputation d'un peintre décorateur. Lorsqu'on les étudie de près, on s'aperçoit facilement, à la souplesse des vêtements, au soin avec lequel sont traitées les figures, à l'élégance dont elles sont empreintes, que l'artiste a goûté le charme et subi l'influence de l'école italienne. Dira-t-on pour cela qu'il a perdu l'accent du terroir? Non assurément. Il sait encore regarder la nature, comprendre la vie et la représenter avec franchise. La note dominante de son travail est bien française, quoique, mêlé à cet air français si bon à respirer, on y sente passer un souffle d'Italie.

Cent ans plus tard, au château de Raguin, le décorateur ne fera plus que des peintures mythologiques ou allégoriques dans le goût de l'époque. L'art français avait perdu ses qualités naïves sous les flots de l'invasion italienne.

A côté de ces œuvres, qui se voient ou s'entrevoient encore dans les édifices de notre Anjou, combien d'autres, non moins belles et non moins curieuses, qui n'ont pu échapper aux ravages du temps et des hommes? Sans parler des injures du temps, personne ne saura jamais tout le mal qu'ont pu causer, avec les meilleures intentions et dans l'ignorance absolue de leurs méfaits, au dix-septième et au dix-huitième siècle, les chanoines et les curés, qui recouvraient de badigeon les murs des églises, enluminés au cours des siècles précédents, afin de leur donner l'aspect du marbre. C'est ainsi qu'ont disparu : à la cathédrale d'Angers, les *Apôtres*, du quinzième siècle, qui ornaient la chapelle de Sainte-Anne; à Saint-Aubin des Ponts-de-Cé, les intéressantes peintures qu'on rendit au jour en 1847; à la Blouère, toute une décoration qui faisait de l'église « une immense fresque, de différents âges, comme l'édifice lui-même »; à Marcé, une scène de l'*Enfer*, qui ne redevint visible, en 1859, que pour être grattée; à Villevêque, une *Résurrection des morts*, un *Jugement* et un *Enfer*, du douzième siècle, qui furent, non seulement badigeonnés, mais piqués au marteau. Au dix-neuvième siècle, on a continué à cacher les peintures murales sous le badigeon. L'*Arbre de Jessé*, du seizième siècle, qui était encore apparent, vers 1875, dans le chœur de l'ancienne église de Beaulieu, a été blanchi. La *Mort* et les *Péchés capitaux*, qui étaient représentés, en scènes parlantes, sur les murs de l'ancienne église de Notre-Dame de Chemillé, ont été ensevelis, vers 1850, sous plusieurs couches d'un enduit jaunâtre. A l'ancienne Prévôté de Saint-Laurent-du-Mottay, les peintures qui accompagnaient l'*Annonciation de la Vierge*, sculptée en haut relief sur le manteau de la cheminée de la grande salle, avaient encore des couleurs assez vives en 1870; depuis lors, sculpture et peintures, tout a été recouvert d'une triple couche de lait de chaud. A Saint-

Aubin des Ponts-de-Cé, l'*Ouvroir de saint Crespin et de saint Crespinien* et le *Portement de croix*, dégagés en 1847, ont été badigeonnés de nouveau.

Le badigeon, malgré le danger qu'il présente, altère seulement les peintures, il ne les anéantit pas : on en cite même qu'il a protégées, jusqu'au jour où un homme de goût les rendit à la lumière et en assura la conservation. Les badigeonneurs sont moins à craindre que les démolisseurs. On démolit, au seizième siècle, pour supprimer les prétendus signes d'idolâtrie; on démolit, à la fin du dix-huitième siècle, pour détruire la superstition; on démolit, pendant une partie du dix-neuvième siècle, pour refaire mieux. Dans le seul diocèse d'Angers, sous l'épiscopat de Mgr Angebault, cent quatre-vingt-treize églises et chapelles furent construites ou restaurées, en moins de vingt ans. Le vénérable évêque se félicitait grandement d'un tel résultat et, le 20 avril 1864, écrivant à ses prêtres, il leur disait avec fierté : « A l'heure qu'il est, à la place d'églises basses, étroites, peu sûres, sans style, pauvres, indignes de la grandeur de Dieu, il n'est pas un canton de notre vaste diocèse où ne brillent, dans un éclat nouveau, ou dans les grâces d'une parure rajeunie, une ou plusieurs églises, spacieuses, élégantes, quelquefois magnifiques et grandioses. » S'il avait prévu l'avenir, il aurait pu ajouter : « Et souvent, hélas ! trop peu solides. » Le mouvement commencé s'est à peine ralenti dans le dernier tiers du siècle dernier. Comment connaître toutes les peintures qui, au cours de ces démolitions, ont dû disparaître sans laisser de traces?

Un autre danger qui a menacé les peintures murales, à l'époque contemporaine, c'est la restauration maladroite. Les fresques qui tapissent l'un des côtés de la nef, à l'église du Lion-d'Angers, découvertes, en 1852, sous le badigeon, furent fâcheusement restaurées par un peintre de la localité. Vers 1850, le curé de Saint-Aubin des Ponts-de-

Cé confia à un ouvrier de passage le soin de réparer l'*Ouvroir de saint Crespin et de saint Crespinien*, qui n'était pas en bon état; l'artiste improvisé endommagea tellement la scène que le curé se crut obligé de la recouvrir d'un enduit. Comme si la leçon n'avait pas suffi, un peu plus tard, il demanda au peintre angevin Appert de retoucher le portrait de Jean Vachon et le *saint Jean-Baptiste* qui décorent l'une des chapelles de l'église. Et l'on connaît d'autres exemples.

L'étude qui suit s'applique, tout d'abord, aux peintures décoratives : peintures murales, planchers, plafonds et lambris peints, dont on constate encore l'existence dans le département de Maine-et-Loire. Elle comprend aussi, parmi les œuvres détruites au cours du dix-neuvième siècle, celles dont on possède une image ou une description exacte; mais elle ne s'étend pas aux peintures qui ont disparu avant la fin du dix-huitième siècle, parce que les textes qui en parlent sont trop rares et trop peu précis.

Ces pages ne révéleront aucun nom d'artiste : les peintures de nos vieux maîtres sont anonymes; elles ne portent pas de signature; elles ne sont revêtues et parées que de leur seul mérite. Les noms qui pourront être cités sont peu nombreux; ils sont déjà connus : c'est Thomas Pôt, qui, en 1567, fit une partie des peintures de l'ancienne salle capitulaire de Fontevraud; ce sont les « peintres de Monseigneur le duc de Brissac », Edme Pothier, Pierre Gasselin et Louis Gillion, qui travaillèrent, dans la première moitié du dix-septième siècle, à la décoration du château de Brissac. Quelques « attributions » sont possibles ou probables : Coppin Delft, qui entretenait des relations suivies avec la famille de Beauvau, a peut-être été choisi, de préférence à d'autres artistes, pour orner de peintures la chapelle du Pimpéan et celle de Montriou; on peut supposer sans témérité que les fresques de l'ancien couvent de la Baumette sont le travail de Gilbert II Vandellant, qui fut enterré dans le cimetière des religieux. Mais ce sont là des hypothèses qui ne s'appuient encore sur aucun texte formel.

L'examen minutieux des peintures de l'église de Cunaud et de l'église de la Haie-aux-Bons-Hommes permet de croire que c'est le même atelier qu'on retrouve, dans les deux endroits, au commencement et au milieu du quatorzième siècle. Les peintures de l'église du Lion d'Angers, celles de l'église de Chanteussé et celles de l'église de la Jaillette ont assez de traits communs pour qu'il soit possible d'y voir le pinceau d'artistes formés à la même école.

Quel que soit le milieu d'où ils sont sortis, quel que soit le nom qu'ils ont porté, nos peintres décorateurs affirment par leurs œuvres l'étroite parenté qui les unit.

A partir du jour, où, vers la fin du treizième siècle, leur personnalité commença à se dessiner, jusque dans la seconde moitié du seizième siècle, on les reconnaît à une double marque : le respect de la tradition et le sens de la mesure. Cette double note, elle reparaît, avec des nuances plus ou moins accentuées, chez tous nos ouvriers, surtout au quinzième et au seizième siècle. Ce ne sont ni des novateurs puissants, ni des chefs d'école; ils ne cherchent à s'imposer aux autres ni par l'autorité du talent ni par la volonté. Ils appartiennent à la grande école française par l'observation loyale et affectueuse de la réalité et par l'empressement à rejeter tout ce qui ne porte pas le cachet de la distinction et du bon goût; ils se rapprochent de l'école tourangelle par l'affabilité avenante et la grâce délicate de leurs compositions; mais, plus que d'autres, ils se meuvent dans les traditions du passé. Ils aiment à profiter des exemples et des leçons d'autrui; mais ce sont des disciples jaloux et fiers de leur liberté; ils savent prendre à l'égard de leurs maîtres l'indépendance respectueuse qui convient à des élèves parvenus à l'âge d'homme. Ils sont accueillants aux idées et aux formes nouvelles; mais ils ne les adoptent qu'après les avoir épurées, si elles leur paraissent ou trop hardies ou trop rudes. Ils s'attardent, parce qu'ils vivent sans ambition, dans la douceur d'un air tempéré et sous les caresses d'un ciel indulgent.

Si l'Anjou, vers la fin du quinzième siècle, ne s'est pas livré, pieds et poings liés, à l'Italie, c'est parce que l'Angevin, par tradition aussi bien que par tempérament, répugne aux partis pris violents. Il connaissait l'art antique depuis la conquête de Naples par Charles Ier. Ses relations avec le royaume de Sicile, où les ducs d'Anjou avaient fini par s'établir, lui avaient permis d'apprécier à leur réelle valeur et les chefs-d'œuvre classiques et les premières productions des maîtres italiens. Certes, il les admira : il sut même plus d'une fois s'en inspirer. Mais son admiration ne le rendit pas injuste pour l'art de son pays; elle ne ressemble en rien à l'engouement déraisonné qui se développa en France, après les guerres de Louis XII et de François Ier.

L'esprit angevin a, sans doute, des défauts; il a aussi des qualités. « L'amour de l'harmonie, du rythme, des proportions, la justesse et la pureté de l'œil pour les couleurs et les lignes, la répugnance pour tout ce qui est disproportionné, excessif ou rude, en sont les caractères. La grandiose horreur, l'étrangeté, le luxe sauvage, les formes incomplètes et nuageuses d'un rêve inachevé n'ont pas grand succès dans ce pays (d'Anjou); mais sa fine culture et la délicate précision de son goût lui ouvriront le monde infiniment doux et charmant des subtiles beautés, monde à jamais fermé à tant de peuples[1]. » Cette disposition

---

[1] G. Ferronnière, *L'art angevin* (*Revue des Facultés catholiques de l'Ouest*, octobre 1904, p. 40-53).

naturelle explique, à elle seule, pourquoi le mouvement de retour à l'antiquité fut moins prompt, surtout moins violent, en Anjou qu'ailleurs; pourquoi, malgré les ateliers italiens qui s'étaient formés de bonne heure dans la vallée de la Loire, les artistes angevins gardèrent longtemps encore les traditions de simplicité et d'élégance qu'ils avaient puisées à l'école de Jehan Foucquet et de Michel Colomb; pourquoi la peinture, et particulièrement la peinture monumentale, conserva en Anjou, jusqu'après le milieu du seizième siècle, un caractère si nettement français.

Ces pages ont été écrites à des heures tragiques, où s'accumulent les ruines sur le sol de la France. Puissent-elles sauver de l'oubli, de l'indifférence et de la destruction des œuvres, qui, sans être toutes de première valeur, forment néanmoins une portion importante de notre patrimoine et contribuent pour leur part à maintenir la réputation artistique de notre province, rares feuillets d'un beau livre d'images, que le passé a trop facilement déchiré et que l'avenir devra traiter avec respect !

Angers, 29 *mars* 1918.

PREMIÈRE PARTIE

PEINTURES EXISTANTES

Peintures murales

ANGERS

Ancienne église collégiale de Saint-Martin

A Saint-Martin, dans le croisillon sud, une petite porte garde les traces très apparentes d'une jolie décoration du treizième siècle. Sur un fond de couleur jaune, au-dessous de deux rubans, l'un noir, l'autre rouge, court une bande noire, ornée de quatrefeuilles d'un vert sombre, dont les contours sont accusés par un filet blanc.

Au flanc septentrional du chœur de la vieille église, s'élève la gracieuse chapelle dite « des Anges », ainsi appelée à cause des anges qui étaient peints sur les murs et sculptés dans les chapiteaux ou les clefs de voûte. Elle reçut, au treizième et au quinzième siècle, des peintures, dont quelques-unes ont pu être sauvées par M. le chanoine Pinier, propriétaire de l'église. Le peu qui restait des autres a été détruit par les ouvriers chargés des réparations de l'édifice.

Au fond de la première des arcades qui règnent le long du mur méridional, on aperçoit encore les traces d'une peinture, dont l'exécution luxueuse permet d'imaginer la riche décoration de la chapelle. Deux évêques, nimbés et mitrés, portant, l'un une robe d'or et une chape rouge, l'autre une robe d'or et une chape bleue, sont debout ou agenouillés, au-dessous d'un dais, près d'un siège recouvert d'un tapis à fleurs. La voussure qui surmonte l'arcade est ornée, à l'intérieur, d'un jeu de fond jaune sur rouge, imitant une étoffe du quinzième siècle, dont le dessin figure des grenades au milieu de feuilles et de fleurons enroulés.

A la seconde arcade, l'intérieur de la voussure présente une variété du même motif. L'extérieur est décoré de dessins géométriques, encadrés, en haut par une cordelière, en bas par un damier.

Au fond de la troisième arcade, le peintre a représenté *Hérode* et le *Massacre des Innocents*. Le roi, avec la figure barbue et la tête couronnée, est vêtu d'un manteau à revers rouges et assis sur un trône. Il lève la main droite et semble parler à un homme d'arme, habillé de rouge, qui attend ses ordres, pendant qu'un autre soldat massacre un enfant, en présence d'une femme, enveloppée dans un manteau rouge, qui se jette à genoux et joint les mains.

La quatrième arcade abrite une Vierge assise, tenant l'Enfant-Jésus sur ses genoux. Quelques étoiles, encore visibles sur le fond, permettent de reconnaître une *Adoration des Mages* dans cette peinture, dont la plus grande partie est effacée.

Dans la même arcade, au-dessous de la scène précédente, les ouvriers avaient remis à découvert plusieurs anges, du treizième siècle, qu'ils n'ont pas eu l'idée de respecter.

Hermann de Vienne, ancien médecin du roi René et doyen de Saint-Martin, qui mourut en 1491, après avoir comblé la collégiale de ses largesses, fut enterré dans la chapelle des Anges. On suppose que c'est par ses soins qu'elle avait été enrichie de peintures.

ANCIENNE ÉGLISE ABBATIALE DE TOUSSAINT

L'église abbatiale de Toussaint, qui n'est plus qu'une ruine, mais une ruine d'une saisissante beauté, conserve quelques traces des peintures dont elle avait été ornée au quinzième siècle.

Des anges musiciens, aux ailes éployées, représentés debout et de face, apparaissent encore visibles surtout à droite, dans l'ébrasement de la porte.

Sur le mur, à droite de la porte, des angelots d'une rare élégance tiennent, dans des attitudes variées, chacun un ruban, sur lequel on lit l'inscription suivante, en gothique carrée : *Te rogamus, audi nos*[1]. Ils occupent une bande large de 65 centimètres environ, au-dessous de laquelle, vers 1860, Barbier de Montault a pu distinguer d'autres anges, qui « se précipitent, la hache et l'épée à la main, sur une église[2] », et divers textes, parmi lesquels il cite celui-ci : *Apprehende [arma et scutum]*. La double scène est facile à reconstituer : en bas, les anges punissent les crimes de la terre; en haut, ils présentent à Dieu les prières des saints.

Dans la première travée de la nef, sur le mur occidental, le badigeon, que l'air et la pluie ont désagrégé, laisse à découvert quelques fragments d'une œuvre plus importante et non moins habile que la précédente. Deux femmes nimbées, dont l'une porte un voile blanc sur la tête et un manteau rouge sur les épaules, sont à genoux, les mains jointes, et fixent des yeux suppliants vers un personnage qui devait occuper la seconde partie du tableau. Derrière elles, un homme debout, la tête nimbée, regarde attentivement dans la même direction. Sur une banderole court cette inscription : *Domine, si fuisses hic, frater meus non fuisset mortuus.* Par conséquent, la scène n'était autre que celle où Marthe et Marie demandent à Jésus de ressusciter leur frère Lazare.

---

[1] Ce texte est emprunté aux Litanies des saints.
[2] *Répertoire archéologique de l'Anjou*, 1868, p. 175.

ANCIEN CLOÎTRE DE L'ABBAYE SAINT-AUBIN
AUJOURD'HUI PRÉFECTURE DE MAINE-ET-LOIRE

En 1836, sous le cloître du dix-septième siècle, qui sert aujourd'hui de vestibule à la Préfecture, on découvrit, à un mètre environ au-dessous du niveau actuel, une belle porte romane, encadrée, à droite et à gauche, de six arcades en plein cintre, admirablement sculptées. Les arcades de droite sont réunies, deux à deux, sous trois archivoltes. La première de ces archivoltes abrite une Vierge, en relief, tenant l'Enfant dans une gloire portée par deux anges thuriféraires. Les deux arcades placées au-dessous de la Vierge sont peintes au lieu d'être sculptées. On y voit des scènes qui se rapportent à l'*Histoire des Mages* et au *Massacre des Innocents*. Ces peintures, heureusement protégées par un vitrage, sont assez bien conservées [1].

Sur l'arcade de droite, à la partie inférieure, on aperçoit les trois rois, à cheval, figurés l'un au-dessus de l'autre et s'avançant de droite à gauche. Ils sont vêtus d'une tunique et portent une couronne qui ressemble à un bonnet à pointes. L'un d'eux tend les bras vers l'étoile, qu'un ange leur montre du doigt. Plus haut, on les voit debout, appuyés sur un bâton. Ils se présentent devant Hérode, lequel est assis sur un banc, les pieds écartés, la main droite posée sur le genou, avec un sceptre fleurdelisé dans la main gauche. A ses côtés se trouvent trois conseillers, dont deux, à la figure fort laide, semblent, selon la judicieuse remarque de M. A. Boinet [2], lui inspirer de mauvais desseins.

[1] Dans le *Congrès archéologique de France*, 1890, p. 159-179, M. A. Boinet a consacré à *Quelques peintures exécutées à l'abbaye Saint-Aubin d'Angers du IXᵉ au XIIᵉ siècle* — et en particulier aux peintures des arcades du cloître — une étude très complète et très précise, à laquelle j'emprunte plus d'un détail.

[2] *Op. cit.*, p. 174.

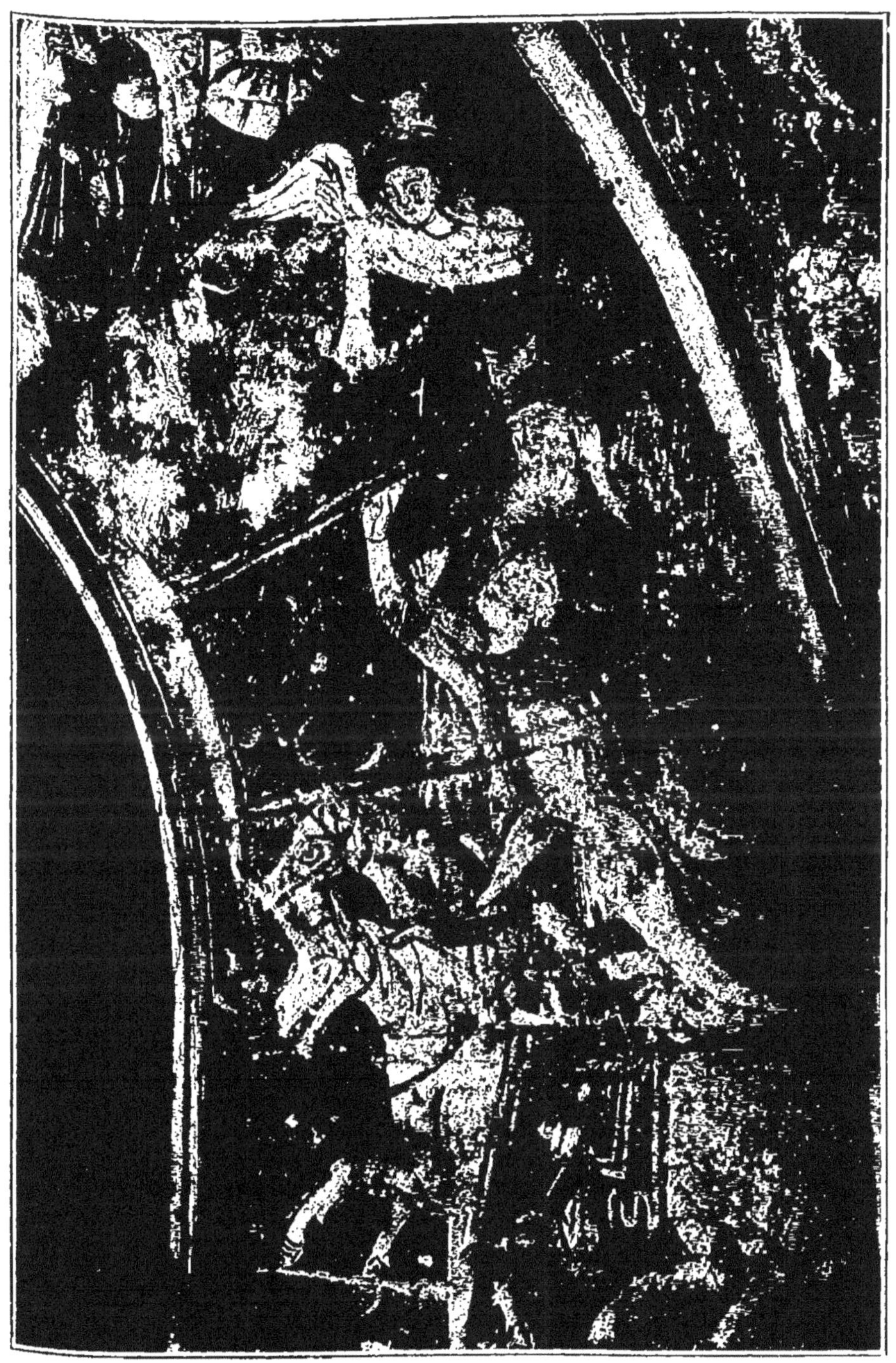

Cliché E. Lefèvre-Pontalis

Ancien cloître de l'Abbaye Saint-Aubin, à Angers

LES MAGES A CHEVAL.

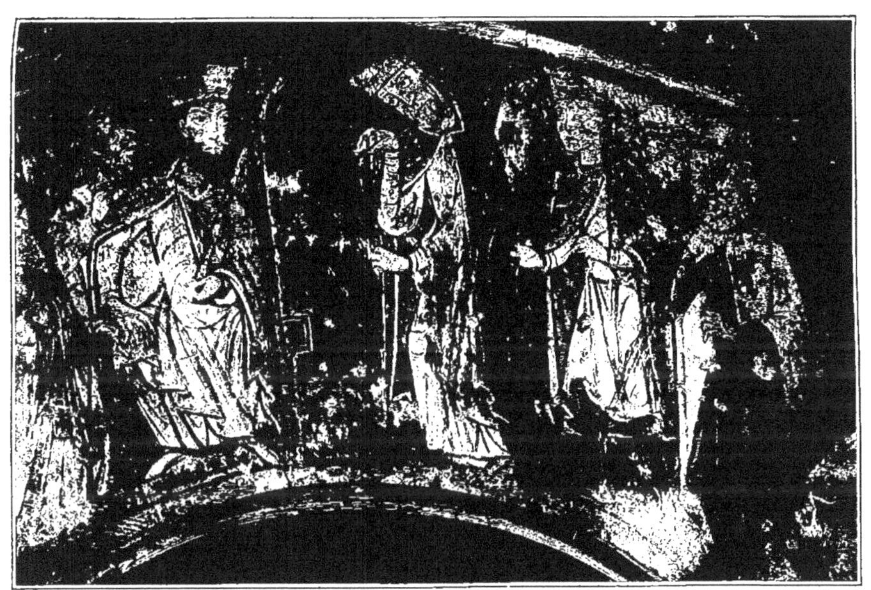

Ancien cloître de l'Abbaye Saint-Aubin, à Angers

LES MAGES DEVANT HÉRODE

Sur l'arcade de gauche, on reconnaît d'abord, en haut, l'*Adoration des Mages*, qui sont tournés vers la Vierge, sculptée au-dessus, dans l'écoinçon; puis, en bas, Hérode, assis sur un fauteuil en forme d'X, l'épée à la main, donnant des ordres à un bourreau, dont la bouche s'ouvre dans un affreux rictus; entre ces deux scènes, le *Massacre des Innocents*.

Au-dessous du point où les deux arcades se réunissent, l'artiste a peint un donjon carré, flanqué aux angles de deux tours carrées et de deux tours rondes, sur la plate-forme duquel s'élèvent deux corps de logis et deux tuyaux de cheminée cylindriques. On accède par une grande porte en plein cintre à ce donjon, qui représente sans doute la ville de Jérusalem.

« Les couleurs employées le plus souvent sont le bleu et le rouge. Les vêtements sont bleus, rouges, verts ou violets, quelquefois blancs, comme les robes des femmes (dans le *Massacre des Innocents*). Le peintre s'est éloigné souvent de la réalité, en ce sens que les chevaux des rois sont bleus ou rouges, les barbes ou les cheveux rouges ou bleus. Le jaune est très rare. Enfin le fond des tableaux est d'un bleu foncé devenu presque noir [1]. »

Ces peintures, dont le dessin est assez souvent tracé avec justesse, accusent une certaine habileté dans la façon de rendre les gestes, les attitudes et les expressions des personnages. Elles sont du milieu du douzième siècle.

ANCIENNE ABBAYE DU RONCERAY
AUJOURD'HUI ÉCOLE NATIONALE D'ARTS-ET-MÉTIERS

Anne-Marie-Louise de Belzunce de Castelmoron, qui fut abbesse du Ronceray de 1709 à 1742, entreprit des travaux importants dans le monastère et dans l'église; en particulier,

[1] A. Boinet, *op. cit.*, p. 176.

dit.le *Nécrologe* de l'abbaye, « elle embellit la grande chapelle. de notre Père saint Benoît d'une coupole, de peintures et de mosaïques de bois [1]. » Quel mérite pouvaient avoir ces peintures? Il est difficile de le dire, puisqu'il n'en reste plus rien. Mais on leur ferait trop peu d'honneur en les comparant à d'autres peintures, de la même époque, qui existent encore dans les combles des appartements privés de l'abbesse, lesquels sont affectés de nos jours au logement du directeur de l'École.

En effet, ce n'est pas sans surprise qu'on trouve, sous la toiture, au-dessus de l'ancienne chambre de l'abbesse, un petit oratoire, précédé d'un vestibule et recouvert d'un lambris en berceau, qui descend jusqu'au niveau du carrelage. La pièce principale mesure 3 m. 40 de long et 2 m. 85 de large. Le vestibule a 3 m. 80 de long et 3 mètres de large; sa hauteur varie, suivant la pente du comble, de 1 mètre à 3 m. 20. Ces deux pièces sont ornées, du haut en bas, de peintures à l'huile, que leur naïveté, plus que leur valeur, signale à l'attention.

Dans l'oratoire, une double guirlande de roses blanches et rouges, de marguerites et de bleuets garnit de ses festons la partie supérieure du lambris. Plus bas, à hauteur d'appui, court une balustrade, supportée par des colonnettes, qui alternent, de trois en trois, avec de larges pilastres, sur lesquels on distingue de petits tableaux représentant des paysages. Des arbres forment rideau derrière la balustrade.

Dans le vestibule, la décoration est beaucoup plus variée. C'est, tout d'abord, immédiatement au-dessus du carrelage, une chasse royale, qui entoure une partie de l'appartement. Le roi assiste à la prise du cerf, que des chiens ont poursuivi jusqu'au bord d'un étang. La reine, assise avec ses enfants dans un carrosse attelé de six chevaux, suit attentivement tous les détails de la chasse. Au même niveau, à droite et à

---

[1] Bib. d'Angers, ms. 850 (ancien 762), au 24 septembre.

gauche de la porte de l'oratoire, on remarque une maison bourgeoise et un château. Plus haut, sur les cloisons qui ferment la pièce, de même que sur les planches juxtaposées qui cachent les voliges de la charpente, le peintre a représenté un grand nombre de petits édicules en forme de chapelles, des religieuses, quelques moines, placés au centre d'un paysage qu'ils animent, ou juchés, dans des attitudes parfois amusantes, au milieu de rinceaux de feuillage. Les pannes elle-mêmes sont recouvertes de tableautins. Au-dessus de l'entrée de l'oratoire, figurent les armes de l'abbesse de Belzunce, qui permettent de dater ce travail.

Toute la décoration du vestibule est faite en camaïeu bleu sur fond blanc. Elle dénote plus d'ingéniosité que d'adresse.

L'artiste ou l'ouvrier qui fut chargé de peindre ces deux pièces n'a pas signé son œuvre, mais il s'est fait connaître comme étranger à l'Anjou et comme proscrit, dans une inscription qu'il a tracée en lettres blanches sur la porte de l'oratoire :

> *Hic repulsus,*
> *Alio penates,*
> *Tabulas qui*
> *Posui.*

ANCIEN HÔPITAL SAINT-JEAN, AUJOURD'HUI MUSÉE ARCHÉOLOGIQUE

A l'ancien hôpital Saint-Jean, sur l'une de ces élégantes colonnes qui soutiennent l'admirable voûte de la salle des malades, on aperçoit encore, sur 1 m. 25 de hauteur, les traces d'une peinture, que Godard-Faultrier attribuait au treizième siècle et dans laquelle on avait cru reconnaître un « saint François recevant les stigmates [1] ». On dirait

---

[1] V. Godard-Faultier, *Inventaire du Musée d'Antiquités Saint-Jean et Toussaint*, p. 22.

plutôt la silhouette d'un personnage assis sur un siège peu élevé. Mais le dessin a disparu en grande partie et l'on ne distingue plus guère que des taches rouges, brunes et jaunes, à l'intérieur d'un cadre noir.

A l'autre extrémité de la salle, un peintre du dix-huitième siècle a représenté, sans aucun art d'ailleurs, des navires, la vue d'une ville et diverses scènes sacrées et profanes, qu'il faut citer pour être complet, mais qui ne méritent pas de fixer l'attention.

Dans l'ancienne chapelle, sous le badigeon qui couvrait plusieurs couches de peintures, M. A. Michel, conservateur du Musée archéologique, a retrouvé la représentation d'un grand rideau en velours rouge, orné de franges d'or, que deux anges soutiennent et écartent autour d'un autel, qui était adossé au mur. Deux autres anges, beaucoup plus petits que les premiers, balancent un encensoir fumant à la hauteur de la table de l'autel et semblent prononcer ces paroles, qui sont écrites, les unes à droite, les autres à gauche du rideau : *O Sacrum convivium : gustate et videte. — O admirabile sacramentum.* Cette peinture remplit toute la largeur du mur oriental de l'une des deux nefs. Le style des draperies et le caractère des inscriptions permettent de l'attribuer à la fin du dix-septième siècle.

Ce lourd travail cachait une autre peinture, à motifs fleuronnés, du treizième siècle, qui elle-même avait remplacé une délicate décoration de palmettes et de soleils rayonnants du quinzième siècle, laquelle servait d'encadrement à un tabernacle, creusé dans le mur, où l'on déposait la « sainte réserve ». Le tabernacle, en forme de niche, était entouré d'un motif d'architecture, qui a été rasé au niveau de la maçonnerie. L'inscription I H S, tracée en lettres d'or sur fond rouge, au-dessous de la niche, a été remise au jour par M. A. Michel, ainsi que six petits anges, d'une facture très fine, peints aux côtés d'un Crucifix en relief, qui surmontait le tabernacle. Le Crucifix a été gratté, mais les anges existent toujours. Ils reçoivent, deux par deux, dans un calice qu'ils tiennent à la main, le sang qui coule des mains, du côté et des pieds du Sauveur.

Tout ce décor est « soufflé ». L'état dans lequel il se trouve ne permet pas de le nettoyer suffisamment.

Les colonnes qui limitent la surface peinte sont ornées, sur un fond rouge, de grosses fleurs de lis d'or, sous lesquelles on distingue les traces d'une décoration plus ancienne. Les chapiteaux des colonnes, ainsi que les formerets, conservent leur peinture du treizième siècle, qui apparaît sous le badigeon.

Sur le mur méridional de la même chapelle, un peintre du seizième siècle, qui ne semble pas avoir été sans mérite, avait représenté un évêque, en habits pontificaux, debout dans une salle carrelée. Le personnage, dont la tête est cachée par la tribune de l'orgue, porte une soutane blanche, une tunicelle bleue et une chasuble verte.

Une autre œuvre, qu'il convient de décrire à cette place, bien qu'elle n'ait aucun rapport avec l'ancien hôpital Saint-Jean, c'est le devant d'autel peint, de la chapelle des Moulins-d'Yvré, offert au Musée archéologique par le Conseil municipal de la commune d'Étriché.

Ce devant d'autel est en pierre blanche. Il mesure 1 m. 80 de largeur et 0 m. 80 de hauteur. La peinture qui le décore mérite d'être étudiée.

La partie centrale de la composition représente l'*Ensevelissement du Christ*.

Un vieillard, vêtu d'une robe bleue et d'une tunique de brocart à fond rouge, passe ses mains sous les épaules du Christ et essaie de le soulever au-dessus du sépulcre. Un autre personnage, dont la tête a été fortement endommagée, enveloppe du suaire les pieds du Sauveur, qui sont déjà allongés dans le tombeau. En arrière, au milieu d'un groupe d'hommes et de femmes, la Vierge, avec une guimpe blanche, une robe rouge et un manteau brun, joint les mains et tente d'approcher du corps inanimé de son fils, pendant que, de la main droite, saint Jean cherche doucement à l'en écarter. Au devant du tombeau, la Madeleine, à genoux, la tête enveloppée d'un voile, tient de ses deux mains l'un des bras ensanglantés de Jésus. Un peu à l'écart, deux saintes femmes dont l'une porte le vase aux parfums.

A droite de cette scène principale, figure saint Sébastien, le corps nu et criblé de flèches. Il a les mains et les pieds attachés à un arbre. A côté de lui, le bourreau, tout en rouge, tient son arc de la main droite.

A gauche, le peintre a représenté saint Michel, vêtu d'une cuirasse et armé d'une longue croix, dont il enfonce l'extrémité inférieure dans la gueule du démon, qui redresse ses quatre pattes aux ongles crochus.

Un chapelet à gros grains entoure la peinture et déborde jusque sur le cadre de pierre.

L'artiste qui se chargea de ce travail n'était pas dépourvu de goût, mais sa main trahit une inexpérience manifeste. On dirait que, habitué à copier les miniatures des manuscrits, il a voulu reproduire ici, en l'agrandissant, l'enluminure d'un livre d'heures. Les étoffes sont dessinées avec soin, les couleurs sont bien choisies, mais les personnages manquent de proportions. Le corps du Christ est d'une longueur démesurée. La tête du vieillard qui le soulève est énorme. Aussi l'œuvre, qui, de prime abord, paraît assez brillante, ne tarde-t-elle pas à donner une impression de sécheresse et de dureté.

La date de cette peinture est facile à déterminer. En effet, la chapelle des Moulins-d'Yvré, construite par Pierre de la Haye, écuyer, et Jeanne du Chesne, son épouse, fut consacrée, le 25 novembre 1498, par Jean, évêque d'Arcuse, abbé du monastère de Notre-Dame de la Boissière, au diocèse d'Angers, qui déposa dans l'autel des reliques de saint Étienne, premier martyr [1]. C'est à cette époque, peut-être même pour cette cérémonie, que le devant de l'autel fut peint.

ANCIENNE CHAPELLE DU CHATEAU

En 1890, on remarquait encore, dans la chapelle du château, quelques fragments des peintures dont elle avait été ornée au quinzième siècle. Ainsi, sur le mur septentrional, à gauche de l'ancienne entrée, apparaissaient les restes d'un panneau bleu à fleurs de lis jaunes, qui avait dû faire partie d'un ensemble plus considérable. Depuis lors, tout l'intérieur de l'édifice a été recouvert de badigeon.

Au dix-septième siècle, l'entourage immédiat de l'autel avait reçu une nouvelle décoration, que le blanc de chaux ne semble pas avoir trop endommagée, si l'on en juge par trois médaillons, que l'on a remis au jour et qui représentent, à mi-corps, le Christ au roseau, la Vierge et saint Pierre. Ces médaillons mesurent 0 m. 80 de haut sur 0 m. 60 de large. Ils sont placés deux à droite et un à gauche de la porte d'entrée actuelle.

Le Christ, la tête couronnée d'épines, tournée de gauche à droite et légèrement penchée sur l'épaule droite, porte un manteau rouge noué sur la poitrine; ses bras sont attachés par une corde, qui passe autour du cou. De la main droite, il tient un roseau.

La Vierge, avec la tête et les épaules enveloppées d'un long voile bleu, qui cache à peu près complètement une robe rouge, joint les mains et lève les yeux du côté où se trouvait l'autel.

Saint Pierre, vêtu d'une tunique bleue et d'un manteau

---

[1] La pièce officielle qui relate la consécration de la chapelle est entre mes mains.

jaunâtre, a la tête chauve. Il lève la main gauche à la hauteur de l'épaule et tient une clef de la main droite, qu'il ramène en avant.

Ces œuvres, sauf peut-être le médaillon de la Vierge, sont assez banales.

Ancienne maison canoniale de Saint-Michel, 1, rue du Parvis Saint-Maurice

L'ancienne maison canoniale de Saint-Michel renfermait un oratoire, comme presque toutes les maisons de chanoines. Cette petite chapelle avait été ornée, au commencement du seizième siècle, d'une fresque à la cire, qui tombait en poussière, lorsque, en 1904, M. le chanoine Bonnamy, propriétaire de l'immeuble, en recueillit les fragments, qu'il fit appliquer, avec beaucoup de soin, sur du plâtre frais.

La scène représentée par la peinture occupait un espace de 1 m. 40 de long sur 1 m. 30 de haut. Elle figurait la *Mort de la Vierge*. Marie, avec la tête nimbée et les mains jointes, est étendue sur un lit. Un manteau bleu entoure sa tête et ses épaules et l'enveloppe en entier. A droite, deux anges agenouillés assistent à ses derniers moments. A gauche, plusieurs apôtres, tenant à la main un cierge allumé, lui font leurs adieux. D'autres anges, en chœurs nombreux, descendent du ciel pour faire cortège à leur reine. Jésus-Christ lui-même apparaît, la tête couronnée d'un diadème, la figure souriante, les bras largement étendus pour recevoir l'âme de sa mère, qui monte vers lui, sous la forme d'une femme vêtue d'un long voile.

Les couleurs qui dominent dans cette fresque sont le brun, le bleu et le jaune.

Dispensaire de la Croix-Rouge,
rue des Filles-Dieu

En 1912, la Société de Secours aux blessés militaires la Croix-Rouge française fit abattre, dans la rue des Filles-Dieu, une vieille maison, à la place de laquelle elle construisit un dispensaire. Au cours des démolitions, les ouvriers découvrirent, sur le pignon adossé à l'immeuble qui fait l'angle de la rue des Filles-Dieu et de la rue du Vollier, les traces d'une intéressante peinture du treizième siècle.

Une ample bordure, composée de grandes feuilles qui alternaient avec des fruits variés, rouges et jaunes, suivait la pente du pignon, à droite et à gauche. Cette bordure était elle-même entourée d'un encadrement, formé d'une large bande rouge et d'un ruban jaune, plus étroit, entre deux petits filets noirs. De chaque côté du pignon, un ange, nimbé, drapé de rouge, avec des ailes teintées de vert, balançait un encensoir, dont il tenait les chaînes. Le centre de la scène avait disparu pour faire place à une fenêtre, qui fut murée plus tard, et à une cheminée. A part les couleurs indiquées, tout le dessin de cette composition était d'un noir très foncé.

Ancien couvent des Cordeliers,
puis des Récollets de la Baumette

En 1868, des ouvriers, qui nettoyaient les murs de deux petites salles aménagées dans l'ancien chapitre du couvent de la Baumette, découvrirent, sous le plâtras, une série de peintures à l'huile représentant : Moyse, saint Jean l'Évangéliste, saint Jean-Baptiste, saint Bonaventure, saint Bernardin de Sienne et saint Louis de Toulouse. Ces divers personnages sont à peu près de grandeur naturelle. On les reconnaît aisément à leur costume et aux attributs qu'ils portent.

Au moment où cette jolie décoration fut mise au jour, elle était déjà fort endommagée. Depuis lors, elle n'a pas cessé de souffrir de la poussière et surtout de l'humidité, à laquelle il est si difficile de porter remède. Il n'est que temps d'en conserver le souvenir par une description précise et de reproduire, parmi ces figures, celles qui peuvent encore donner une idée de l'habileté de l'artiste et du mérite de l'œuvre.

Moyse et saint Jean l'Évangéliste avaient été peints, l'un d'un côté, l'autre de l'autre, dans l'embrasure intérieure d'une fenêtre, aujourd'hui transformée en porte. Moyse, vêtu d'une robe bleue et d'un manteau rouge, tient les tables de la loi. La tête est très expressive, avec ses cheveux blonds, qui retombent jusque sur les épaules, et sa barbe frisée. Malheureusement, l'enduit qui porte la peinture s'effrite ; il se détache du mur par larges plaques ; bientôt il n'en restera plus rien. Il faut en dire autant de saint Jean l'Évangéliste, dont toute une partie a été, d'ailleurs, cachée sous une cloison. Il est représenté assis, écrivant sur un livre appuyé sur ses genoux, avec un aigle aux ailes éployées, qui se tient debout, devant lui, dans une fière attitude.

Dans la même pièce, sur le mur du fond, en face de la porte, apparaît l'austère figure de saint Jean-Baptiste. Elle est beaucoup moins endommagée que les deux précédentes. Le saint a pour vêtement une tunique à mailles serrées et un ample manteau gris. Le bas des jambes et les pieds sont nus, de même que les bras. De la main droite, il supporte un livre à tranche rouge, sur lequel repose l'*Agneau de Dieu*.

Saint Bonaventure orne le mur du fond, dans la pièce voisine. C'est un superbe portrait et la peinture, sauf dans

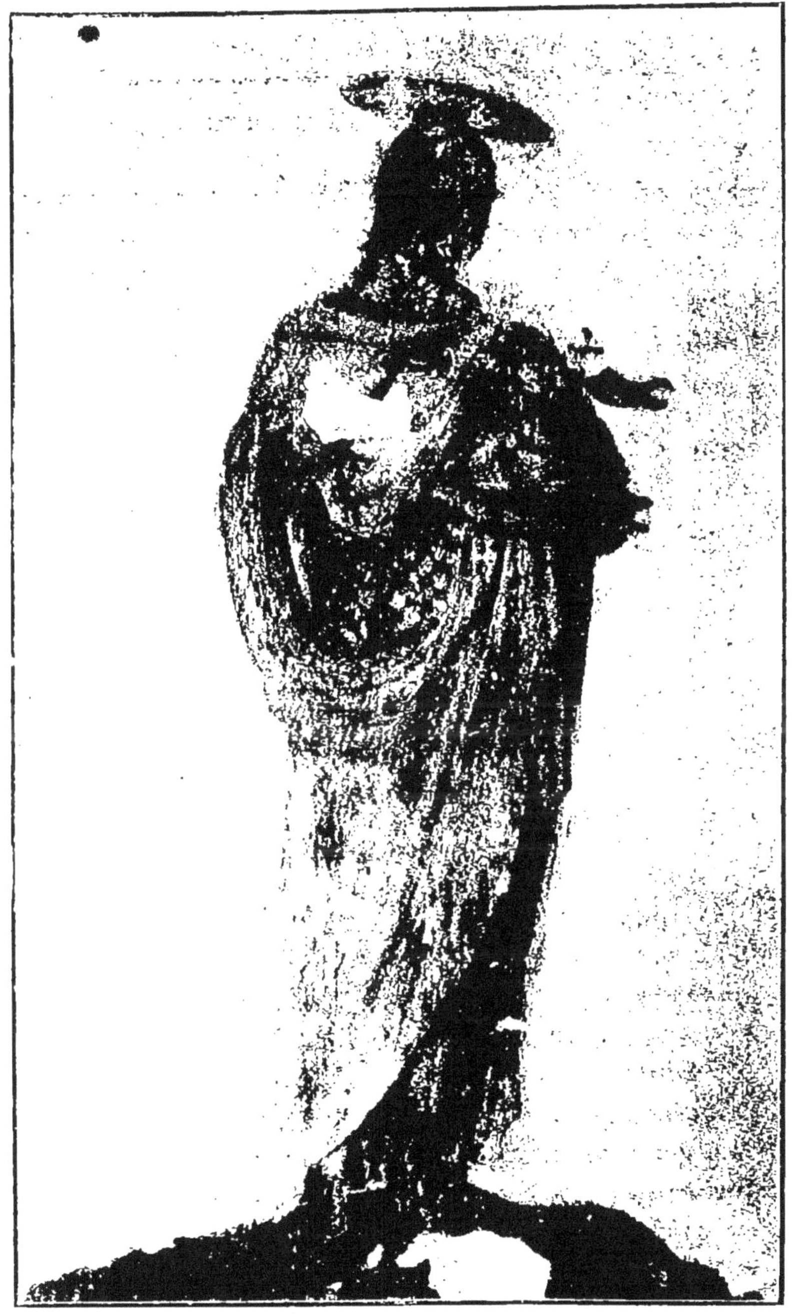

Cliché Ch. Urseau

Ancien Convent de la Baumette, à Angers

SAINT JEAN-BAPTISTE

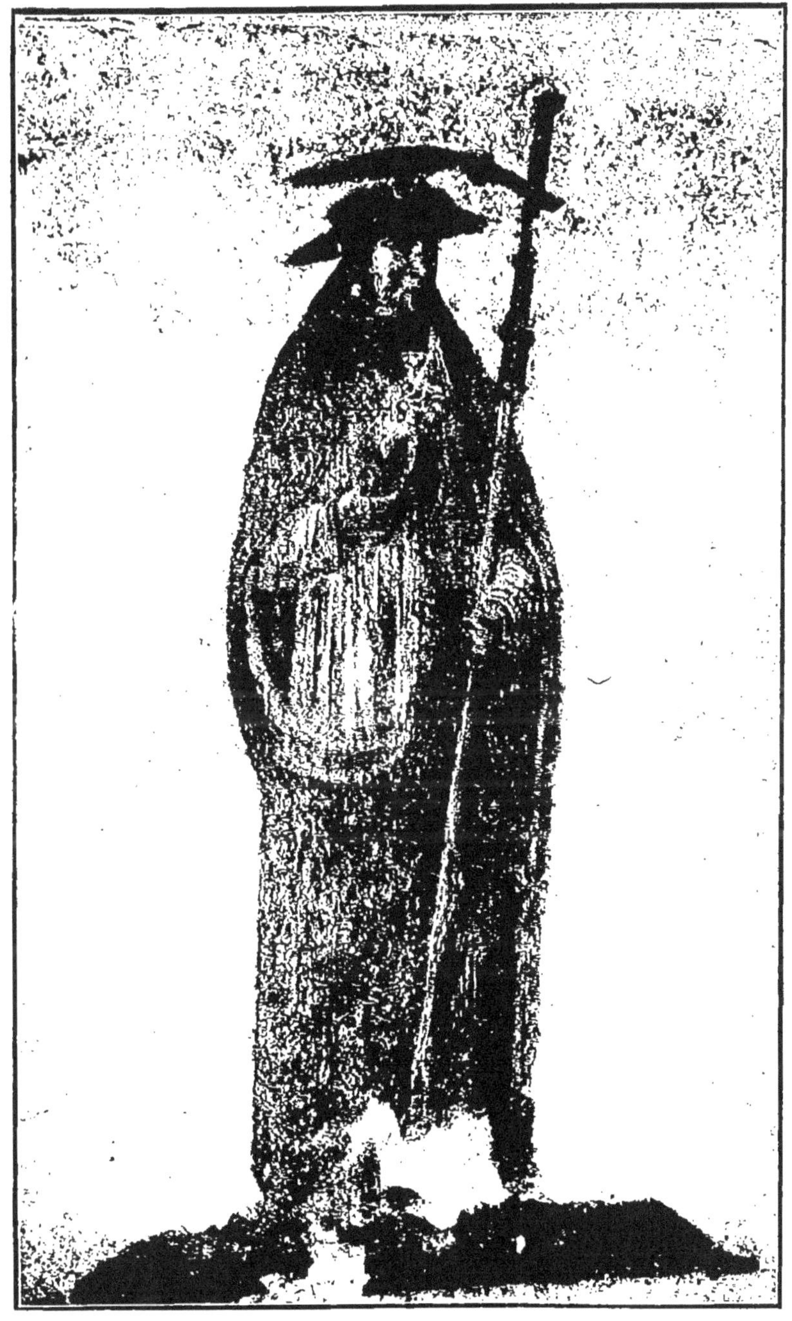

Ancien Couvent de la Baumette, à Angers

SAINT BONAVENTURE

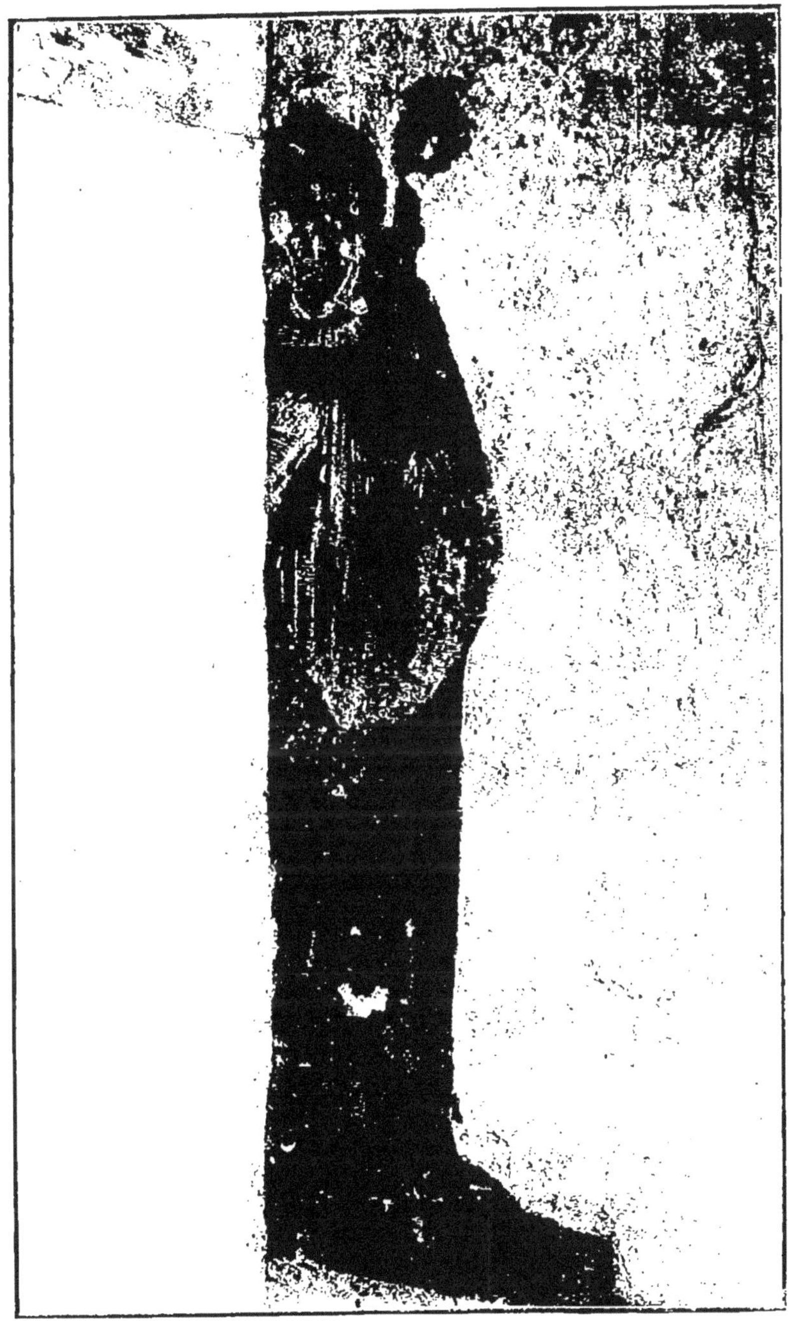

Cliché Ch. Urseau

Ancien Couvent de la Baumette, Angers

SAINT LOUIS DE TOULOUSE

la partie inférieure, n'est presque pas détériorée. Saint Bonaventure, qui appartenait à l'ordre de saint François, était évêque d'Albano. Il est représenté en costume de cardinal, avec le chapeau rouge, dont les cordons sont attachés sous le menton, la chape en brocard d'or et la robe de bure, recouverte en partie par les longs plis de l'aube. Ses pieds sont nus et chaussés de sandales. Il tient une croix de la main gauche et, de la main droite, un cœur enflammé, au-dessus duquel apparaît le monogramme du nom de Jésus : I H S. Si l'on examine de près cette partie de la peinture, il est facile de constater que le cœur et le monogramme ont été refaits. Il est même probable que, à l'origine, le personnage tenait à la main, non pas un cœur enflammé, mais une langue entourée de rayons, que les peintres ont donnée plus d'une fois pour attribut à saint Bonaventure, afin de rappeler que, trente-deux ans après la mort de saint Antoine de Padoue, il avait retrouvé, intacte dans le tombeau, la langue de l'illustre thaumaturge.

Dans la même salle, sur le mur opposé, l'artiste a figuré deux autres franciscains célèbres : saint Bernardin de Sienne, qui fut le confesseur du roi René, et saint Louis, évêque de Toulouse, fils de Charles II d'Anjou, roi de Naples [1].

De saint Bernardin il ne restera bientôt plus qu'une silhouette. La tête est complètement effacée. La crosse et deux mitres, placées aux pieds du saint, pour signifier qu'il avait, à trois reprises, refusé l'honneur de l'épiscopat, sont tellement détériorées qu'elles ne tarderont pas à disparaître. L'humble religieux avait été représenté en costume de franciscain, tenant de la main droite une

---

[1] Comparer ces deux peintures avec un tableau de la collection Schlumberger, qui figurait à l'Exposition des primitifs français, en 1904, sous le n° 72.

auréole lumineuse, sur laquelle le nom de Jésus était inscrit en lettres d'or.

Saint Louis de Toulouse a toute la partie droite du corps, sauf les épaules, cachée sous la cloison, qui, de l'autre côté, recouvre saint Jean l'Évangéliste. Pourquoi faut-il qu'une œuvre aussi délicate ait été traitée de la sorte? Le saint évêque porte la crosse et la mitre. Il est revêtu d'une chape d'azur, semée de fleurs de lis d'or et bordée de perles fines. De la main droite, il porte un livre ouvert. Les détails de la crosse, de la mitre, de la bordure de la chape indiquent un ouvrier soigneux et singulièrement habile. La figure du personnage, qui est vraisemblablement le portrait d'un prélat de la région, sa tête, pleine à la fois de noblesse, d'humilité et de douceur, révèlent un maître, formé à bonne école, sûr de lui-même et soucieux, avant tout, d'imprimer à ses œuvres un grand caractère de naturel et de loyauté.

Tous ces personnages avaient dû être peints sur une étoffe à ramages ou sur un fond, semé de fleurettes, d'oiseaux et d'animaux variés, comme on en trouve sur les anciennes tapisseries. Le fond n'existe plus et la peinture qui reste forme, sur les murs, une légère saillie.

On suppose que d'autres figures que celles qui ont été découvertes en 1868 sont cachées sous la tenture du salon, qui composait, avec les deux pièces que nous connaissons, la salle capitulaire du couvent; mais, jusqu'ici, il n'a pas été possible de vérifier si cette hypothèse répond à la réalité.

A quelle époque remontent ces curieuses peintures et à quel artiste peut-on les attribuer?

Célestin Port estime qu'elles sont contemporaines de la reconstruction de l'autel et du clocher (1616) et, comme ce travail a été fait aux frais du maréchal de Brissac, il croit pouvoir les attribuer à Edme Pothier, peintre ordinaire du duc de Brissac[1]. C'est les rajeunir beaucoup. Sans doute, elles dénotent une certaine influence de la Renaissance, surtout dans l'art avec lequel sont traités les plis des vêtements ; mais cette décoration a été comprise et exécutée dans certains détails, à la manière des vignettes qui ornent les manuscrits du commencement du seizième siècle. Les étoffes, les mitres, les crosses rappellent celles qui figurent dans les miniatures, les bas-reliefs et les vitraux de la même époque. Elles ne ressemblent en rien à celles qui se faisaient au dix-septième siècle.

Que les peintures de la Baumette aient été déjà détériorées avant l'arrivée des Récollets et que les nouveaux occupants aient éprouvé le désir de les faire restaurer, c'est possible. Il est, en effet, des retouches, encore visibles aujourd'hui, qui peuvent avoir été faites au commencement du dix-septième siècle, et telle est l'époque à laquelle nous reporte, en particulier, la forme des lettres I H S, qui surmontent le cœur enflammé que saint Bonaventure tient à la main. Que les religieux, pleins d'égard pour le duc de Brissac, leur bienfaiteur insigne, aient demandé à son peintre ordinaire, Edme Pothier, de se charger du travail, rien de plus vraisemblable. Mais il n'en est pas moins certain que, dans ses parties principales, la décoration qui nous reste ne peut être contemporaine de la restauration du couvent, en 1616, et qu'elle est antérieure à cette époque.

En assignant aux peintures de la Baumette une date incertaine entre 1480 et 1520, les membres de la Commission archéologique de l'Anjou, chargés de les examiner, en 1868, avaient émis une opinion beaucoup plus facile à admettre[2]. Aujourd'hui que l'art de la fin du quinzième siècle et du commencement du seizième siècle est mieux connu et que

---

[1] *Dictionnaire... de Maine-et-Loire*, t. I, p. 231.
[2] *Répertoire archéologique de l'Anjou*, 1868, p. 418.

les éléments de comparaison sont devenus plus nombreux, on peut encore préciser davantage et affirmer que la décoration de la salle capitulaire de la Baumette doit être attribuée au premier quart du seizième siècle.

Il est même possible d'aller plus loin et l'on peut, sans témérité, faire honneur du travail à un peintre angevin, que Claude Ménard compare aux meilleurs peintres de l'Italie [1], à Gilbert II Vandellant, dont le père, Gilbert I Vandellant, était l'un de ces artistes d'origine étrangère, que le roi René avait attirés et fixés en Anjou [2].

Gilbert Vandellant fut enterré dans le cimetière du couvent de la Baumette. Bruneau de Tartifume donne la description de sa tombe et transcrit son épitaphe : « Au coing de ladicte place, qui a aultrefois servi de cimetière, vers le costé de la rivière, se void une pierre ardoisinne espoisse de deux poulces et demi, large de deux pieds deux poulces et demi et sortant de terre un pied dix poulces, sur laquelle est gravé : *Cy gist Gilbert Vandelant, peintre, qui deceda l'an 1559* » [3]. Le cimetière était petit et ne servit pas longtemps, puisque, au dix-septième siècle, il avait été déjà transformé en « une place remplie d'arbres [4]. » On n'y enterra que des religieux et quelques laïcs [5], auxquels des services considérables rendus à la communauté avaient mérité cette faveur. Si le peintre Gilbert fut du nombre des rares privilégiés, on peut croire légitimement que l'honneur qui lui fut accordé n'était que la récompense de son travail et supposer que les religieux, d'ailleurs peu

---

[1] *Gilbertus Wandelant... ea felicitate pinxit, ut cum Italiae ipsius veniret in comparationem nihil inferior* » Bib. d'Angers, ms. 1000 (ancien 875, t. II), p. 222.

[2] Sur cette famille de peintres, cf. Célestin Port, *Les Artistes angevins*, p. 305-311.

[3] Bib. d'Angers, ms. 995 (ancien 871), t. II, p. 67.

[4] *Ibid.*, p. 65.

[5] *Ibid., loc. cit.*

fortunés, auront promis pour salaire à l'artiste, qui avait décoré de si délicates peintures la grande salle du couvent, de recevoir sa dépouille mortelle dans leur cimetière et de prier pour le repos de son âme [1].

AUBIGNÉ-BRIANT

ÉGLISE PAROISSIALE

La voûte du transept, qui date du treizième siècle, la voûte et les murs du chœur, qui sont plus anciens d'un siècle au moins, ont été recouverts, en 1709, de peintures, où, dans un décor architectural de fantaisie, qui défigure étrangement les lignes de l'édifice, on a représenté, aux côtés de l'autel, les quatre docteurs de l'Église latine, saint Jérôme, saint Augustin, saint Ambroise, saint Grégoire, et, dans le chœur, l'arche d'alliance, entourée de divers emblèmes de l'Ancienne Loi.

Si l'on examine de près ces peintures, on constate que les couleurs ont été appliquées sur un enduit frais, d'après le procédé ancien de la fresque.

Ailleurs, on cache sous le badigeon des œuvres exquises du moyen âge et de la Renaissance ; ici, en 1898, on a restauré toute cette ornementation bizarre et prétentieuse.

AVRILLÉ

ANCIENNE ÉGLISE DU PRIEURÉ DE LA HAIE-AUX-BONS-HOMMES

En 1899, M. l'abbé Houdebine, décrivant les peintures de l'église prieurale de la Haie-aux-Bons-Hommes, consta-

---

[1] Cette opinion ne peut jusqu'ici s'appuyer sur aucun document. Les archives de la Baumette ont été détruites à la Révolution.

tait qu'elles étaient « en fort mauvais état »[1]. Depuis lors, elles n'ont fait que se détériorer ; quelques-unes même ont complètement disparu. Pourtant, il était difficile de trouver un ensemble de décoration polychrome aussi important que celui-là. Les peintures couvraient totalement les murs et les voûtes de l'église.

La longue nef avait été divisée par le peintre en cinq travées, avec clefs de voûte, arcs doubleaux, arcs formerets, arcs ogives et liernes. Les nervures, larges de 0 m. 04, n'avaient pas été traitées en trompe-d'œil ; seulement les bords sont plus sombres que le centre, où l'on remarque, espacées régulièrement, des marguerites noires à huit lobes. Les arcs doubleaux, les formerets, les liernes sont de couleur brune ; les arcs ogives sont bleus. Toutes ces nervures retombent sur des chapiteaux peints, que portent de longs piliers. Entre ces piliers, court tout le long des murs de la nef et de l'abside une large litre, avec enlacements, palmettes et « hystoires ». Du côté nord, c'est l'histoire de Joseph, le fils de Jacob ; du côté sud, Adam, qui donne leurs noms aux bêtes, et toute une suite d'animaux symboliques.

Au milieu de chacune des travées, il y avait sur la muraille une croix de consécration.

Sur le mur de l'ouest, une belle bordure à larges palmes s'étend le long de la voûte ; une autre accompagne la grande fenêtre ; une autre encore se trouve au linteau de la porte qui donne entrée du cloître dans l'église.

L'abside, en cul-de-four, forme, grâce à ses peintures, une grande coupole à huit voûtains. Au centre, on remarque une clef de voûte fort belle, avec des liernes rouges et bleues,

---

[1] Les pages que M. l'abbé Houdebine a consacrées à *La Haie-aux-Bons-Hommes lès-Angers* ont été publiées dans les *Mémoires de la Société d'Agriculture, Sciences et Arts d'Angers*, V^e série, t. II, 1899, p. 305-340. La description des peintures de l'église forme l'un des chapitres de cette remarquable étude. Je me contente de le résumer ici.

qui retombent sur des tiercerons rouges. L'encadrement de la clef est formé d'un grand cercle noir, sur lequel sont peintes des palmettes rouges à bord blanc entre deux cercles jaunes. Le tout est inscrit dans un cadre hexagonal à grands fleurons rouges, dont les bords blancs sont cernés de noir. Dans la partie centrale, sur un fond bleu tendre, se trouve le Christ bénissant. Les traits de son visage, sa chevelure, sa barbe, son auréole crucifère sont peints à l'ocre rouge. De sa main gauche, le Sauveur tient le globe surmonté de la croix. Un manteau rouge recouvre sa robe blanche, laquelle est décorée de croix noires, rouges au centre, reliées en losanges par des traits rouges et noirs. Au fond de l'abside, on aperçoit encore les traces d'une frise, aujourd'hui en mauvais état, mais fort intéressante. Elle représente la Vierge, assise sur un trône et tenant sur ses genoux l'Enfant-Jésus. La couronne que porte la sainte Vierge est jaune, à trois fleurons. De sa tête, dont les traits sont effacés, tombe sur sa poitrine et sur ses épaules un voile bleu. Sa robe, comme celle de l'Enfant-Jésus, est rouge avec un semis de croix noires. De chaque côté du groupe, deux anges au visage gracieux, les ailes étendues, sont agenouillés sous l'arc tierceron. Ils sont vêtus de blanc et tiennent des encensoirs jaunes à chaînettes noires, qu'ils agitent devant l'Enfant divin.

L'arc triomphal est bordé de jolies fleurs d'eau, alternativement rouges et bleues.

En face de la porte des étrangers, se trouvait une fresque, aujourd'hui à peu près effacée. Au milieu d'une grande auréole, de forme ovale, apparaissait le Christ, assis en majesté. Autour du Christ, il y avait un vol d'anges. Toussaint Grille, ancien bibliothécaire de la ville d'Angers, affirme dans ses notes qu'on y voyait aussi « plusieurs personnages de la chevalerie », fondateurs ou bienfaiteurs du prieuré.

Les clefs de voûte de la nef sont très curieuses. Au centre

d'un encadrement, composé de rubans, de feuilles ou de fleurons finement dessinés, figurent, ici, une Vierge, dont la silhouette se détache d'un fond bleu semé de croix noires ; là, un *Agnus Dei*, portant le gonfanon, à trois pointes ; plus loin, un saint Jean-Baptiste, qui tient un livre de la main gauche et bénit de la main droite ; ailleurs, un ange aux mains jointes.

Les arcs doubleaux ont leur clef formée de cercles jaunes, au milieu desquels se trouvent des quatrefeuilles, avec hachures alternativement rouges et bleues. L'une de ces clefs est particulièrement intéressante. Dans le cercle jaune, quatre têtes de femmes couvertes d'une guimpe se touchent par le menton. Ces figures sont dessinées en brun, à part les yeux, qui sont bleus. De petits feuillages bleus les séparent.

A la clef des formerets l'artiste a peint des personnages ou des animaux, des mascarons, dans le genre de ceux que représentaient fréquemment les sculpteurs du moyen âge, à l'endroit où les liernes rencontraient les arcs doubleaux ou les formerets.

Toutes ces peintures sont préparées à la colle. Elles adhèrent à un enduit peu épais, qui recouvre les pierres de l'appareil.

En 1846, Godard-Faultrier, qui signalait pour la première fois l'église de la Haie à l'attention du public, croyait que les peintures étaient contemporaines de la construction de l'édifice, c'est-à-dire du douzième siècle [1]. Quelques parties de cette décoration, les clefs de voûte, par exemple, les arcs formerets du chœur, la litre, paraissaient donner raison au savant archéologue. De plus, les habits des personnages, qui sont formés de teintes plates, sont semblables à ceux que l'on retrouve sur les sceaux et dans les miniatures du treizième siècle. Mais un texte des *Annales*

[1] *Mémoires de la Société d'Agriculture, Sciences et Arts d'Angers,* Ire série, t. V, 1846, p. 399-401.

de l'ordre de Grandmont fait honneur de ce travail à Pierre Roger de Beaufort, ancien prieur commendataire de la Haie, devenu cardinal de Sainte-Marie-Nouvelle et pape sous le nom de Grégoire XI, 1370-1378. *Dominus de Bello-forti, dictus cardinalis de Rosa, diu prior fuit de Haya Andegavensi ordinis Grandimontis : cumque ipsum prioratum teneret in commendam, ipsius ecclesiam roseis depingi fecit, deinde fuit assumptus ad summi pontificis apicem* [1]. Pierre Roger fut prieur en 1345; il avait neuf ou dix ans. En 1348, son oncle, le pape Clément VI, lui donnait le cardinalat avec le titre de Sainte-Marie-Nouvelle. Ce doit être vers 1360 que le cardinal de la Rose fit faire les peintures de l'église de la Haie et semer sur les murs les fleurs de son blason, qui était « d'argent, à la bande de gueules accompagnée de six roses de même en orle ». D'ailleurs, M. l'abbé Houdebine remarque avec raison que les peintures de la Haie-aux-Bons-Hommes ressemblent tout à fait à celles de l'église de Cunaud, attribuées par Gélis-Didot à la fin du treizième ou au commencement du quatorzième siècle, et il suppose que « ce sont peut-être les mêmes individus, qui, au quatorzième siècle, à deux moments de leur vie, ont travaillé dans les deux endroits » [2].

Voilà des peintures qui auraient mérité d'être conservées avec un soin pieux, non seulement comme documents mais aussi comme modèles. On les a traitées sans respect.

BEAUFORT-EN-VALLÉE

CHAPELLE DE L'ANCIEN PRIEURÉ D'AVRILLÉ

« Aux deux autels secondaires figure, peinte à fresque, l'*Annonciation* en deux scènes, à droite la sainte Vierge et

---

[1] *Annales ordinis Grandimontis*, par Lévesque, p. 314.

[2] Gélis-Didot, *La peinture décorative en France, du IXe au XVIe siècle.*

l'Esprit-Saint, à gauche l'ange Gabriel [1]. » Ces peintures ne sont pas antérieures au dernier tiers du dix-septième siècle.

BOUZILLÉ

CHAPELLE DU CHATEAU DE LA BOURGONNIÈRE

Les Angevins connaissent à peine l'élégante chapelle qui cache sa blanche parure sous les feuillages épais du parc de la Bourgonnière, à mi-chemin entre l'antique abbaye de Saint-Florent-le-Vieil et Liré, la patrie de Joachim du Bellay. Pourtant, si on la compare aux chapelles de Blois, d'Amboise et de Châteaudun, on peut affirmer qu'elle ne leur cède ni en beauté ni en grâce. Après quatre cents ans, on y retrouve, dans un état de fraîcheur surprenante, l'œuvre admirable, que les sculpteurs et les peintres du seizième siècle avaient conçue pour la décoration de ce bijou d'architecture.

Le plan sur lequel elle a été construite s'inspire de la tradition gothique ; mais la Renaissance italienne a marqué fortement son empreinte sur l'édifice par la splendeur des ornements qu'elle y a prodigués.

La chapelle du château de la Bourgonnière mesure 10 m. 45 de long sur 5 m. 60 de large. Elle comprend une nef de quatre travées et une abside, recouvertes de voûtes à liernes et à tiercerons, dont les nervures jaillissent de culots sculptés et parés d'or, de pourpre et d'azur. Trente-cinq clefs pendantes, qui constellent les voûtes, au sommet des arcs doubleaux, à l'intersection des liernes et des tiercerons, sont elles-mêmes rehaussées de vert, de rouge et d'or.

Au devant de l'abside, une sorte de jubé, enrichi d'ara-

[1] J. Denais, *Monographie de Notre-Dame de Beaufort-en-Vallée*, Angers, s. d., p. 247 ; C. Port, *Dict. de Maine-et-Loire*, t. I, p. 177.

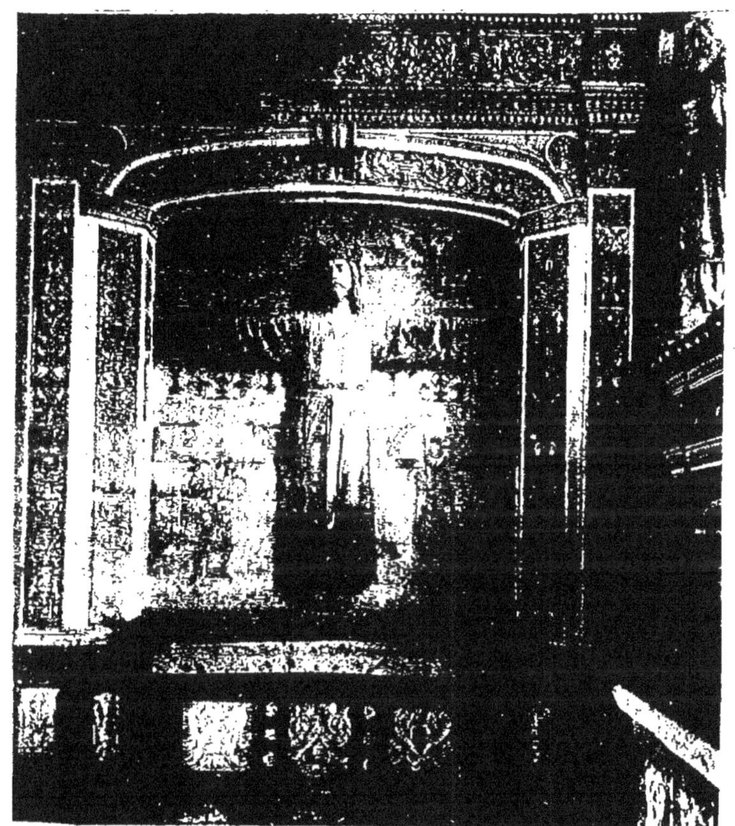

Cliché E. Bricard.

Château de la Bourgonnière, à Bouzillé

AUTEL DU CHRIST

besques et de couleurs, porte trois grandes statues, rendues vivantes par toutes les ressources de la polychromie. Celle du milieu représente la Vierge, avec l'Enfant-Jésus sur le bras gauche. Le costume de la Vierge est emprunté en partie à celui des grandes dames de l'époque. Une tunique fendue descend sur ses pieds, chaussés de sandales. Ses vêtements sont faits de riches tissus damassés, tramés d'or et fleuris de dessins d'un goût oriental. Sur la bordure du manteau s'enroule un texte mystérieux, en lettres gothiques, dont les premiers caractères seuls offrent une lecture intelligible : AVE MARIA GRATIA PL.... L'Enfant s'attache d'une main au voile de sa mère; de l'autre il tient serrée naïvement une pomme d'or. A gauche de la Vierge, se dres e la statue de saint Sébastien; à droite, celle de saint Antoine le Solitaire.

A l'extrémité de la nef, du côté de l'Évangile, faisant face à l'oratoire privé des châtelains, un retable monumental, dont la décoration a été traitée avec une délicatesse exquise, sert d'encadrement à un Christ sculpté, très remarquable, qui rappelle un peu le Saint-Voult de Lucques. Plus grand que nature, le Christ est vêtu d'une tunique dorée, ornée de riches parements et serrée par une ceinture de cuir. Son visage, que le coloris rend encore plus expressif, respire une douce mélancolie. Son front est entouré d'une couronne de comte, à fleurons d'or; ses pieds, que cachent des sandales brodées, reposent sur la pierre même de l'autel. Ses bras sont tendus, et non cloués, sur la croix, à laquelle il est adossé. C'est le Christ du Calvaire, mais le Christ transfiguré, le Rédempteur, qui trouve dans le bois de son supplice l'instrument de son triomphe : grande idée théologique, que l'artiste à merveilleusement rendue.

Cette splendide figure de Christ se détache d'un fond doré et peint, où, dans la partie supérieure, apparaissent deux anges, qui descendent du ciel et viennent présenter, l'un la colonne de la flagellation, l'autre la couronne d'épines.

Dans la partie inférieure de la fresque, Charlemagne et saint Louis, debout aux côtés du Christ, semblent l'escorter : à droite, Charlemagne, en habit de chevalier, vêtu d'une armure des premières années du seizième siècle, tenant d'une main l'épée et, de l'autre, le globe impérial ; à gauche, saint Louis, en grand costume royal, portant la main de justice et un parchemin roulé. — L'humidité, si l'on n'y veille pas, aura bientôt effacé jusqu'à la trace de ces deux intéressantes effigies.

Au-dessus de la porte d'entrée, s'élève une tribune, dont le balcon plein est divisé en six panneaux par des pilastres. Ces six panneaux sont ornés de peintures, qui représentent saint Michel, les quatre Évangélistes et saint Jérôme.

D'ailleurs, si l'on étudie avec soin ce charmant édifice, on constatera que partout le peintre est venu au secours du sculpteur. Le jubé, les autels, les pilastres, les frises, tout a été rehaussé de brillantes couleurs. Aussi, peut-on dire avec Léon Palustre que « la chapelle de la Bourgonnière, à l'heure actuelle, offre l'exemple le plus complet d'un genre de décoration, sinon précisément remarquable comme détail, du moins extrêmement riche et harmonieux dans l'ensemble[1]. »

Ce gracieux monument fut commencé en 1508 par Charles du Plessis et Louise de Montfaucon, dont les initiales C et L entrelacées et les blasons se lisent en plus de vingt endroits, sur les murs et sur les vitraux. Il était terminé avant 1523, époque à laquelle Louise de Montfaucon, devenue veuve, épousa François Ratault de la Béraudière.

---

[1] *La Renaissance en France*, t. III, p. 191. — Cf. aussi : de Wismes, *La Vendée* ; J. Chapron, *La Renaissance angevine*, Savenay, 1896, p. 12-16 ; J. Crosnier, *La Chapelle Saint-Sauveur au château de la Bourgonnière* (extrait des *Notes d'Art et d'Archéologie*. 1910) ; A. Bourdeaut, *Les parents de Joachim du Bellay* (dans les *Mémoires de la Société d'Agriculture, Sciences et Arts d'Angers*, V[e] série, t. XV, 1912, p. 159-174).

On ne peut donc en attribuer le mérite à Jean de l'Espine, puisque, au moment où s'achevait l'édifice, le célèbre architecte angevin, né en 1505, sortait à peine de l'atelier.

BRÉZÉ

CHAPELLE DU CHATEAU DE LANÇON

La chapelle du château de Lançon avait été construite en 1447 par les religieux de l'abbaye du Louroux, qui possédaient le domaine. Elle sert actuellement de pressoir et de cellier.

Cette chapelle « forme un rectangle d'environ 10 mètrés de longueur sur 6 m. 50 de largeur ; au-dessus de la porte, qui est surmontée d'un tympan ogival, on voit un écusson chargé de trois fleurs de lis qui ont été grattées. Quelques peintures murales existent encore dans l'intérieur, au-dessus de la place où était l'autel ».

Depuis l'époque où, en 1863, L. Raimbault consignait cette observation [1], les peintures se sont altérées. Pourtant, on aperçoit toujours trois petites têtes d'anges, à gauche de la baie qui surmontait l'autel, et deux autres têtes d'anges, à droite de la même fenêtre. Au-dessus de la fenêtre, on distingue une tête de Père éternel et quelques traces de vêtement. A la hauteur de l'autel, on entrevoit la silhouette d'un personnage en pied, de grandeur naturelle, dont la tête a disparu, mais dont le manteau est encore apparent.

Ces peintures, autant qu'il est permis d'en juger aujourd'hui, ne remontent pas au-delà du milieu du seizième siècle.

---

[1] L. Raimbault, *Notice historique sur le château et la commune de Brézé* (dans le *Répertoire archéologique de l'Anjou*, 1863, p. 231).

CHANTEUSSÉ

ÉGLISE PAROISSIALE

L'église de Chanteussé renferme des peintures de deux époques différentes.

Le Christ en majesté, qu'on remarque au-dessus de deux hautes fenêtres en plein cintre, sur le mur droit qui termine le chevet, remonte au douzième siècle.

Assis sur un trône, dans une auréole quadrilobée, dont le champ d'azur est semé d'étoiles à huit rais, vêtu d'une tunique blanche à broderies rouges et d'un manteau rouge, le Christ bénit de la main droite et soutient de la main gauche un livre ouvert et surmonté d'une longue croix à double traversé. L'auréole qui l'entoure est encadrée de filets de diverses couleurs et d'une bande, sur laquelle des lignes sinueuses et parallèles figurent des nuages. Les vêtements du personnage sont colorés par de larges teintes plates. Leurs plis sont indiqués par des hachures foncées.

Cette figure du Christ se rapproche par son style de l'école de peinture murale de la vallée du Loir, laquelle se rattache à la grande école poitevine, dont l'œuvre principale est la décoration de l'église Saint-Savin.

Vers 1855, d'autres peintures ont été retrouvées dans la nef, sous le badigeon. Elles datent du seizième siècle.

Sur le mur septentrional figure un gigantesque saint Christophe. Un peu chauve, barbu, vêtu d'une tunique jaune, serrée à la taille par une ceinture bleue, et d'un manteau gris ardoisé, relevé sur l'épaule gauche, le saint colosse est représenté traversant de gauche à droite un torrent, dont l'eau baigne ses jambes nues. Ses deux mains sont appuyées sur un bâton noueux. Sur son épaule gauche repose l'Enfant-Jésus, qui porte le globe du monde de la

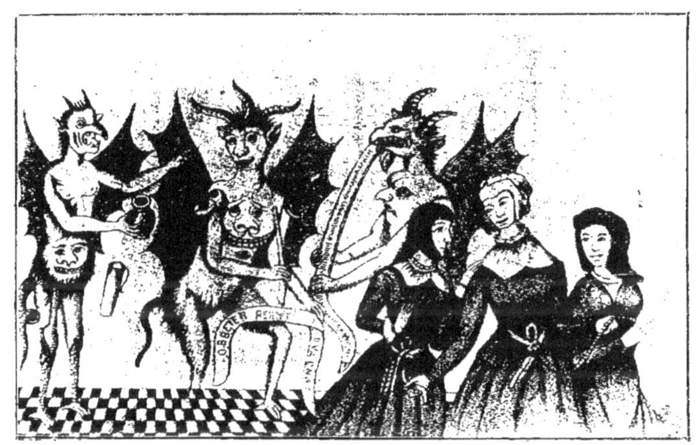

Église de Chanteussé

LES FEMMES QUI MÉDISENT, LES DIABLES QUI ÉCRIVENT

main gauche et bénit de la main droite. Au-delà du torrent, à gauche, on aperçoit un ermite et, plus loin, la silhouette d'un moulin à vent.

Ce tableau mesure 3 m. 20 de hauteur et 2 m. 40 de largeur. Dans l'angle gauche, une inscription latine rappelait qu'il suffisait d'avoir vu l'image de saint Christophe pour être assuré de ne pas mourir dans la journée. Il n'en reste plus que ces mots : *Postea tutus* [*eas*][1].

Près de la porte, à droite, sur le mur méridional, se trouve une scène beaucoup plus intéressante.

Dans une salle carrelée en damier, trois femmes s'occupent à médire du prochain et s'en donnent à cœur joie. La commère du milieu, tout en parlant, présente le bout de sa ceinture à sa voisine de gauche, pendant que, de la main droite, elle tient l'autre femme par la ceinture. Bonne renommée vaut mieux que ceinture dorée.

A l'autre extrémité de la salle, trois diables écoutent la conversation des femmes et la transcrivent. Le premier des diables entend le caquet et le transmet avec empressement au second, qui le note ; le troisième tient l'encrier. Ces trois démons ont des ailes de chauves-souris, des pieds fourchus, une queue, des cornes et une deuxième tête dessinée sur la poitrine ou sur le ventre. Une sorte de hiérarchie semble exister entre eux. L'écrivain porte trois cornes ; ses compagnons n'en ont que deux. Mais les cornes du porte-écritoire sont très courtes, tandis que celles du « narrateur » sont longues et fortes.

Cette scène, où les tons dominants sont l'ocre jaune, l'ocre rouge et le gris foncé, mesure 2 m. 34 de large et 1 m. 75 de haut. Elle devait faire pendant à un autre tableau, peint à gauche de la porte, et représentant la *Messe de saint Martin*. En effet, l'église de Chanteussé

---

[1] Le texte complet est bien connu : *Christophorum videas, postea tutus eas.*

est dédiée à saint Martin. Ces deux tableaux montraient, d'après une curieuse légende, le pieux évêque absorbé dans la célébration des saints mystères, pendant que des femmes babillent, sans faire attention au sacrifice de la messe, et que le démon écrit, de sa griffe acérée, les propos qu'il entend.

Une tapisserie du seizième siècle, à l'église de Montpezat (Tarn-et-Garonne), reproduit la même scène et l'accompagne de cette inscription :

> Martin chantant, Brixe seruoit,
> Et se ryoit en un toucquet,
> Voyant que le diable escripuoit
> De deux commères le cacquet[1].

CHAZÉ-SUR-ARGOS

CHATEAU DE RAGUIN

Antoine du Bellay « fit à Raguin, dit l'historien angevin Grandet, deux chambres dorées, qui lui coûtèrent douze à quinze mille livres, et fit dedans sa cour une chapelle d'une malpropreté épouvantable, en sorte que la chapelle est le plus vilain lieu de la maison »[2].

Antoine du Bellay avait épousé, en 1648, Madeleine de Beauvau. C'est probablement pour le jeune ménage que fut décorée la plus grande des « deux chambres dorées », celle dont l'alcôve est surmontée du double écusson des Beauvau et des du Bellay. La peinture de l'autre chambre a dû être faite dans les années qui suivirent.

Les fameuses chambres dorées de Raguin occupent, sur la façade du midi, le premier étage du château.

---

[1] Voir un dessin de cette tapisserie dans Didron, *Annales archéologiques*, t. III, p. 95.

[2] Bib. d'Angers, ms. 1690 (ancien 128, supp.), v° *Chazé-sur-Argos*.

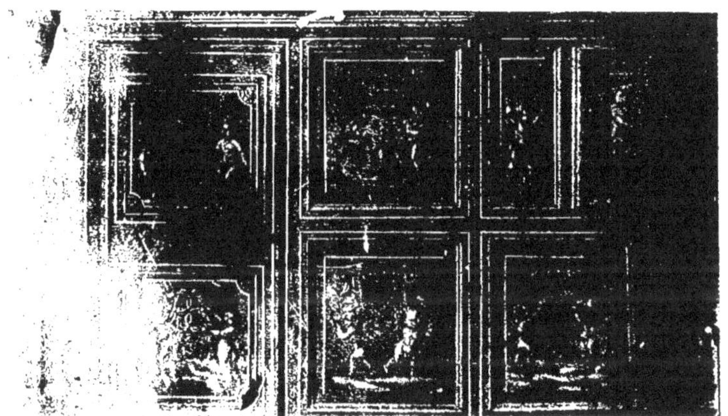

Cliché Ch. Urseau.

Château de Raguin, à Chazé-sur-Argos

AMOURS JOUANT AVEC DES COURONNES ET DES LETTRES

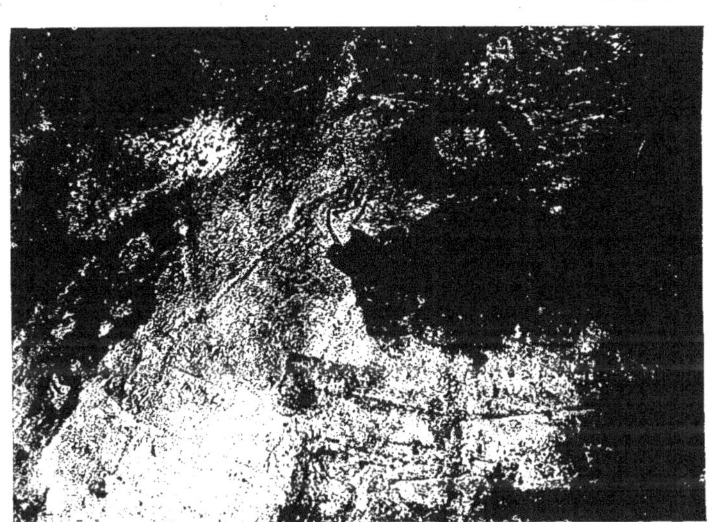

Cliché Ch. Urseau.

Église Saint-Pierre, à Chemillé

LE CHRIST ET LA VIERGE DU CLOCHER

« La plus grande est entièrement lambrissée de panneaux, où l'artiste a prodigué toutes les fantaisies de son pinceau : paysages, marines, corbeilles de fleurs, bustes d'empereurs romains et d'impératrices ; le tout peint en couleurs ou en grisaille sur fond gris et sur fond d'or. La poutre et les soliveaux, maintenant apparents, étaient autrefois dissimulés sous des panneaux analogues, dont plusieurs ont servi à remplacer les parties usées du lambris. Les murs seuls conservent l'ornementation primitive, maintenant bien détériorée. Cependant les nuances revivent encore de quelque éclat aux peintures de l'alcôve, qui porte à son cintre les armes des du Bellay et des Beauvau, surmontées d'un cimier d'or et d'une couronne à sept perles. En face, la cheminée, décorée d'arabesques, porte sous sa tablette un petit cadre représentant le globe naissant du soleil, avec la devise : *Æterno perque puro*.

« La seconde chambre fait suite, séparée par deux portes ornées de peintures. Sa décoration d'une élégance supérieure, devait autrefois produire un effet merveilleux. Les boiseries, qui recouvrent entièrement les murs, sont divisées par panneaux, sur chacun desquels, au-dessous d'une couronne de marquis, l'artiste a peint en grisaille des Amours soutenant des lettres dorées. Certains groupes présentent une rare harmonie de lignes.

« L'alcôve, qui fait face aux fenêtres, est semée de monogrammes formés des noms des Beauvau et des du Bellay et revêtue d'un lambris d'appui orné de gigantesques fleurs de lis. Les peintures de la cheminée, dont le manteau est vide, représentent des cariatides et des têtes d'Amours encadrées d'arabesques. Un cartouche, placé au-dessous de la tablette, figure une bombe qui éclate en laissant échapper quatre jets de flamme ; au-dessus se lit la devise : *No se insierra* [1] ».

---

[1] R. de l'Esperonnière, *Histoire de la baronnie et du canton de Candé*, t. I, p. 668-669.

M. Gélis-Didot, dans son ouvrage sur *La peinture déco-rative en France du XVIe au XVIIIe siècle*, a reproduit en couleurs les parties principales de cette décoration.

CHEMILLÉ

ÉGLISE PAROISSIALE DE SAINT-PIERRE

On remarque, non sans surprise, dans le clocher de l'église Saint-Pierre de Chemillé, un petit oratoire voûté en berceau et terminé en cul-de-four, qui mesure tout au plus 2 m. 40 de long sur 1 m. 20 de large.

Ce modeste réduit est décoré de peintures murales des plus curieuses.

Au fond apparaît le Christ, debout, barbu, la tête au-réolée, la main droite levée pour bénir, le bras gauche étendu, le corps enveloppé dans une tunique, que serre à la taille une simple corde bouclée. Cette peinture mesure environ 80 centimètres de hauteur.

A la droite du Christ, la Vierge, assise sur un faldistoire carré, la tête couronnée d'un diadème à fleurons, tient l'Enfant Jésus sur le bras gauche. Son bras droit s'appuie sur le montant du siège. L'Enfant, dont la figure est pleine de douceur, porte de jolis cheveux frisés. Ce petit groupe mesure 60 centimètres de hauteur.

A gauche, on reconnaît non sans peine saint Jean-Baptiste, portant à la main une longue croix fleuronnée.

D'autres personnages garnissaient les parois de l'oratoire, mais ils ne sont presque plus visibles.

Cette décoration gracieuse, quoique rudimentaire, a été tracée à l'ocre jaune et à l'ocre rouge, sur un mortier frais, composé de chaux et de gros sable. Elle doit remonter au treizième siècle.

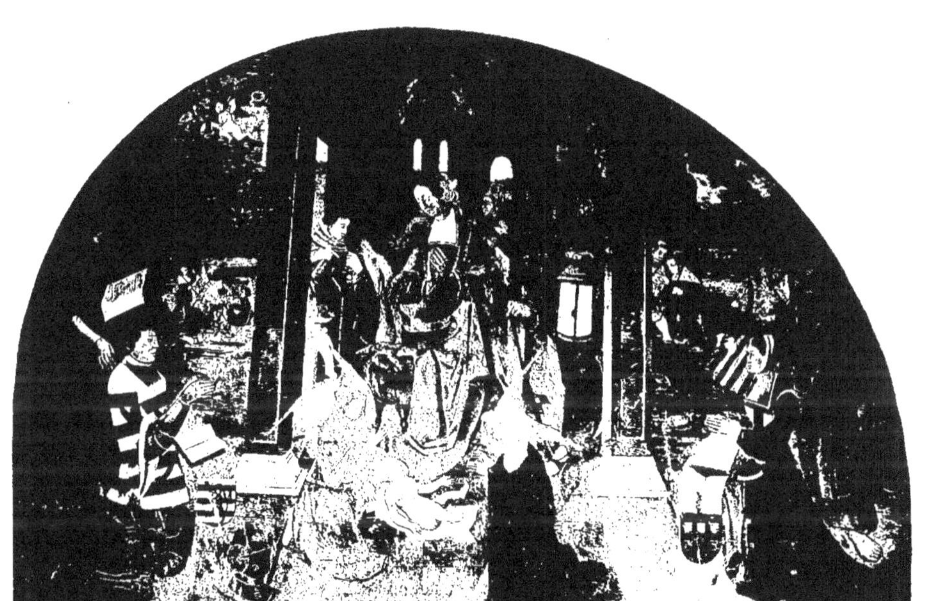

Cliche des Beaux-Arts

Chapelle de la Sorinière, à Chemillé
L'ADORATION DES BERGERS

Chapelle du chateau de la Sorinière

La chapelle du château de la Sorinière mesure 7 m. 70 de longueur sur 5 m. 30 de largeur. Elle se compose de deux travées voûtées d'ogives à profil piriforme. Elle est éclairée par deux petites fenêtres à trèfle et par une large baie en plein cintre, qui s'ouvre au-dessus de l'autel [1]. Les clefs de voûte sont ornées d'un écusson fruste ; un autre écusson, fixé au sommet de l'arc doubleau, porte les armes de la famille d'Escoublant : « Deux escoubles ou aigles essorantes d'argent, mises en face côte à côte, membrées et becquées de sable. »

A l'extérieur, l'édifice n'offre rien de remarquable. A l'intérieur, il est orné de peintures à la colle, qui peuvent figurer à bon droit parmi les œuvres les plus artistiques que le xvie siècle ait léguées à l'Anjou. Protégées contre le vandalisme, à l'époque des guerres de Vendée, par des fagots qui remplissaient la chapelle, ces peintures n'ont été endommagées, d'ailleurs très légèrement, que vers 1830, par un décorateur aussi hardi que maladroit. Elles forment trois grands panneaux, représentant la Nativité de Notre-Seigneur, l'Adoration des Mages et saint Christophe.

La *Nativité de Jésus-Christ* mesure 3 m. 45 de largeur sur 2 m. 25 de hauteur.

La scène se passe dans un paysage. Marie, la tête légèrement penchée sur l'épaule droite, se présente à genoux, presque en face, sous une double-arcade que soutiennent des piliers carrés revêtus de marbre, devant une crèche en ruine, dont la toiture défoncée laisse entrevoir un coin de ciel. Sa robe est échancrée au cou. Un large manteau de couleur bleue l'enveloppe presque tout entière. Sur sa

[1] Avant la restauration de la chapelle, en 1830, cette fenêtre devait avoir une autre forme.

nuque flotte un voile de gaze transparente. Elle adore, les mains jointes, son divin fils, exposé tout nu sur le dallage, que recouvre un linge blanc. Deux anges, dont l'un porte une chape d'or, sont représentés de chaque côté de l'enfant, qu'ils prient avec ferveur.

Au premier plan, à droite et à gauche, le seigneur et la dame de la Sorinière sont agenouillés sur un prie-Dieu recouvert d'une étoffe bleue à leurs armes. Ils ont l'un et l'autre les mains jointes, au-dessus de leur livre de prières. Jean de Brie, reconnaissable à son blason brodé sur le tapis du prie-Dieu, a les bras et les jambes armés de toutes pièces et porte sur sa cotte un surcot « fascé d'argent et de sable de huit raies, au lion de gueules brochant sur le tout ». Son gantelet et son casque sont déposés à terre. Il était assisté de saint Jean-Baptiste, son patron, que le décorateur de 1830 a maladroitement transformé en sainte Madéleine. Françoise de Mathefelon, son épouse, est coiffée d'un chaperon à queue. Sur sa robe est posé un surcot à jupe traînante, armorié de l'écusson à ses armes. Un chapelet blanc, à gros grains, est suspendu à sa ceinture. Saint François d'Assise l'accompagne et la présente.

Au second plan, saint Joseph, vêtu d'une robe bleue et d'un manteau rouge, la tête recouverte d'un chaperon, entre, à droite, avec sa lanterne allumée et son bâton. A gauche, un berger accourt pour adorer l'Enfant Jésus, avec sa houlette à la main et sa gibecière au côté. Un de ses camarades contemple le spectacle par une des ouvertures de la misérable cabane. Deux autres bergers le suivent; on les voit, traversant sur un pont la petite rivière qui anime le paysage et causant entre eux de la grande nouvelle.

Le paysage qui fait le fond du tableau a la douceur, la grâce un peu molle des paysages de l'école de la Loire. On y trouve, comme dans les peintures du XVIe siècle, des détails charmants. Cette scène, en particulier, qui se passe, à gauche, dans la prairie, n'est-elle pas d'une simplicité

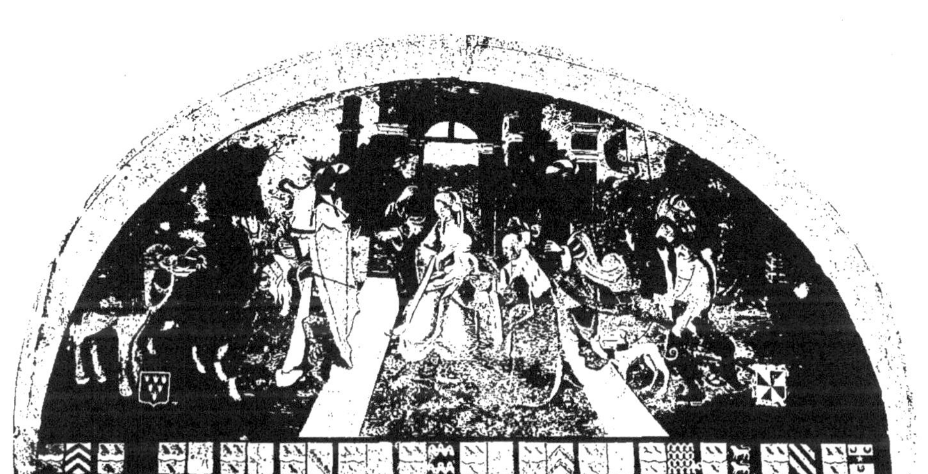

Chapelle de la Sorinière, à Chemillé

L'ADORATION DES MAGES

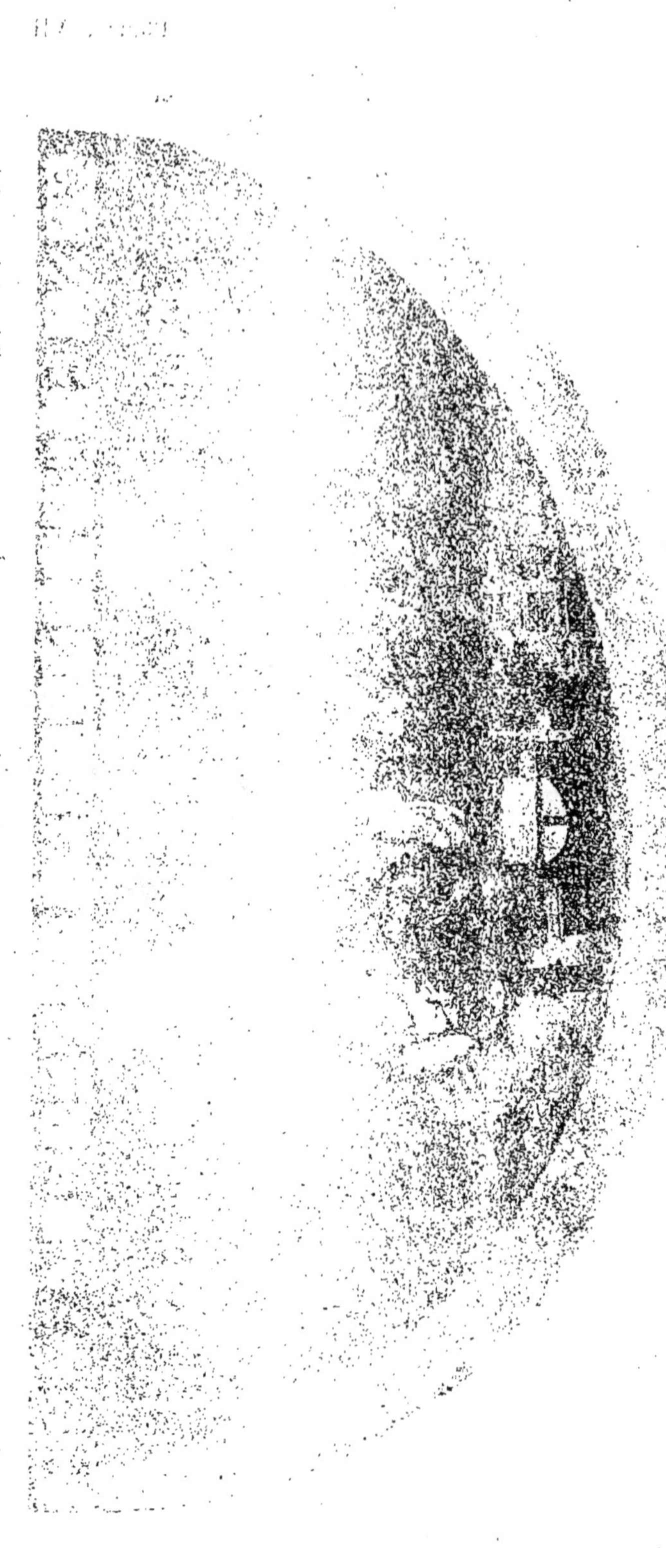

exquise? Deux anges, que l'on aperçoit, dans les nuages, approchant d'un réchaud leurs petites mains engourdies, ont annoncé aux bergers la naissance du roi des juifs. Un groupe de pâtres, réunis autour d'un brasier, a entendu l'appel d'en haut. Deux d'entre eux sont déjà debout, tout prêts à partir pour la crèche. Le troisième souffle à pleins poumons dans sa cornemuse : il reste assis, pour répéter, sans doute, la mélodie, qui tout à l'heure égaiera le nouveau-né. Le quatrième tient une écuelle de la main droite; de la main gauche il porte une cuiller à sa bouche. C'est un homme pratique : avant d'entreprendre le voyage, il termine son repas.

L'*Adoration des Mages* forme un tableau de 2 m. 18 de hauteur sur 4 m. 85 de largeur. Il est bordé, à la partie inférieure, d'une sorte de litre, sur laquelle on a peint, à partir du xviie siècle, les blasons de toutes les familles qui se sont alliées à la famille du Verdier de la Sorinière, propriétaire du château. La scène traitée par l'artiste est pleine de vie et de mouvement; mais, sans parler de quelques maladresses et de quelques fautes de dessin, on y sent un peu la recherche.

La Vierge et saint Joseph portent le même costume que dans le panneau de la *Nativité*. L'architecture des colonnes qui les encadrent ressemble à celle de la crèche.

Marie est assise tenant l'Enfant-Jésus sur ses genoux. A sa droite, saint Joseph, la main appuyée sur un bâton, se penche pour contempler le spectacle extraordinaire qui se déroule au premier plan. Un vieillard au front chauve, aux cheveux blancs, un roi, sans doute, car il a déposé à terre son chapel recouvert d'une couronne d'or, s'agenouille aux pieds de la jeune mère. Il est enveloppé d'un manteau jaune, garni de riches fourrures. De la main gauche il porte une coupe d'orfèvrerie, qu'il découvre de la main droite et vers laquelle l'enfant tend les bras en souriant. Un valet le suit, tenant en laisse un lévrier blanc. Debout près du vieillard, un autre roi, dont le visage est encadré d'une chevelure et d'une barbe opulentes, jette un regard plutôt sévère sur les cavaliers de son escorte. Il est coiffé d'un turban, chaussé de bottes à crevés, vêtu d'un manteau en velours grenat décoré d'arabesques et muni de manches bouffantes. Un large cimeterre pend à sa ceinture. Sa main gauche tient un sceptre fleuronné. Les présents qu'il apporte sont renfermés dans une coupe de cristal sertie d'or. Derrière lui, ses serviteurs et les officiers de son palais se pressent en foule, montés sur des chevaux ou sur des dromadaires.

Le roi nègre attend à gauche, coiffé d'un chapeau à bords rabattus et contournés, sur lequel repose une délicate couronne, vêtu d'un ample manteau en brocart, qui laisse à découvert la jambe droite chaussée d'une énorme botte à crevés. Un vase d'or, qu'il soutient de la main gauche, renferme l'offrande destinée au nouveau roi des juifs. En tête de son escorte, on remarque un négrillon au costume bizarre, tenant par la bride un animal plus étrange encore, dromadaire ou chameau, richement caparaçonné, dont le peintre a caché la tête, pour cette raison que, n'ayant probablement jamais vu l'animal, il était incapable de la dessiner. La supposition n'est pas téméraire, quand on constate quelles formes amusantes il a attribuées à l'éléphant[1] qui figure au dernier rang, à gauche, avec une malle de voyage et un cavalier sur le dos[2].

Le dernier panneau mesure 3 m. 50 de largeur sur 3 m. 10 de hauteur. Il représente saint Christophe, sous les traits d'un géant, à l'abondante chevelure, à la barbe grisonnante et frisée, marchant dans les eaux d'une rivière jusqu'à la

---

[1] La ménagerie du roi René, au château d'Angers, comptait plusieurs dromadaires ou chameaux; elle ne possédait pas un seul éléphant. (Cf. Lecoy de la Marche, *Le roi René*, t. II, p. 18).

[2] Les écussons qu'on voit à gauche et à droite, sur ce panneau, ont remplacé ceux de Jean de Brie et de Françoise de Mathefélon.

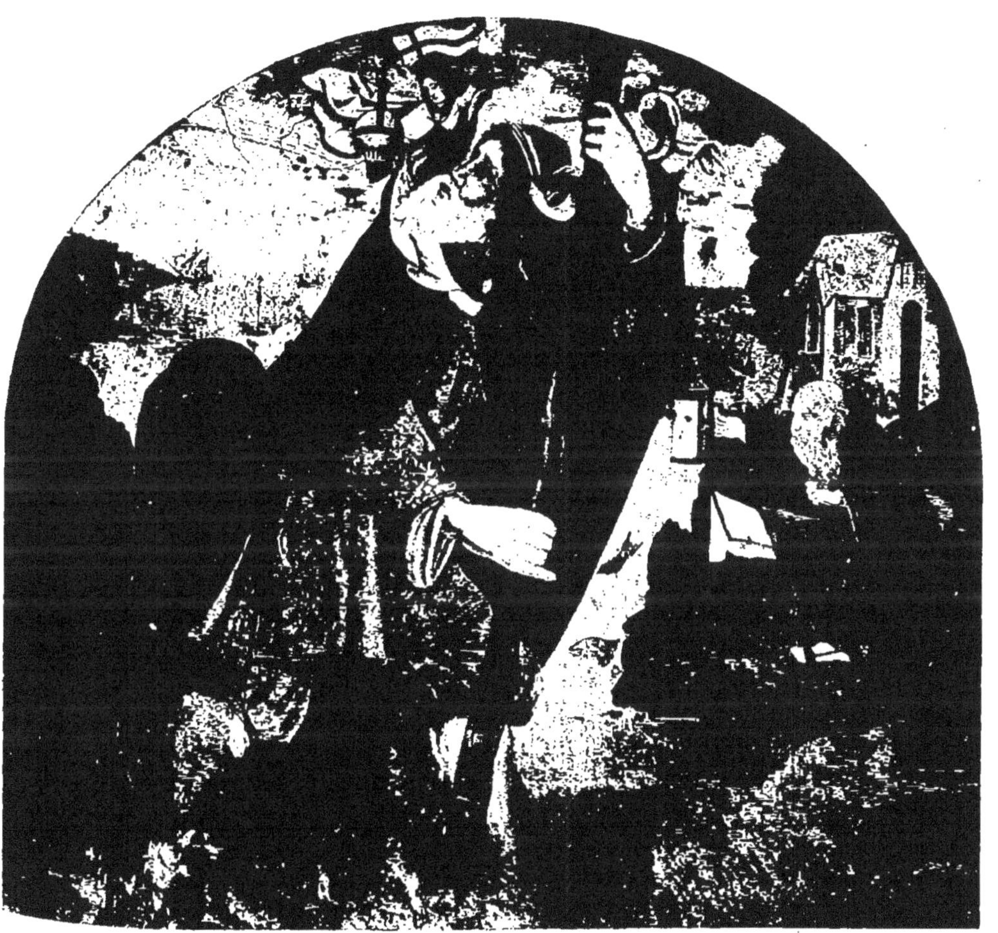

Chapelle de la Sorinière, à Chemillé

SAINT CHRISTOPHE

hauteur des mollets. Le colosse est vêtu d'une culotte courte, serrée au-dessous du genou, d'une tunique de brocart d'or à revers bleus et d'un manteau rouge à larges plis, que soulève la brise. Il s'avance de gauche à droite, en s'appuyant des deux mains sur un tronc d'arbre, qui lui sert de bâton. Sa tête est tournée vers le Sauveur, gracieux enfant aux cheveux bouclés, assis à califourchon sur l'épaule du vigoureux passeur que ce fardeau mystérieux déconcerte et accable.

L'Enfant-Jésus porte une robe bleue et un manteau cendré, qui flotte au vent. De la main droite, il soutient le globe du monde, surmonté d'une croix, à laquelle pend une banderole blanche. De la main droite, il semble indiquer le rivage, sur lequel on aperçoit un ermite, le genou en terre, qui présente sa lanterne allumée, comme pour éclairer le passage. Malheureusement, cette partie du panneau a été repeinte : l'ermite, la chapelle et le bouquet d'arbres qui l'entourent sont l'œuvre du restaurateur de 1830.

Au second plan, sous un ciel chargé de nuages, se profile la silhouette d'une barque, qui vogue, toutes voiles dehors, vers la haute mer ; puis, plus près, la muraille d'une ville, qui s'avance dans le fleuve et forme un port bien fermé, où les bateaux, à l'abri de la tempête, attendent tranquillement l'heure du départ.

Cette scène, que les artistes du moyen âge ont interprétée tant de fois, a été traitée ici avec une grâce naïve et charmante, qui rappelle les meilleures compositions du xvie siècle.

La légende raconte que saint Christophe aurait été martyrisé en Lycie, au iiie siècle. A la Sorinière, son martyre continue. Ses bourreaux sont les jeunes filles du voisinage, qui, pour trouver un mari dans l'année, n'hésitent pas à fixer de longues épingles dans le mollet du charitable colosse. La dévotion est telle qu'il faut, de temps en temps, panser les plaies béantes et recouvrir la jambe du patient d'une nouvelle couche de peinture.

Les fresques de la chapelle de la Sorinière sont un peu antérieures au milieu du seizième siècle. Telle est, en effet, l'époque à laquelle nous reporte le costume des personnages, qui sont habillés comme on l'était en France sous le règne de François Ier. Telle est aussi celle qu'indiquent les écussons armoriés de Jean de Brie et de Françoise de Mathefelon. Jean de Brie s'était marié avec Françoise de Mathefelon en 1517 [1]. Les deux époux vivaient encore en 1535 [2]; mais Françoise mourut avant 1540, car, à cette date, Jean de Brie s'allia en secondes noces avec Catherine Pantin [3]. C'est donc entre 1517 et 1540 que le seigneur et la dame de la Sorinière firent exécuter pour l'oratoire de leur château les peintures qui en sont le principal et, avec une statue de Notre-Dame de Pitié qui décore l'autel, à peu près le seul ornement.

A quel artiste peut-on attribuer ces œuvres, qui, malgré quelques imperfections, trahissent un goût très délicat et une main très habile? A défaut d'un nom précis, que l'on chercherait en vain dans les archives de la Sorinière, on peut affirmer, du moins, que le peintre n'a pas été formé seulement à l'école des bords de la Loire. S'il ne connaissait pas l'Italie, il s'est inspiré d'un modèle, qui avait subi l'influence italienne. La Vierge ne rappelle en rien la jeune fille blonde, grassouillette et fraîche des miniatures de Foucquet. L'enfant ne ressemble pas au poupon leste, souple et vivace, des Grandes Heures de Chantilly. Ce n'est pas non plus le

[1] Le contrat de mariage porte la date du 1er décembre 1517 (Archives du château de la Sorinière).

[2] Transaction entre les seigneurs de la Sorinière et de Brie-Serrant, au sujet de la dot de dame Françoise de Mathefelon, épouse de Jean de Brie, seigneur de la Sorinière et des Tailles (Archives du château de la Sorinière).

[3] 8 août 1540, contrat de mariage de « noble et puissant Jean de Brie, seigneur de la Sorinière », avec « damoiselle Catherine Pantin, fille de feu Jehan Pantin et de Renée de la Roche » (Archives du château de la Sorinière).

bambin à grosse tête de Florence. Mais la disposition générale des scènes, l'élégance des figures et des habits font songer, malgré soi, à quelque maître italien.

CIZAY

ANCIENNE ÉGLISE ABBATIALE D'ASNIÈRES

L'ancienne église abbatiale d'Asnières avait été autrefois décorée de peintures murales, dont on voit, ici et là, les vestiges.

Dans le chœur, les clefs et toutes les intersections des voûtes, qui rappellent par leur disposition et leur élégance les voûtes du chœur de Saint-Serge, sont décorées de motifs sculptés et peints, dont les sujets représentent des personnages de l'Ancien et du Nouveau Testament et des scènes de la vie de Jésus-Christ. Les doubleaux et les formerets sont ornés d'arcatures, avec des colonnes et des chapiteaux dessinés en rouge.

Dans le croisillon sud, on distinguait encore assez récemment, sur un fond d'arcades trilobées, la tête nimbée d'un saint évêque [1]. Dans une chapelle, connue sous le nom de chapelle de l'Abbé, qui fut appliquée, au quatorzième siècle, contre le chevet de l'église, avec lequel elle communique, une fresque, haute de 50 centimètres environ, entourait le retable de l'autel [2]. D'après les fragments qui restaient, il était possible d'y reconnaître une *Adoration des Mages*. Comme la précédente, cette peinture a complètement disparu.

[1] L.-A. Bossebœuf, *Une excursion en Anjou : Montreuil-Bellay, Le Puy-Notre-Dame et Asnières*, p. 100.

[2] *Revue de l'Anjou,* nouvelle série, t. XLIX, 1904, p. 87.

DAUMERAY

Chapelle de Doussé

La petite chapelle du village de Doussé, qui remonte au douzième siècle, forme un rectangle de 11 mètres de long sur 5 m. 60 de large.

Un fragment de peinture murale a été retrouvé, à droite de la porte principale, sous le badigeon qui recouvre tous les murs du modeste édifice. La scène est apparente sur 1 m. 80 de large et 1 m. 20 de hauteur, mais tellement détériorée qu'il est difficile d'en préciser le sujet. Une bande, ornée d'entrelacs, limite le tableau, dans la partie supérieure. Au centre, s'élève une idole, posée sur une haute colonne. Plusieurs personnages sont groupés, à gauche de l'idole : parmi eux, on remarque un souverain, avec la couronne royale, un soldat musicien, qui souffle dans une trompette, et un moine (?) à genoux. A droite, un autre personnage, debout et tête nue, fait de grands gestes de la main droite.

La scène est peinte à l'ocre jaune et à l'ocre rouge. Elle porte tous les caractères du douzième siècle.

Il est probable que d'autres scènes ont dû être recouvertes de badigeon.

DÉNEZÉ-SOUS-LE-LUDE

Église paroissiale

L'abside en berceau brisé, qui termine le chœur de la petite église de Dénezé-sous-le-Lude, est recouverte d'une double, peut-être même d'une triple couche de peintures, que des travaux de restauration ont remises au jour en 1859.

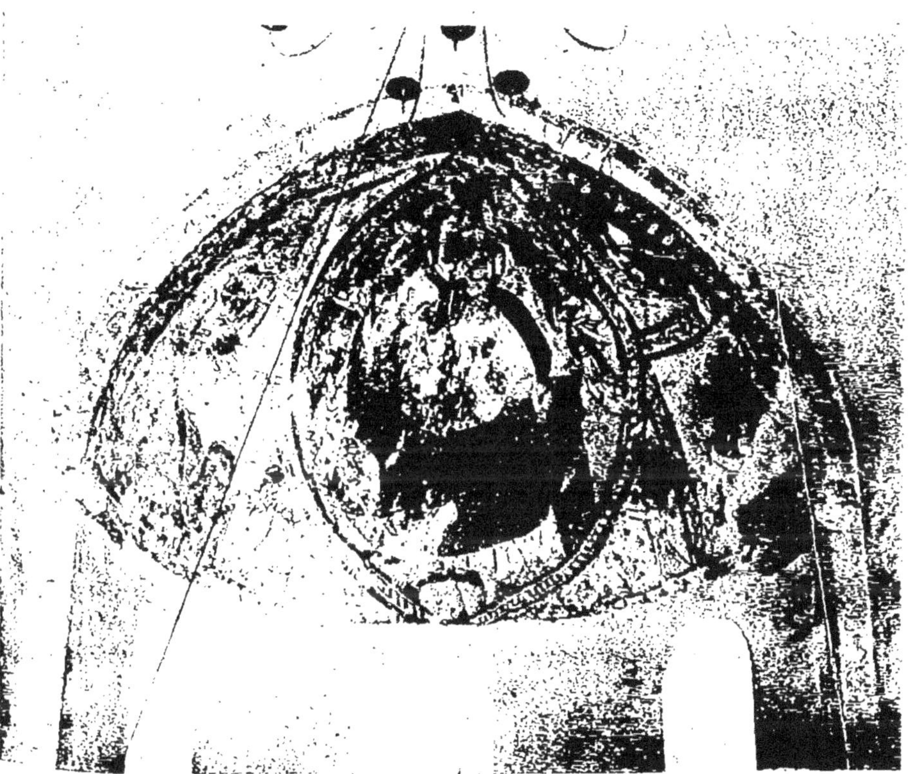

Église de Dénezé-sous-le-Lude

LE CHRIST EN MAJESTÉ

Au douzième ou au treizième siècle, on y avait représenté, assis sur un trône, entre les symboles des Évangélistes, un Christ tenant un livre ouvert, sur lequel figuraient un alpha et un oméga, dont on distingue toujours la trace. A droite du Christ, dans la partie supérieure de la fresque, «l'homme», attribut de saint Matthieu, est encore accompagné de cette inscription, en gothique ronde : s. MATHEV', qui n'est pas postérieure au treizième siècle.

Dans le cours du quinzième siècle, la peinture fut refaite et le sujet primitif fut modifié. On supprima le livre. Le Christ appuya la main gauche sur le globe du monde et leva la main droite pour bénir. Les plis de sa robe blanche et de son manteau rouge subirent d'importantes modifications. A l'intérieur de l'auréole ovale, qui encadre le Christ et que deux petits anges soutiennent dans la partie inférieure, on fit voltiger des angelots musiciens et quelques-uns de ces chérubins aux ailes rouges pour lesquels le quinzième siècle éprouvait une prédilection marquée. On mit au premier rang des symboles évangéliques l'aigle de saint Jean, qui fut altéré plus vite que les trois autres et laisse aujourd'hui apparaître, sur la peinture du treizième siècle, l'homme de saint Matthieu, dont il avait pris la place.

En dehors de cette scène principale, Barbier de Montault avait reconnu, dans l'abside de Dénezé-sous-le-Lude, Caïn offrant une gerbe, avec l'inscription CA[INVS], qu'il attribuait au treizième siècle, et trois apôtres du quinzième siècle, saint Simon, saint Jean et probablement saint Jacques le Majeur, suffisamment désigné par le texte qu'on lisait au-dessus de lui... NAT' EX MARIA VIRGINE [1]. Toutes ces peintures ont disparu.

---

[1] *Répertoire archéologique de l'Anjou*, 1868, p. 133 et 180.

FONTEVRAUD

ANCIENNE SALLE CAPITULAIRE DE L'ABBAYE

Les peintures qui décorent la salle capitulaire de l'ancienne abbaye de Fontevraud sont connues [1]. Elles ont été faites, de 1565 à 1570, par l'angevin Thomas Pot, qui reçut pour son salaire la somme de 219 livres, 13 sols, 3 deniers. Les scènes qu'elles représentent sont celles de la Passion du Christ. A l'angle de chaque panneau figure une religieuse de l'ordre de Fontevraud, agenouillée sur un prie-Dieu à ses armes et tenant la crosse abbatiale. Des légendes, que l'abbé Barbier de Montault a pu relever vers 1860, mais dont il ne reste plus que des fragments, résumaient en quelques lignes la vie de ces abbesses [2]. Les premiers portraits sont contemporains des peintures; les autres ont été ajoutés plus tard pour compléter la galerie.

Les peintures de Fontevraud forment onze panneaux, qui recouvrent tous les murs de l'ancien chapitre, lequel mesure 19 mètres de long sur 11 mètres de large. Bien qu'elles ne soient pas des plus remarquables et qu'elles aient été endommagées par le temps et l'humidité, elles ont le mérite de reproduire fidèlement les traits de bon nombre d'abbesses et de quelques autres personnages de marque.

Voici, en commençant du côté du nord, dans quel ordre se suivent les panneaux.

Le premier panneau est assez bien conservé. Il représente la *Cène* et le *Lavement des pieds*. A gauche, figure une abbesse avec cette légende :

Lavabis me Domine et super nivem dealbabor.

---

[1] Cf. C. Port, *Dict. de Maine-et-Loire*, t. II, p. 171; L. Bosseboeuf, *Fontevrault*, p. 52-56 et *Réunion des Sociétés des Beaux-Arts des départements*, 1905, p. 677-682.

[2] *Répertoire archéologique de l'Anjou*, année 1868, p. 201, 223, 241, 242, 262, 320, 471, 476; année 1869, p. 5 et 85.

Son livre est ouvert à l'office du Saint-Sacrement. On y lit, en effet :

Office du	S. Sacrem.
Ecce panis	*Vere pani-*
Angelorum	*s fili-*
Factus cibu-	*orum*
s viatorum	*non mit-*
	tendus canibus.

La religieuse de droite, « Mme Marie-Gabrielle-Éléonore de Bourbon », qui « prit l'habit le … may 1707 », est agenouillée devant le Christ lavant les pieds de ses apôtres.

Au second panneau, qui représente la *Trahison de Judas*, l'une des religieuses, celle de gauche, est Renée de Bourbon, grande prieure de Fontevraud, puis abbesse de Chelles (1559-1583) ; l'autre est Louise-Françoise de Rochechouart de Vivonne, abbesse de Fontevraud (1704-1742).

Le troisième panneau représente la *Flagellation*, avec Catherine de Bourbon, abbesse de Notre-Dame de Soissons (1539-1594).

A l'angle du quatrième panneau, qui représente le *Couronnement d'épines*, se trouve le portrait de Madeleine de Bourbon, abbesse de Sainte-Croix de Poitiers (1538-1561).

Dans le cinquième panneau, qui figure le *Crucifiement*, l'abbesse du côté gauche est Louise de Bourbon. La légende donne son nom et probablement la date des peintures : « *M[adame] Loise de Bourbon, seconde abbesse de la reformation de ceans*, 1567. » L'autre religieuse, qui a devant elle un livre orné d'une miniature, est Renée de Bourbon, première abbesse de la réformation de Fontevraud, de 1491 à 1533.

Le sixième panneau représente la *Descente de croix*. Une légende en assez bon état accompagne l'abbesse de gauche : « *M[adame] Jeanne-Baptiste [de Bourbon, fille de] France, r[eligieus]e professe de l'abbaye de Chelles, est venue en ce monastère l'an 1625. Ayans été esleue coad[jutric]e, qu'elle a*

*exercé 12 ans dont en a esté 7 grande p[rieur]e. Est entrée
en la charge d'ab[bess]e l'onzième janvier 1637, âgée de
29 ans. Et elle est decedée le 16e de janvier 1670.* » Son livre,
ouvert sur son prie-Dieu, contient ce verset du *Te Deum :*
« *In te Domine speravi, non confondar in eternum.* » L'abbesse de droite est Éléonore de Bourbon (1575-1611).

Au septième panneau, qui représente l'*Ensevelissement
du Christ*, les légendes ont disparu, sauf le nom de Louise de
Bourbon-Lavedan (1612-1637).

Au huitième panneau, qui représente la *Résurrection*, les
inscriptions sont complètement effacées.

Au neuvième panneau, qui figure l'*Ascension*, on lit le
nom de « *M[adame] Louise de Bourbon... religieuse de
Chelles...* »

Le dixième panneau représente la *Pentecôte*. Le portrait
de l'angle gauche est celui de « *M[adame] I[sabelle] de
Lorraine, religieuse professe de cette abbaye, le 13e octobre 1602,
prieure du prieuré de Prouil[lan] et depuis de l'abbaye...* »
A droite est celui de « *M[adame] Renée de Lorraine, grant
prieure de ceans et depuis abbesse de Saint-Pierre de [Re]ims [1],
niepce de M[adame] de B[ourbon]* ».

Le dernier panneau est le plus curieux. Il représente la
Mort de la Vierge, comme scène principale, et l'*Assomption*,
comme scène secondaire. A droite du tableau se trouve
une religieuse, dont la légende est effacée. A gauche,
figure le portrait de Marie-Madeleine-Gabrielle de Rochechouart de Mortemart, sœur de Mme de Montespan, trentetroisième abbesse de Fontevraud (1671-1704). Sur son
livre, on lit cette prière : « *Da mihi, Domine, sedium tuarum
assistricem sapientiam, ut mecum sit et mecum laboret, ut
sciam quid acceptum sit coram sit te omni tempore.* » Derrière
elle, est assise, tenant un livre ouvert : « *Tres haute et tres
illustre princesse Marie-Françoise, fille l[égitimée] de France,*

---

[1] Elle fut abbesse de Saint-Pierre de Reims de 1546 à 1602.

appelée Mlle de Blois… » Auprès de la princesse, on remarque, debout, un personnage dans lequel la tradition a cru reconnaître le frère Jean-Bapiste, l'ermite des Gardelles. Il passait pour un fils naturel de Henri IV et de Jacqueline de Breil. L'abbesse Gabrielle de Rochechouart l'entourait d'une vénération particulière [1].

CHAPELLE SAINT-BENOIT

Quelques traces de dessins au pochoir apparaissent sur l'arc doubleau qui sépare la nef de l'abside et sur le fût des colonnes de la nef.

GRÉSILLÉ

CHAPELLE DU CHATEAU DU PIMPÉAN

Dans la cour intérieure de l'ancien château du Pimpéan, dont les bâtiments mutilés et minables forment aujourd'hui trois propriétés différentes, s'élève, encore intacte, une chapelle du quinzième siècle, qui renferme peut-être les plus belles peintures murales de l'Anjou.

La chapelle du Pimpéan mesure 10 m. 30 de long et 6 m. 20 de large. Elle comprend deux travées, couvertes de voûtes bombées, qui s'appuient sur quatre branches d'ogives et quatre liernes de profil piriforme. Les voûtes, avec leurs nervures, les colonnes, les murs, tout l'intérieur de l'édifice avait été peint par un artiste de mérite, dont l'œuvre, dans ses parties principales, n'a pas trop souffert

---

[1] Ce panneau a été reproduit au trait, ainsi que le septième, dans le *Bulletin historique et monumental de l'Anjou*, 1861-62, p. 161, d'après un dessin de Vétault. — Une partie du dernier panneau, celle où figurent l'abbesse de Rochechouart, Mlle de Blois, et l'ermite des Gardelles, a été lithographiée d'après le dessin d'un détenu de la maison centrale de Fontevraud (*Bulletin historique et monumental de l'Anjou*, 1864-65-66, p. 225).

des injures du temps et des hommes. La décoration des murs représentait, dans la partie inférieure, un tissu orné de grenades ou de fleurs de chardon, inscrites dans les mailles d'un réseau aux contours sinueux, et, dans la partie supérieure, des personnages, de taille plus ou moins grande, et des scènes, que l'on a commencé à dégager du badigeon qui les recouvrait. Déjà l'on y a reconnu : saint Nicolas et les trois enfants qu'il sauva de la mort, une sainte en prière, deux moines, dont l'un tient entre ses mains le Saint-Sacrement, « saint Mêmes », martyr, dont les entrailles s'échappent de ses blessures, la *Mort de la Sainte Vierge*, saint Georges, vêtu en chevalier et terrassant le dragon, un saint martyr, l'*Arbre de Jessé*, puis, sous les traits d'un prêtre, entouré de brebis et portant à la main une houlette, l'*Eglise délivrant du péché l'âme coupable*, symbolisée par une femme renfermée dans une prison, un chevalier et un saint, une très suave figure de saint Louis, en costume royal, et deux saints franciscains, saint Bernardin de Sienne et saint Louis d'Anjou, évêque de Toulouse [1].

Les « figures » et les scènes admirables qui garnissent les divers compartiments des voûtes ont échappé au badigeon. Elles n'ont été dénaturées ni par la poussière, ni par l'humidité. Elles n'ont subi aucune restauration. C'est une page du plus haut intérêt pour l'histoire de la peinture en Anjou, à l'époque du roi René.

Dans la travée septentrionale, on remarque sur les doubleaux et sur les formerets l'emblème et la devise de la famille de Beauvau : deux épieux accrochés l'un à l'autre, alternant avec ces mots, tracés en lettres blanches : BEAVVAV SANS DÉPARTIR — HA JAMES A JAMES — SANS DÉPARTIR BEAVVAV.

[1] Ce travail de dégagement a été entrepris par **M. L. Yperman**, l'artiste au goût si délicat et si sûr que l'Administration des Beaux-Arts a chargé, en 1917, de faire le relevé des belles peintures du Pimpéan.

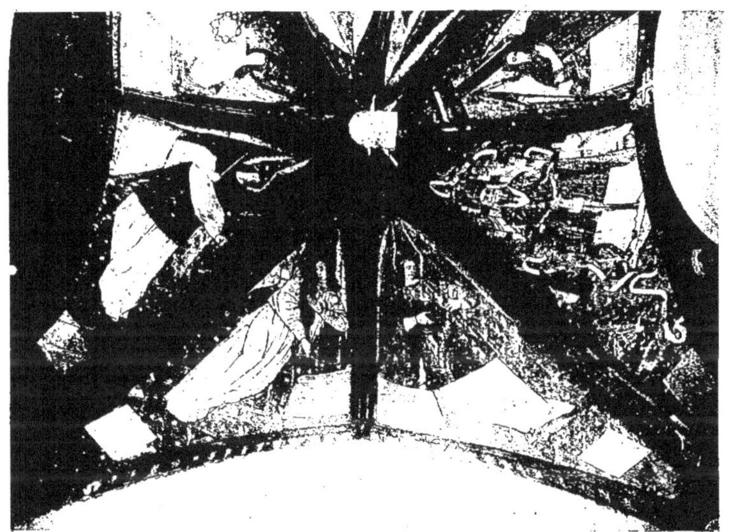

Cliché Ch. Urseau.

Chapelle du Pimpéan, à Grésillé

LES ANGES TENANT LES INSTRUMENTS DE LA PASSION

Dans la même travée, les huit voûtains limités par les ogives et les liernes renferment l'image de la Sainte-Trinité et sept anges portant les instruments de la Passion.

Bien que d'une facture habile et d'un aspect imposant, la représentation de la Trinité n'a rien d'original. Le Père, coiffé de la tiare et vêtu de la chape, est assis sur un trône. Ses deux mains reposent sur les bras de la croix, à laquelle le Fils est attaché. Le Saint-Esprit, sous la forme d'une colombe, va de l'un à l'autre. L'aigle, le bœuf, le lion et l'homme entourent le groupe, soutenant chacun un philactère, sur lequel est écrit le nom de l'évangéliste qu'ils symbolisent.

La personnalité de l'artiste s'affirme davantage dans les *Anges tenant les instruments de la Passion.* Avec leur nez un peu long et pointu, leur visage encadré de cheveux frisés en bandeaux, la croix d'or ou la perle qui orne leur front, ces adolescents au regard triste, aux joues baignées de larmes, appartiennent à la même famille. Ils portent pour vêtement une tunique blanche, serrée à la taille, pardessus laquelle quatre d'entre eux ont revêtu la dalmatique en brocart à ramages. Soutenus par des ailes aux vives couleurs, ils balancent d'un rythme harmonieux sur l'azur du ciel et présentent aux hommages de la terre les instruments de la mort de leur Dieu. Il y a, sans doute, une certaine monotonie dans la figure et dans l'attitude de ces célestes personnages; mais ce qui frapppe surtout, si on les examine sans parti pris, c'est l'extrême délicatesse avec laquelle le peintre a su rendre les variétés d'une même expression par de simples nuances du geste et de la physionomie.

Sur des rouleaux, qui se déploient devant chacun des anges, à la hauteur où les liernes rejoignent les doubleaux et les formerets, des strophes de huit vers, en gothique carrée, indiquent aux chrétiens les sentiments que doit exciter dans leur âme la vue des divers instruments de la Passion.

Des écussons en losange garnissent les écoinçons et complètent la décoration des voûtains. Ces écussons ont été grattés intentionnellement, de même que la clef centrale des deux travées.

Le premier des anges, — le plus rapproché de la *Trinité*, — vole de droite à gauche. Ses ailes sont rouges. Il est vêtu de la tunique et de la dalmatique et soutient l'arbre de la croix. Sur le rouleau qui l'accompagne on lit le huitain suivant :

> *Voyes la digne croix précieuse*
> *Hou Jhesu moults piteusement*
> *Souffrit playe trés angoizeuse*
> *Pour toy garder de dampnement.*
> *Or advise homme humblement*
> *Et considère je te pry*
> *Que tu doibz bien devotement*
> *Servir cil qui lors te servit*

Le second ange porte une tunique blanche. Il a les ailes rouges et vole de gauche à droite. Il tient trois clous, deux de la main droite et un de la main gauche. On lit sur son rouleau :

> *Advise toy quelle doulleur*
> *Pour toy homme ces clous cy feront*
> *Endurer nostre Redempteur*
> *Lorsque pieds et mains luy fichcrent*
> *Sans mercy tant qu'ils luy percèrent*
> *Tout oultre las villainnement*
> *A force de coups durs rompirent*
> *Et os et nerfs cruellement*

Le troisième ange soutient des deux mains le voile blanc sur lequel est imprimée la face du Christ. Ses ailes sont blanches. Il vole de droite à gauche. Sa tunique est ornée de broderies, au milieu desquelles apparaissent quelques lettres et un fragment d'inscription : ANG... Le rouleau placé près de lui porte ce texte :

Voy quelle estoit las la face
De ton Sauveur portant la croix
De beauté estoit lors trespassé
Et maintenant comme tu vois
La grief sueur du pesant faix
La fait tourner ainsy obscure
Or l'en remercie et recognois
Qu'a souffert pour toy creature.

Le quatrième ange est vêtu de la tunique et vole de gauche à droite. Ses ailes sont jaunes et rouges. Il regarde avec tristesse la couronne d'épines, que soutiennent ses deux mains. La strophe suivante commente la scène :

Voy cy comment homme pour toy
Ton Dieu fut trest piteusement
Couronné par mespris de Roy
Despines cy trest rudement
Que en peultz moult. Bien voyez comment
De son benoist sang precieulx
Est sanglanté evidament
La couronne ; ce n'est pas jeulx.

Le cinquième ange porte le suaire, plié sur ses bras, et tient un fouet dans chaque main. Il est vêtu de la tunique blanche et d'une riche dalmatique. Ses ailes sont rouges. Il vole de droite à gauche. Le rouleau le fait parler ainsi :

Voy le suaire de ton Sauveur
Hou fust ensevely doulcement
Voy son sang sa digne sueur
Voy les fouetz des quieulx las tant
Fut batu sy tres aprement
Que sang sailloit a abondance
Pance que corporellement
Receut ce pour ta delivrance.

Le sixième ange appuie sur son épaule droite une lourde colohne, dont le fût est entouré d'une grosse corde. Il a pour vêtement une tunique, blanche comme ses ailes, et vole de gauche à droite. A ses pieds, on lit le huitain qui suit :

> *Regarde en pitié et voy comme*
> *Benignement par sa doulceur*
> *Tres dure angoisse pour toy homme*
> *Voulut souffrir ton Createur*
> *En ceste atache par grant doulleur*
> *Hou son benoist corps longuement*
> *Si quon ne peut dire grigneur*
> *Endura non pareil tourment.*

Le septième ange tient dans la main droite la bourse aux trente deniers et, de la main gauche, il serre un rouleau de parchemin. Il est vêtu d'une tunique blanche et d'une dalmatique en brocart rouge. Ses ailes sont rouges. Il vole de droite à gauche. Voici le huitain qui l'accompagne :

> *O homme qui la pomme pris*
> *La pire que jamais prist hom*
> *Regarde cy le pouvre pris*
> *Et la piteuse desprisom*
> *De Judas qui par trahisom*
> *Vendit aux Juifs Jhesus Crist*
> *Pour trente deniers sans raison*
> *Dont fut cause que mort souffrit.*

Ces strophes, que l'on peut attribuer au roi René lui-même [1], se retrouvent ailleurs qu'au Pimpéan. Elles étaient peintes, à côté des Anges portant les instruments de la Passion, sur les murs de la chapelle de Saint-Bernardin, en l'église des Cordeliers d'Angers, et sur le lambris de la chapelle de Montriou. On les voit inscrites sur les célèbres tapisseries de la Passion qui ornaient l'église Sainte-Croix

---

[1] Cf. P. Ubald d'Alençon, *Notes pour la recherche d'œuvres perdues du bon roi René d'Anjou* (dans la *Revue des questions historiques*, t. LXXXVI, octobre 1909, p. 578-582).

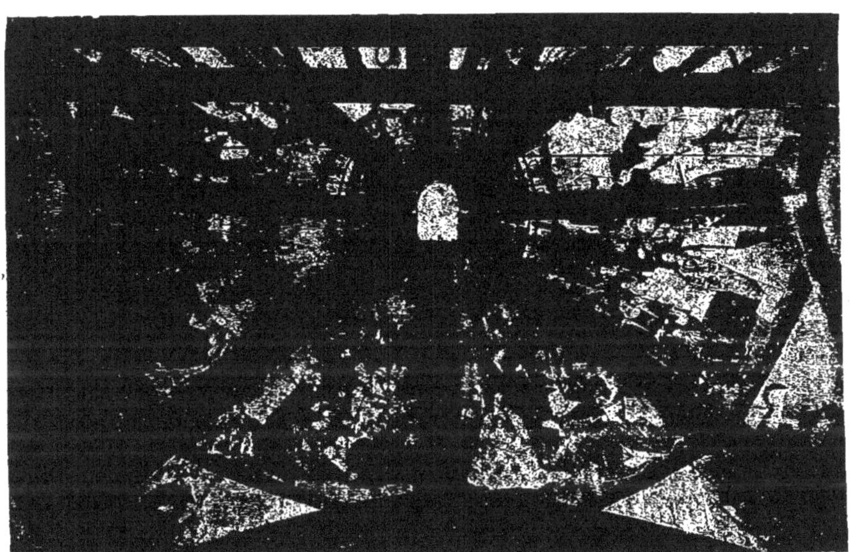

Cliché Ch. Urseau.

Chapelle du Pimpéan, à Grésillé
SCÈNES DE LA VIE DE LA VIERGE

du château du Verger et qui sont aujourd'hui exposées au Musée de l'ancien Évêché d'Angers.

Sur les voûtains de la seconde travée, l'artiste a représenté les scènes principales de la vie de la Vierge : l'*Annonciation*, la *Visitation*, l'*Annonce aux bergers*, l'*Adoration des Mages*, la *Présentation au Temple*, la *Fuite en Egypte* et le *Couronnement dans le ciel*. Ces tableaux naïfs, où tout respire l'honnêteté, la sincérité et la bonne foi, forment un ensemble d'une grande beauté. Au lieu de l'uniformité élégante qu'on peut reprocher à la décoration de la première travée, ce qui plaît ici c'est la variété ; ce qui retient et charme le regard c'est un réalisme familier, une liberté franche et de bon aloi, un amour très vif de la nature. L'artiste dont les pages imagées se déroulent sur la voûte de la chapelle du Pimpéan était un maître très habile. Sa main n'aurait eu besoin que de s'assouplir un peu pour laisser des chefs-d'œuvre. L'étude attentive de chacune des scènes justifiera cette assertion.

L'*Annonciation*. — Dans une salle, dont les baies sont fermées par des verrières, Marie, agenouillée sur un prie-Dieu, tourne les feuillets d'un livre placé devant elle. A l'approche de l'ange, elle esquisse un geste de surprise et pose la main gauche sur son cœur. Elle a la tête nue. Ses cheveux sont ramenés derrière les oreilles, comme on le voit dans toutes les œuvres françaises depuis la fin du quatorzième siècle. Son costume, que l'on retrouvera presque sans changement dans toutes les autres scènes, se compose d'une robe marron et d'un grand manteau blanc, décoré de grenades faites au pochoir. L'ange, très noble, vêtu d'une tunique blanche et d'une dalmatique verte, portant au front une perle précieuse, fléchit le genou devant la Vierge. De la main gauche il tient le sceptre fleurdelisé. De la main droite il montre une banderole, sur laquelle on aperçoit la première lettre du mot *Ave*. Une fleur à haute tige s'élève du vase entre la Vierge et l'ange.

La *Visitation.* — La scène se passe dans un paysage, dont le fond est occupé par un château à tourelles. Élisabeth, la tête enveloppée d'une guimpe sur laquelle est posée une sorte de turban, porte une robe de brocart et un manteau brun. Elle s'avance, suivie d'une autre femme, vers Marie, dont le manteau est soutenu par deux anges. Au geste de la Vierge et de sa cousine, on comprend le colloque qui va s'engager entre elles.

La *Nativité.* — Au premier plan, l'Enfant-Jésus, un enfant maigre et chétif, repose, tout nu, sur une draperie blanche. Au second plan, Marie est agenouillée et adore, les mains croisées sur la poitrine, son fils nouveau-né, qui tend vers elle ses petits bras. A gauche, saint Joseph, sous les traits d'un vieillard, vêtu d'une tunique brune et d'une cape blanche, fléchit le genou et, de la main, protège la flamme d'une chandelle. Un peu en arrière, apparaît la crèche, avec le bœuf et l'âne ; puis, tout au fond du paysage, le château à tourelles de la scène précédente.

L'*Annonce aux bergers.* — Trois bergers, groupés avec cette aisance vivante qui est la marque d'un maître, devisaient entre eux, tout en gardant leurs moutons. Un ange, qui pose familièrement la main sur l'épaule d'un de ces hommes, leur annonce la naissance du Messie. Ils vont partir pour l'adorer. Le premier est debout ; il a sa houlette à la main. Le second se lève, avec ses provisions sur le dos. Le troisième est encore assis, tenant de la main droite sa cornemuse, qu'il emportera, sans doute, avec lui. Dans les airs, un autre ange déroule un philactère, avec l'inscription : *Gloria in excelsis Deo.*

L'*Adoration des Mages.* — A gauche, la Vierge, vue presque de face, les yeux baissés, la tête tournée de trois quarts à droite, est assise, portant l'Enfant-Jésus sur son giron. Derrière elle, saint Joseph, debout, son chapeau à la main, s'appuie sur un bâton. A droite, le premier mage, un vieillard à la barbe et aux cheveux blancs, enve-

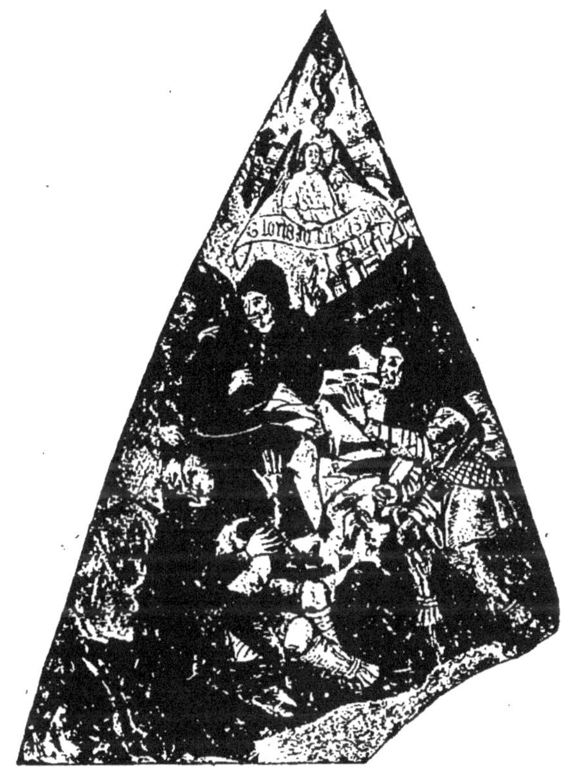

Cliché de la *Gazette des Beaux-Arts*.

Chapelle du Pimpéan, à Grésillé

L'ANNONCE AUX BERGERS

D'après le relevé de M. L. Yperman.

loppé d'un manteau doublé d'hermine et garni de pierreries, s'est agenouillé et présente à l'Enfant une coupe
d'orfèvrerie, qu'il tient de la main gauche. Non loin de lui,
le roi nègre, la tête coiffée d'un chaperon, auquel est adaptée
une couronne d'or, reçoit une coupe, qu'un de ses serviteurs
lui apporte. Au centre du tableau, le troisième mage,
debout, une coupe à la main, est vêtu d'un long manteau,
dont les bords sont enrichis de broderies et de perles. Il
a pour coiffure un turban, cerclé à la base d'une couronne
fleuronnée et muni d'un cône, dont l'extrémité est ornée
d'un bijou.

La *Présentation du Temple*. — Le grand-prêtre, debout
sur un trône à baldaquin, occupe le centre de la scène, au
milieu d'un groupe de lévites. Il est revêtu d'habits pontificaux et coiffé d'une mitre épiscopale. De ses deux mains
il élève, au-dessus d'un linge blanc, l'Enfant-Jésus, dont
la tête est entourée du nimbe crucifère. Au premier plan,
à droite, la Vierge agenouillée tend les mains pour recevoir
le cierge, que lui présente un des serviteurs du temple,
lequel tient de la main gauche la corbeille où sont renfer-
mées les colombes. A droite de la Vierge, saint Joseph,
qui cherche à se dissimuler modestement dans l'ombre,
serre son chapeau contre sa poitrine.

La *Fuite en Egypte*. — Saint-Joseph figure ici au premier plan, avec son chapeau posé sur la tête et sa besace
suspendue à un bâton et appuyée sur l'épaule. Il précède
une mule blanche, sur laquelle est assise la Vierge, portant
l'Enfant-Jésus enveloppé dans les plis du manteau qui
recouvre la tête et les épaules de sa mère. A l'arrière-plan,
un moissonneur interrompt son travail et apprend aux
soldats lancés à la poursuite de la sainte Famille que les
fugitifs sont passés à l'époque où il semait le blé.

Cette scène est inachevée. Le paysage, où l'on remarque
encore le château à tourelles, n'a été indiqué que par une
teinte verte uniforme. Les grenades jaunes du manteau

de la Vierge sont peintes directement sur le tuffeau. La croupe de la mule ne porte aucune trace de peinture.

Le *Couronnement de la Vierge*. — Dieu le Père, assis sur un trône, dans tout l'appareil de la majesté pontificale, tient le globe du monde dans la main gauche et bénit de la main droite. Marie est agenouillée devant lui, les mains jointes. Deux anges la suivent. Un autre ange, qui voltige, autour de la tête de la Vierge, dépose sur son front la couronne royale.

Une bordure de fleurettes limite la partie inférieure des diverses scènes. Elle les sépare des écoinçons, sur lesquels le peintre a laissé de curieuses ébauches de personnages. Ici, c'est un évêque, dont un simple trait noir dessine le profil; là, c'est un autre évêque, en chape et en mitre, mais sans figure et sans mains; là encore, c'est un ange dont la silhouette s'émaille de taches brunes ou jaunes, qu'aucune autre couleur ne relie entre elles. L'ouvrier n'a pas terminé son travail, qui devait figurer les quatre évangélistes et les quatre docteurs de l'Église latine. De même que les grandes scènes, ces ébauches sont peintes à la chaux, avec des couleurs appliquées directement sur le tuffeau, sans enduit préalable.

Les tons qui dominent partout dans le costume des personnages sont le rouge foncé, le brun, le jaune et le blanc. Les fonds des paysages avaient été peints en bleu, mais la chaux a transformé ce bleu en vert.

Les peintures de la chapelle du Pimpéan ont tous les caractères des œuvres de la seconde moitié du quinzième siècle. On s'écarterait peu de la vraisemblance en affirmant qu'elles ont été faites entre 1460 et 1470. A cette époque, la seigneurie du Pimpéan appartenait, depuis 1435, à Bertrand de Beauvau, qui, après avoir été conseiller et chambellan de Charles VII, devint premier président laïque de la Chambre des Comptes de Paris, conseiller et grand-maître d'hôtel du roi René, capitaine du château d'Angers et sénéchal d'Anjou. Le château et la chapelle du Pimpéan furent bâtis par ses soins.

Au moment où s'achevaient ces constructions, le roi René avait résolu d'ériger un autel en l'honneur de son directeur de conscience, saint Bernardin de Sienne, qui venait d'être canonisé. A cet effet, il avait acquis, à Angers, un jardin, dépendant du chapitre de Saint-Maurille et attenant à l'église des Cordeliers et il y avait fondé une chapelle, qui était déjà commencée en 1453. Cette chapelle, distincte de l'église du couvent, communiquait néanmoins avec elle au moyen d'une porte ouvrant sur le chœur des religieux. Elle était terminée en 1461. C'est là que furent déposés plus tard le cœur du roi et celui de sa seconde femme, Jeanne de Laval.

Un chroniqueur angevin, Bruneau de Tartifume, a minutieusement décrit cette merveilleuse chapelle, avec ses autels, avec le cénotaphe qui renfermait les cœurs du roi et de la reine, avec les six verrières où étaient représentés les principaux membres de la famille de René, avec les « huict anges », peints « autour de la dicte chapelle, portans chaqu'un en la main droite un des instruments de la passion de Nostre Sauveur et tenant en l'autre main un roleau [1] ».

Sur les rouleaux que portaient les anges figuraient des strophes de la Passion, dans lesquelles on croit reconnaître les « beaux dictz de la Passion », dont parle un autre annaliste angevin, Jehan de Bourdigné, « que le bon roy René composa et fit engraver » dans la chapelle de Saint-Bernardin [2]. Or, ces strophes sont celles-là mêmes qui accompagnent les anges, sur la voûte de la chapelle du Pimpéan.

Les vers de la chapelle de Saint-Bernardin peuvent à bon droit passer pour l'œuvre du roi René. Il n'en est pas

---

[1] Bib. d'Angers, ms 995 (ancien 871), t. II, p. 368 et suiv.
[2] *Histoire aggrégative des Annales et chroniques d'Anjou*, fol. 150.

ainsi des peintures, surtout des *Anges portant les instru-*
ments de la Passion, qu'on lui attribuait encore assez récemment [1]. René savait manier le pinceau, il était capable
d'enluminer, tant bien que mal, les feuillets d'un livre
d'heures ; il ne fut jamais un peintre habile. La décoration
d'un édifice aussi important que la chapelle dédiée à son
saint confesseur était non seulement au-dessus de son cou-
rage mais aussi au-dessus de son talent. Il n'est pas douteux
qu'il ait laissé ce soin à l'un des artistes dont il fut le protecteur et l'ami, et probablement au meilleur d'entre eux.

Bertrand de Beauvau était bien placé pour juger du
mérite de ce beau travail. Sa famille comptait parmi les
bienfaiteurs insignes du couvent des Cordeliers, qu'elle
enrichit, en 1462, d'une fondation nouvelle[2]. Familier
du roi René, grand-maître de son hôtel, il fut peut-être
chargé de surveiller le peintre et de lui fournir, comme il le
fit souvent pour d'autres, les « gaiges » qui lui étaient
alloués. C'était d'ailleurs un homme de goût, un amateur
passionné, qui faillit se ruiner pour satisfaire ses fantaisies
d'artiste. Ne peut-on pas supposer que, voulant décorer
sa chapelle de somptueuses peintures, il ait fait appel au
maître qu'il venait de voir à l'œuvre? Dans cette hypothèse, il était naturel qu'il lui demandât de reproduire le
thème qui avait fixé les préférences du roi, les *Anges por-*
tant les instruments de la Passion, avec « les beaux dictz »
de la chapelle Saint-Bernardin. C'est ainsi probablement
qu'agira plus tard une des filles de Bertrand de Beauvau,
Charlotte, quand, vers 1484, d'accord avec son mari Jean
Rabault, elle fera peindre sur le lambris de la chapelle de
Montriou les Anges et les huitains de la Passion, à côté d'un
Portement de Croix, qui s'inspire d'une idée particulièrement chère au roi René.

[1] *Bulletin historique et monumental de l'Anjou*, 1861-62, p. 62.
[2] Cf. Thorode, *Notice de la Ville d'Angers*, édit. E. L[ongin], p. 336,
n. 2.

En tout cas, le peintre qui décora la chapelle du Pimpéan était un flamand établi en France. Flamand d'origine, il a gardé de son éducation première un peu d'âpreté et de sécheresse dans le coup de pinceau. On constate chez lui une préférence marquée pour les tonalités brunes et jaunâtres. A l'exemple des artistes même les plus réputés de son pays, il est inhabile à construire des enfants viables et le petit Jésus de la *Nativité* est d'une maigreur de corps qui effraie. Mais cet étranger a si bien profité des enseignements français, qu'on retrouve chez lui la sincérité, la naïveté, la grâce, avec tout le bon goût et tout l'esprit de nos vieux maîtres du quinzième siècle.

Parmi les peintres que le roi René avait attirés à sa cour et qui travaillèrent en Anjou, figurent deux Flamands, Barthélémy de Clerc et Coppin Delft, dont les noms sont cités parmi les illustrations de l'époque. S'il est difficile d'attribuer les peintures de la chapelle du Pimpéan au premier, qui paraît avoir été surtout un miniaturiste, rien n'empêche d'en faire honneur au second, dont l'œuvre fut beaucoup plus importante. Dès 1456, Coppin Delft travaillait pour la reine de Sicile. En 1459, il mettait son pinceau au service de René, qui l'employa, en 1472, à peindre « à huile, selon le devis », le reliquaire de la cathédrale d'Angers et, en 1477, à décorer le groupe du *Domine quo vadis*, de l'église Saint-Pierre de Saumur. En 1482, il se charge par marché d'orner une chapelle de l'église Saint-Martin de Tours de peintures murales, qui comprenaient une Trinité sur champ d'or, des chérubins rouges, des séraphins d'azur, les quatre évangélistes, des armoiries, des décorations de voûte. On le retrouve à Angers, toujours vaillant à la besogne, en 1488 [1].

---

[1] Sur ces deux peintres, cf. Lecoy de la Marche, *Le roi René*, t. II, p. 87-95; C. Port, *Les artistes angevins*; A. Michel, *Histoire de l'Art*, t. IV, p. 710-712.

Qu'il soit l'auteur des admirables peintures de la chapelle du Pimpéan, c'est une simple hypothèse, mais une hypothèse très plausible. Il est même permis d'espérer qu'un jour, en présence d'un texte formel, cette hypothèse se changera en certitude.

LASSE

ANCIENNE CHAPELLE DU CHATEAU DE POISIEUX

La chapelle de l'ancien château de Poisieux, sur le territoire de la commune de Lasse, que Célestin Port cite comme « l'une des plus remarquables chapelles seigneuriales du pays[1] », sert depuis longtemps d'étable à moutons. Elle forme un rectangle de 10 mètres de long sur 5 m. 50 de large, dont les murs avaient été couverts, au seizième siècle, de fresques, qui sont encore reconnaissables, mais qui bientôt auront disparu.

Sur le mur du chevet, lequel était éclairé par une grande fenêtre à remplage flamboyant, on aperçoit, dans la partie supérieure, une partie du corps et, appuyés sur un bâton écoté, les deux bras d'un énorme saint Christophe. Un peu plus bas, une toiture d'aspect misérable, dont on ne distingue que des traces, abritait probablement une *Nativité du Christ*.

Du côté de l'Évangile, une série de personnages alignés sous des portiques, formait un registre continu de deux mètres de hauteur. On y voit encore, en partant du fond : un saint Jean-Baptiste, portant l'« Agneau de Dieu » ; un évêque en habits pontificaux, accompagné d'un jeune homme vêtu d'une tunique rouge, et bénissant une religieuse agenouillée devant lui ; un moine en robe noire, les pieds chaussés de sandales ; un cardinal, coiffé du chapeau rouge et drapé dans

[1] *Dict. de Maine-et-Loire*, t. III, p. 133.

un large manteau; une femme, dont le reste du costume disparaît sous les plis d'un manteau rouge; un jeune enfant, assisté d'un personnage dont on a peine à retrouver la silhouette; un abbé, tenant à la main la crosse, insigne de sa dignité; un chevalier, armé d'un épieu.

Du côté de l'Épitre, les peintures ne forment plus que des plaques rougeâtres. Il faut renoncer à identifier les personnages qui y figuraient.

Toutes ces fresques avaient été tracées avec de l'ocre rouge et jaune, du gris et du noir.

Elles auraient mérité un meilleur sort que celui auquel elles sont condamnées.

LION D'ANGERS (LE)

ÉGLISE PAROISSIALE

La nef de l'église du Lion d'Angers remonte au premier quart du onzième siècle. Elle est très curieuse. A l'extérieur, ses murs sont en petit appareil presque régulier; son portail, que les archéologues attribuaient, récemment encore, à la période carolingienne, est surmonté d'une archivolte, dont les claveaux, sertis de ciment rose, forment des dessins géométriques assez compliqués, mais très décoratifs [1]. A l'intérieur, apparaissent les traces de deux litres funéraires chargées, l'une des armes de la famille de Champagné, l'autre des armes de la famille de Racapé et de celles de la famille de Girard de Charnacé. Mais ce qui fait surtout l'intérêt de la nef du Lion d'Angers c'est l'importance des peintures murales dont elle est ornée.

Ces peintures, dont on ne connaissait pas l'existence, ont été découvertes en 1852, sous le badigeon, par des ouvriers

[1] Voir un dessin de ce portail dans C. Enlart, *Manuel d'archéologie française*, t. I, p. 357, fig. 153.

qui travaillaient à la restauration de l'église. A peine venaient-elles d'être remises au jour, qu'un ecclésiastique, qui comptait pourtant parmi les plus érudits du diocèse, écrivait « qu'elles étaient du nombre de celles que les évêques, dans le cours de leurs visites, ont le droit et même l'obligation de faire disparaître »[1]. Si elles ne furent pas immédiatement jugées et condamnées, comme tant d'autres, c'est que la Commission archéologique de l'Anjou plaida victorieusement leur cause, jugeant « quelles étaient dignes, les unes par leur antiquité, les autres par l'originalité des sujets, enfin, plusieurs par le fini de l'œuvre, de n'être pas détruites[2]. » Pourquoi faut-il que, non contente d'avoir sauvé ces précieux vestiges, la Commission archéologique ait eu la fâcheuse idée de les faire restaurer par des artistes que rien n'avait préparés à une tâche aussi délicate?

Il est probable que, à l'origine, les deux côtés de la nef du Lion d'Angers avaient été décorés de peintures. Pour des causes diverses, toute trace de décoration a disparu du mur méridional, sauf du fond d'une arcade en pein cintre qui abritait probablement un autel. Au-dessus du portail on distingue encore l'image d'un énorme démon, personnage principal d'un *Enfer*, dont la vue devait inspirer la crainte du péché aux chrétiens qui sortaient de l'église. Sur le mur septentrional, la décoration est restée visible dans tout son ensemble; et c'est depuis l'entrée jusqu'au transept que les scènes se succèdent, plus ou moins nettes car, sous l'action de l'air et du badigeon, les tons clairs sont tombés, tandis que les ocres jaunes et rouges ont conservé leur couleur. Il est facile d'y reconnaître : *le Christ en croix et les Ames du Purgatoire, saint Christophe, sainte Anne et la Sainte Vierge*, avec deux saintes encadrant le tableau, le *Portement de croix, saint François à genoux*

---

[1] Cf. *Journal de Maine-et-Loire*, nº du 30 octobre 1852.
[2] *Nouvelles archéologiques*, nº 35.

devant le Crucifix, saint Gilles caressant une biche ; puis, à un niveau inférieur, de chaque côté d'une niche, aujourd'hui vide, *Pilate et les Juifs insultant le Christ*. Quelques-unes de ces scènes présentent des particulirités intéressantes.

Le Christ en croix et les Ames du Purgatoire. — Cette scène mesure 2 m. 20 de hauteur et 1 m. 75 de largeur. Le Christ est représenté étendu sur la croix, avec le corps allongé et rigide, les bras non pas largement ouverts, mais un peu recourbés, comme alourdis par le poids du corps, la tête penchée à droite. Au-dessous de ses bras, deux formes humaines, ou plutôt deux silhouettes, l'une d'homme, l'autre de femme, sortent des flammes du Purgatoire, sollicitant les prières des âmes compatissantes : « *Miseremini mei, saltem vos, amici mei* », ainsi que l'indique une inscription, et recevant sur leur tête les gouttes de sang qui coulent des blessures du Christ.

Les ouvriers qui ont retouché cette scène n'en ont pas compris le sens et ils ont repeint des gouttes de sang jusqu'au-dessus des bras de la croix. Mais il n'y a aucun doute, l'artiste qui avait conçu cette émouvante représentation, s'était inspiré du thème de la *Fontaine de vie*, si cher aux peintres du seizième siècle [1]. Voici, en effet, comment s'exprime l'auteur d'un article qui parut dans le journal l'*Union de l'Ouest*, au lendemain de la découverte des peintures du Lion d'Angers : « Sur la paroi nord on distingue... un Christ en croix ; sous chacun de ses bras, deux figures, presque effacées, semblent recueillir sur leur tête comme un autre baptême, le sang qui coule des blessures divines [2]. »

Placé sur une ligne plus basse que les autres scènes, ce

---

[1] Cf. Émile Mâle, *L'Art religieux à la fin du moyen âge en France*, p. 104-109.

[2] *L'Union de l'Ouest*, n° du 13 juillet 1852.

tableau ornait probablement, en guise de retable, l'autel
où la « Boîte des trépassés » avait l'habitude de faire célé-
brer les messes pour les âmes du Purgatoire. Aujourd'hui,
il disparaît en partie derrière une des colonnes qui soutiennent la tribune des orgues.

Saint Christophe. — Le tableau mesure 4 m. 40 de
hauteur et 2 m. 40 de largeur. C'est l'image bien connue du
saint colosse, que, pendant tout le moyen âge, les fidèles
ont invoqué contre la mort subite. Il est représenté ici,
sans aucun art, portant l'Enfant-Jésus sur ses épaules et
traversant une rivière, les deux mains appuyées sur un
gros bâton. La restauration a gâté complètement cette
peinture.

Sainte Anne et la Sainte Vierge. — La scène, divisée en
trois compartiments, à la manière d'un triptyque, mesure
2 m. 80 de hauteur et 3 m. 40 de largeur.

Dans chacun des compartiments extérieurs, figure une
sainte martyre, enveloppée dans un grand manteau et
tenant une palme à la main. Au centre, sainte Anne, assise
sur un large fauteuil de bois, lit sur un livre, qu'elle soutient
de la main gauche, pendant que, devant elle, la Vierge,
debout, portant un livre fermé dans la main droite, avance
la main gauche vers le livre sur lequel sa mère fixe les yeux [1].
La Vierge est vêtue d'une cotte bleuâtre, d'un surcot jaune,
qui lui serre la taille, et d'un voile presque blanc, qui lui
recouvre la tête et les épaules et descend en longs plis
jusqu'à terre. Sainte Anne a pour costume une robe de
couleur grise, une guimpe et un ample voile blanc.

Le Portement de croix. — Ce tableau, qui mesure 2 m. 80
de hauteur, n'est plus intact que sur une longueur de 2 m. 60
environ. D'un côté, il a été échancré, dans la partie inférieure, pour loger l'encadrement d'architecture qui entoure

---

[1] La couronne que porte la Vierge a dû être ajoutée par l'ouvrier
qui a restauré la peinture.

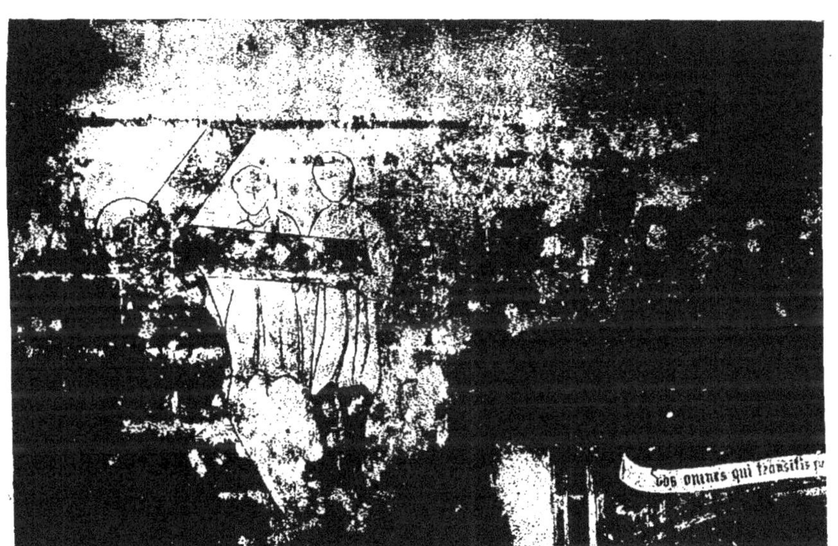

Cliché Ch. Urseau.

Église du Lion-d'Angers
LE PORTEMENT DE CROIX

la scène où sont représentés Pilate et les Juifs insultant le Christ.

Quoique mutilée et presque effacée, cette peinture est encore admirable. Le sujet traité par l'artiste est celui-là même que le roi René avait mis en vers et dont il avait peut-être dessiné le modèle, que Charlotte de Beauvau avait fait peindre dans la chapelle de son château de Montriou et qui était reproduit à Saint-Aubin des Ponts-de-Cé, où toutes les misères de l'humanité s'associent aux souffrances du Christ et l'aident à porter sa croix.

Une œuvre aussi touchante aurait mérité à tous égards d'être préservée de la destruction. Mais rien n'a été tenté pour la protéger et, bientôt, si l'on n'y prend garde, elle aura disparu, comme ont disparu une *Vierge de Pitié*, qui lui faisait suite et dont on n'aperçoit plus que de vagues contours et une *Scène de martyre* dont il est impossible de préciser les détails.

Saint François d'Assise à genoux devant le Crucifix. — Ce tableau mesure 1 m. 60 de hauteur sur 0 m. 70 de largeur. Il est un peu moins endommagé que les scènes précédentes. Il représente saint François d'Assise, agenouillé, les mains jointes, devant un Crucifix qui lui apparaît dans les nuages. La figure du saint a été altérée par l'enduit et sa robe ne forme plus qu'une ombre, un peu confuse, de couleur rougeâtre.

Saint Gilles caressant une biche. — Cette scène mesure 1 m. 10 de hauteur sur 0 m. 90 de largeur. Elle est mieux conservée que celle qui précède.

A l'entrée d'un bois, dont le sol et les arbres sont couverts de neige, le saint abbé, vêtu d'une longue tunique blanche, la tête abritée sous un large capuchon, touche de sa crosse et caresse de la main droite une biche blessée, qui se dresse devant lui sur les pattes de derrière. Cette biche figure les âmes timorées, dont saint Gilles est le protecteur et le patron.

Pilate et *les Juifs insultant le Christ*. — Lorsqu'elle était complète, cette scène comprenait trois panneaux : d'un côté, Pilate; de l'autre côté, les Juifs; au centre, le Christ, revêtu de la pourpre de dérision et tenant en main le sceptre de roseau. Le tableau servait probablement de retable à un autel de la Passion. A la fin, du seizième siècle, pour des motifs qu'il serait téméraire de rechercher, la partie centrale du tableau a été creusée en forme de niche, pour recevoir une statue, et le tableau tout entier a été entouré d'un motif d'architecture, dont l'entablement pénètre dans la scène du *Portement de croix* et dans les deux autres qui suivent.

Les deux panneaux qui restent ont été restaurés en 1852, mais leurs couleurs étaient demeurées beaucoup plus vives que celles des autres peintures, pour cette raison, sans doute, que placés au-dessus d'un autel, à l'intérieur d'un encadrement d'architecture, ils auront échappé plus longtemps au badigeon.

Pilate tient une sorte de rouleau de la main gauche; il est suffisamment désigné par ces deux mots : « *Ecce homo* », qui sont inscrits sur une banderole, à la hauteur de son visage. Les cris des Juifs : « *Tolle, tolle, crucifige eum* » se lisent sur une autre banderole, au-dessus de leur tête. Le Christ était censé répondre par les douces paroles qui figurent encore sur l'entablement : « *Vos omnes, qui transitis per viam, attendite et videte si est dolor sicut dolor meus* ».

Chacun de ces deux panneaux mesure 1 m. 70 de hauteur et 0 m. 75 de largeur.

De l'autre côté de la nef, une peinture, très endommagée, décore le fond d'une arcade. Il est possible néanmoins d'y reconnaître, attachée à un poteau, une femme, ou mieux une sainte; car sa tête est entourée d'une auréole. La robe, longue et traînante, qu'elle porte est ornée d'une sorte de fraise ou de collet blanc et serrée à la taille par une ceinture,

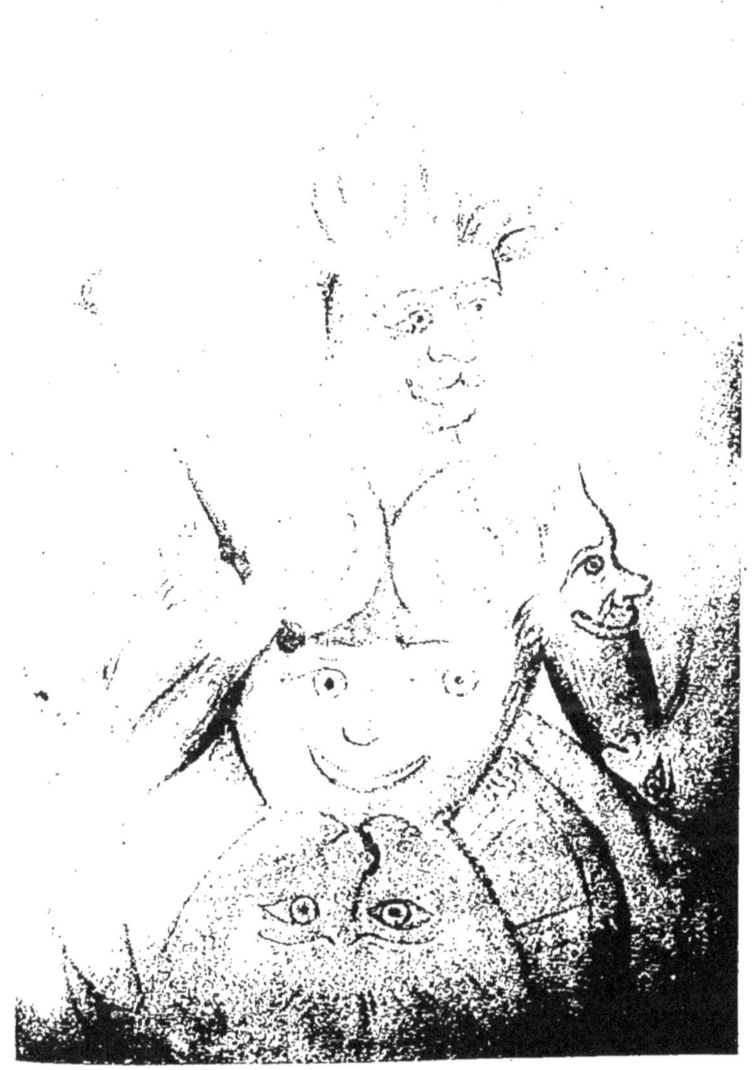

Cliché Ch. Urseau.

Église du Lion-d'Angers

SATAN

dont les extrémités pendent par devant. A droite et à gauche, deux bourreaux flagellent cruellement la martyre. Les jambes et le buste de ces deux hommes sont encore visibles, mais leur tête ne paraît plus, soit qu'elle ait été emportée par le badigeon, soit qu'elle ait été grattée par les fidèles, qui, en Anjou comme ailleurs, croyaient honorer Dieu et ses saints en martyrisant leurs bourreaux.

Cette scène reproduit probablement un épisode de la vie de sainte Marguerite, qui fut une des saintes les plus populaires du moyen âge, une de celles qui occupent une place spéciale dans les livres d'heures. Les femmes enceintes témoignaient de la confiance qu'elles avaient dans son intercession, en portant une ceinture où se trouvaient des reliques de la martyre. L'artiste qui a peint la sainte Marguerite du Lion-d'Angers n'a pas oublié la ceinture. Cette peinture mesure 2 m. 20 de hauteur et 1 m. 70 de largeur.

Si l'on veut voir, dans l'église du Lion d'Angers, la hideuse figure de démon qui s'étale, à l'intérieur, sur le mur de la façade, il faut aujourd'hui monter dans une tribune et passer derrière les orgues. Là, Satan est représenté sous une forme humaine, peut-être une forme de femme, avec des oreilles et des cornes de bœuf. Ses cheveux, durs et hérissés, ont eux-mêmes l'aspect de cornes pointues. De sa bouche sort une langue énorme. Sur sa poitrine et sur son ventre sont dessinées deux têtes, qui se regardent avec un sourire mauvais. Quatre autres têtes apparaissent aux épaules et aux coudes. Au total, le monstre possède sept têtes, qui symbolisent les sept péchés capitaux. Il tient de la main droite le croc à pointes aïgues, qui lui sert à harponner les damnés. Derrière lui on aperçoit la roue où il attache ses victimes. Comment la vue d'un être aussi horrible n'aurait-elle pas jeté l'épouvante dans les âmes coupables?

Toutes ces peintures peuvent être attribuées au milieu du seizième siècle. Telle est, en effet, la date à laquelle nous reporte le costume des personnages.

Le *Satan* du Lion-d'Angers, avec ses têtes grimaçantes, est de la même famille que les trois diables de Chanteussé. D'autre part, si l'on rapproche le *Martyre de saint Blaise*, qui orne l'église de la Jaillette, de la *Flagellation de sainte Marguerite*, dont on distingue encore les traits principaux dans la nef du Lion-d'Angers, on reconnaîtra sans peine que les deux bourreaux, dont la position est à peu près identique dans les deux scènes, présentent des ressemblances étonnantes. Il est donc possible d'admettre que les peintures qu'on voit encore dans ces trois églises voisines sont l'œuvre du même atelier.

LOUVAINES

ÉGLISE PAROISSIALE DE LA JAILLETTE

La curieuse église de la petite paroisse de La Jaillette [1] se compose de deux parties, bien différentes de valeur et de style : l'une, du milieu du treizième siècle, qui comprend une travée et un chœur, couverts d'admirables voûtes de l'école angevine ; l'autre, de la fin du douzième siècle, triste et nue, sans autre voûte qu'un lambris en mauvais état. Au seizième siècle, les moines qui desservaient le prieuré de La Jaillette, choqués du contraste que présentaient les deux parties de l'église, cherchèrent à l'atténuer et cachèrent sous des fresques les vieux murs du douzième siècle.

Vers 1860, quand on construisit les deux autels qui s'élèvent à l'entrée du chœur, on retrouva sous le badigeon quelques traces de ces peintures, que le salpêtre avait rendues méconnaissables. On y distinguait vaguement des groupes de personnages. Plus récemment, on dégagea la suite de la décoration et l'on remit au jour, du côté nord,

---

[1] D'après les documents officiels, la paroisse de la Jaillette compte **72 habitants**.

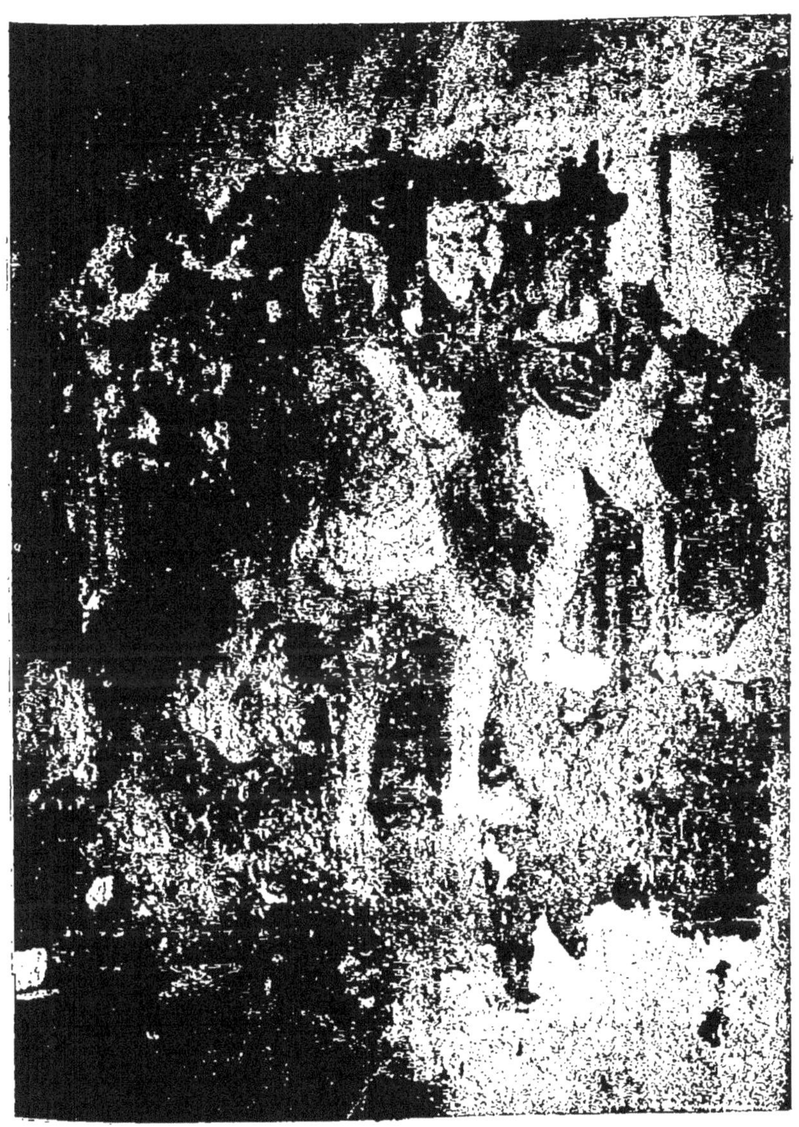

Cliché Ch. Urseau.

Église de la Jaillette, commune de Louvaines
LE MARTYRE DE SAINT BLAISE

un *Saint Fiacre* et, du côté sud, un *Martyre de saint Blaise*.
Saint Fiacre est représenté debout, vêtu d'une tunique
de moine, tenant un livre de la main droite et appuyant la
main gauche sur une bêche de jardinier. L'humidité et
l'enduit ont altéré les couleurs primitives, qui se sont
pénétrées et ne forment plus qu'une tache d'un jaune
rougeâtre. Le *Martyre de saint Blaise* a été moins défiguré.
Les contours en sont restés très nets et les couleurs, en particulier le brun et le jaune, ont assez bien tenu. Le saint
martyr est attaché, les mains derrière le dos, à une colonne,
entre deux bourreaux, vêtus de hautes-chausses et de pourpoints à crevés, qui lui labourent le corps à l'aide de peignes
de fer. Sauf la mitre qui le coiffe et la ceinture qui lui
entoure les reins, il est entièrement nu. La scène rappelle,
surtout par le costume et la pose des bourreaux, la *Flagellation de sainte Marguerite*, qui orne le mur méridional de
la nef du Lion-d'Angers. Il est même permis de se demander
si les deux peintures ne seraient pas l'œuvre d'un même
atelier.

Faute de temps, de patience et d'argent, on n'a pas
poussé plus loin l'exploration des murs de l'église de La
Jaillette.

LUÉ

ÉGLISE PAROISSIALE

Dans le croisillon septentrional de l'église de Lué, sur
les murs et sur la voûte d'un réduit à peine éclairé, qui
occupe le fond d'une sorte d'absidiole, au-devant de laquelle a été plaqué un autel du dix-huitième siècle, on
remarque des restes importants de peintures, qu'il faudrait
à tout prix sauver de la destruction.

A l'origine, les peintures garnissaient tout l'intérieur
de l'absidiole. Quant on construisit l'autel, on en sacrifia

une partie. L'autre partie disparut aux regards derrière la cloison; elle fut maltraitée, mais non détruite. Le bas de la décoration n'est plus visible; à partir de la hauteur de 1 m. 60 environ, les scènes sont encore assez apparentes pour que, en s'aidant d'une forte lumière, on puisse reconnaître les sujets qui y sont représentés. Le réduit qui renferme ces précieux fragments mesure 3 m. 25 de largeur, 11 m. 10 de profondeur et 5 mètres de hauteur.

Avant d'être mutilées, les peintures de Lué formaient un ensemble d'une réelle importance, si l'on en juge par les dimensions de plusieurs personnages, que le temps a épargnés ou dont on aperçoit toujours les silhouettes. Tous ces personnages et les diverses scènes dont ils faisaient partie se détachaient d'un fond blanc jaunâtre, relevé de points rouges, isolés ou disposés en triangle, ou de marguerites rouges à six feuilles.

A droite, du côté opposé à la porte, on distingue facilement tous les détails d'un édifice, dont l'appareil est dessiné en noir, avec des baies étroites et des murs où dominent le jaune et le vert. Au milieu de la façade du monument, dans une large fenêtre trilobée, apparaît, en buste, un personnage dont la tête est entourée d'un nimbe rouge et dont le costume se compose d'une robe verte et d'un manteau brun. Légèrement tourné vers la gauche, il allonge une de ses mains, que saisit un ange, dont le corps et l'extrémité inférieure des ailes sont cachés par le mur de refend. Quand on sait que la chapelle desservie dans cette partie de l'église était placée sous le vocable de saint Pierre, on n'est pas étonné de retrouver ici l'apôtre enfermé dans sa prison et l'ange, qui vient briser ses chaînes.

Le mur qui termine l'absidiole est orné d'un majestueux triptyque peint, dont les compartiments au pignon trilobé abritent chacun un personnage, représenté aux deux tiers de sa grandeur. Le personnage qui occupe le compartiment du milieu paraît être assis. Sa tête est entourée d'un

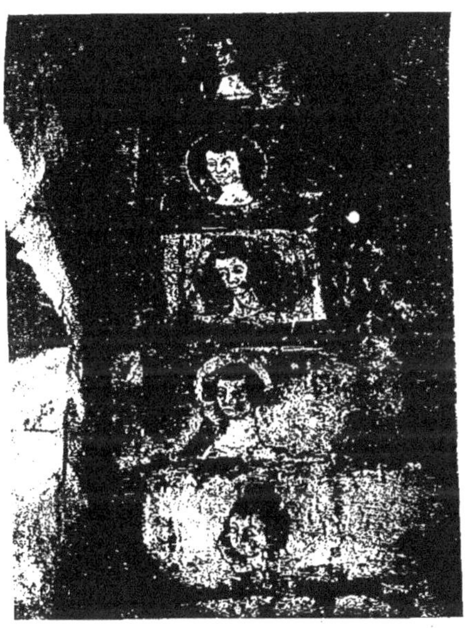

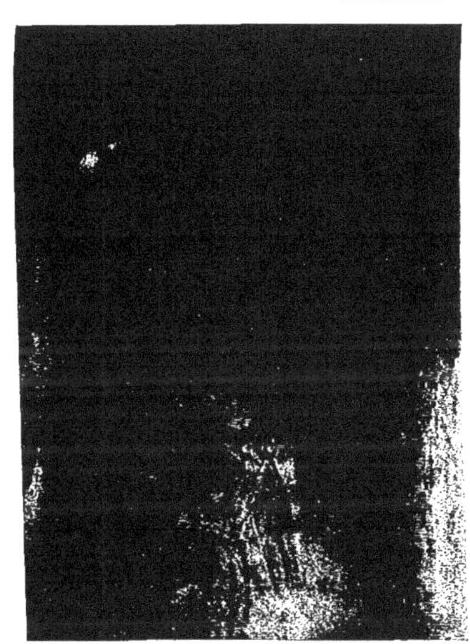

Clichés Ch. Urseau.

Église de Lué

LES ÉLUS AU CIEL

L'AGNEAU DE DIEU

nimbe brun. Il est coiffé d'une espèce de mitre pointue et vêtu d'un manteau rouge. Ses deux mains tiennent un livre ouvert. A sa gauche, agenouillé ou penché vers lui, un autre personnage, qui ne peut être que le Christ, puisqu'il porte le nimbe crucifère, semble implorer sa clémence. A sa droite, on reconnaît aisément saint Pierre, la tête ceinte d'un nimbe rouge, le crâne dénudé, le front garni d'un mèche de cheveux blancs. Il porte une tunique brune, recouverte d'un manteau rouge. De la main gauche, il soulève un petit homme nu, placé à ses pieds, et, de la main droite, il lui montre les élus, qu'on aperçoit un peu plus loin dans le Paradis. La scène, lorsqu'elle était complète, s'étendait au-dessous du triptyque et représentait le *Jugement*, présidé par Dieu le Père, avec le Christ comme avocat et saint Pierre, non seulement comme témoin, mais comme exécuteur de la sentence, quand le prévenu était appelé à partager avec les saints les joies de la béatitude éternelle.

A gauche de la porte, figure le Paradis, que symbolisent des bustes de jeunes hommes nimbés, rangés un par un dans des cadres alternativement verts et rouges, dont la réunion forme, comme à Poncé (Sarthe), à Saint-Jacques-des-Guérets (Eure-et-Loir), à Vic (Indre) et à Saint-Loup-de-Naud (Seine-et-Marne), un édifice, à plusieurs étages. Il est probable que saint Pierre, placé sous une arcade dont on distingue encore les traces, accueillait les élus à l'entrée de la Jérusalem céleste.

A la voûte, un autre artiste — car il semble difficile de supposer que les peintures de la voûte et celles des murs soient de la même main — a dessiné au trait, dans une auréole circulaire, bordée de jaune, un Agneau de Dieu, nimbé de vert, portant une croix avec l'étendard déployé. Quatre anges, affrontés deux à deux, soutiennent de leurs mains l'auréole. Ils sont vêtus de robes flottantes, ornées d'un semis de petites marguerites rouges et garnies de deux bandes brunes, qui, à la hauteur des genoux, maintiennent les plis de l'étoffe. Les deux anges placés le plus près du fond de l'absidiole portent un nimbe vert; les deux autres ont un nimbe jaune.

Ces peintures, qui offrent quelque analogie avec les fresques de Poncé et de Saint-Jacques-des-Guérets, ne sont pas antérieures au treizième siècle.

MARTIGNÉ-BRIANT

Chapelle du village de Souzigné

Au village de Souzigné, sur le territoire de la commune de Martigné-Briant, il existe une ancienne chapelle du douzième siècle, placée sous le patronage de saint Arnoul. L'édifice, d'apparence très modeste, se compose d'une nef rectangulaire, couverte d'une simple charpente, et d'une abside en hémicycle, dont le cul-de-four abrite de belles peintures de la fin du quatorzième siècle ou du commencement du siècle suivant [1]. Ces peintures représentent le Christ en majesté, entouré de quatre anges et accompagné des symboles évangéliques.

Les personnages et les animaux symboliques sont peints en tons rouges et jaunes, sans modelé, sur un fond semé de fleurs de lis rouges. Les plis des vêtements sont indiqués par des traits noirs. Une bordure, formée d'une bande rouge et d'un filet jaune, limite le cul-de-four.

Le Christ, avec la tiare à triple couronne sur la tête, est assis sur un trône qui rappelle les « faldistoirs » des manuscrits du quatorzième et du quinzième siècles. Un large manteau, orné de dessins au pochoir, recouvre sa robe, dont les manches et le collet sont garnis d'une bordure jaune.

___

[1] La longueur de cette chapelle, depuis l'entrée jusqu'au fond de l'abside, est de 7 m. 50. La nef mesure 5 mètres de large.

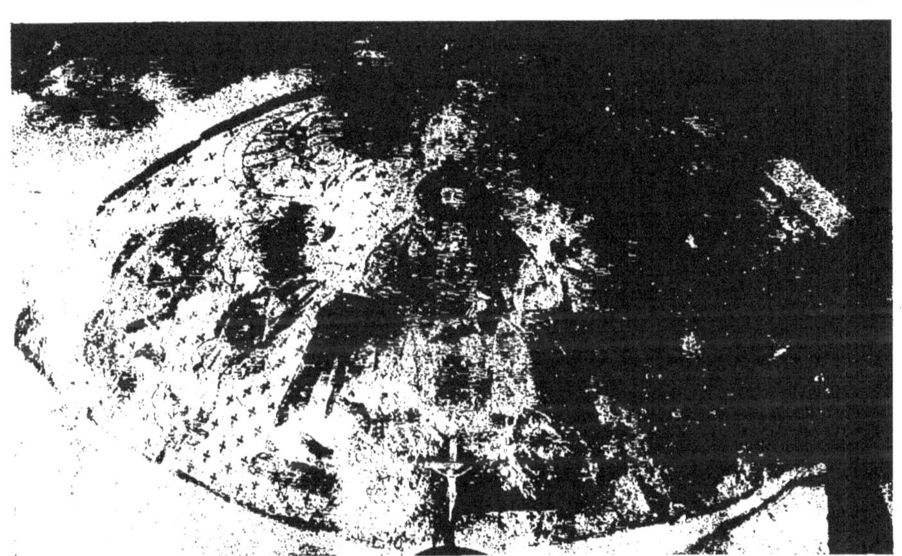

Cliché Ch. Urseau.

Chapelle de Souzigné, commune de Martigné-Briant
LE CHRIST EN MAJESTÉ

Il bénit de la main droite et pose la main gauche sur le globe du monde.

Deux anges, aux ailes blanches et rouges, portant comme costume une tunique blanche, bordée de jaune, sont placés l'un au-dessous de l'autre, de chaque côté du Christ. Un petit nuage sert d'appui à leurs pieds. Leurs mains déroulent un philactère, chargé d'une inscription en lettres gothiques, de couleur noire, qui proclame la grandeur et la puissance du Christ.

Sur le philactère de l'ange qui occupe la première place, à la droite du Christ, on lit ce texte : *Dominus in cœlo paravit sedem suam.* Le second des anges présente cet autre texte : [*Impleta*] *est terra possessione sua.* A gauche, les deux anges portent chacun la moitié de ce verset : *Qui facis angelos tuos spiritus. — Et ministros tuos ignem urentem.*

Plus près de la bordure, les quatre animaux évangéliques, tenant un philactère à leur nom, sont disposés dans l'ordre suivant : en haut, l'homme de saint Matthieu et l'aigle de saint Jean; en bas, le bœuf de saint Luc et le lion de saint Marc. Ce dernier est beaucoup plus endommagé que les autres; il commence même à disparaître.

Les peintures de cette petite chapelle présentent un aspect particulièrement agréable, qu'elles doivent à la légèreté des teintes employées par l'artiste et à l'harmonie du fond, semé de fleurs de lis, qui forme comme une élégante tenture autour des personnages.

MONTFAUCON

Ancienne église paroissiale de Saint-Jean

Derrière l'autel apparaissent encore quelques traces d'une peinture du quatorzième siècle, qui représentait, sur un fond semé de fleurs de lis et d'ornements divers, le *Christ en majesté,* cantonné des quatre bêtes de l'Apocalypse.

Déjà vers 1850, l'aigle n'était plus visible [1]. Aujourd'hui, c'est tout l'ensemble qui s'efface.

MONTJEAN

ANCIENNE ÉGLISE DU PRIEURÉ-CURE
DE CHATEAUPANNE

L'église de Saint-Aubin de Châteaupanne sert aujourd'hui de grange à la ferme qui occupe les bâtiments du prieuré. Célestin Port y signale, d'après une note de Spal [2], « des fragments de peintures sans suite [3] ».

En 1892, M. J. Denais, que le hasard d'une promenade avait conduit à Châteaupanne, a étudié ces fragments de peintures, et voici en quels termes il en parle :

« On remarque, à gauche de la fenêtre du chevet, les restes d'une très curieuse peinture rouge, en deux tons, brun et clair, qui paraît remonter au douzième siècle, sinon au onzième : la partie supérieure en est à moitié effacée, mais avec un peu d'attention il est possible de la rétablir.

« C'est un *Christ en majesté*, haut d'un mètre environ, assis de face, sur un arc-en-ciel, d'après l'Apocalypse, nimbé, les mains et les pieds nus, et montrant les cinq plaies d'où tombent de larges gouttes de sang. Le fond de l'enduit blanc est semé de quintefeuilles et d'étoiles à huit rais rouges et brunes.

« Cette peinture murale est certainement l'une des plus anciennes de l'Anjou.

« En regard du *Christ en majesté*, on voit encore quelques restes de peintures de même couleur, absolument frustes » [4].

---

[1] Cf. Procès-verbaux de la *Commission archéologique* d'Angers, séance du 9 juin 1848.

[2] Arch. de Maine-et-Loire, notes ms. de J. Spal, v° *Montjean*.

[3] C. Port, *Dict. de Maine-et-Loire*, t. I, p. 639.

[4] J. Denais, *Le portefeuille d'un curieux*, Angers, 1913, p. 176.

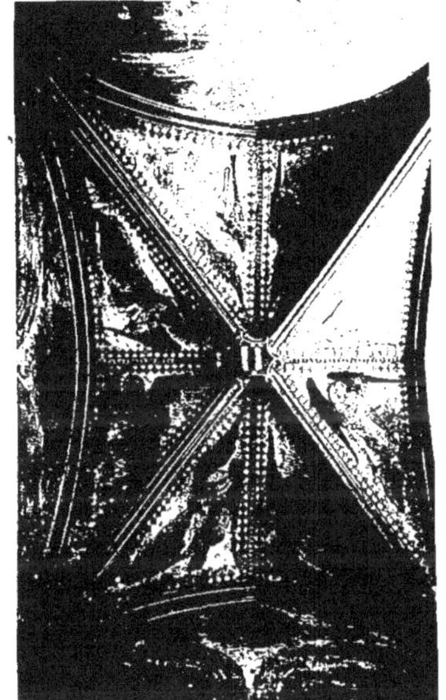

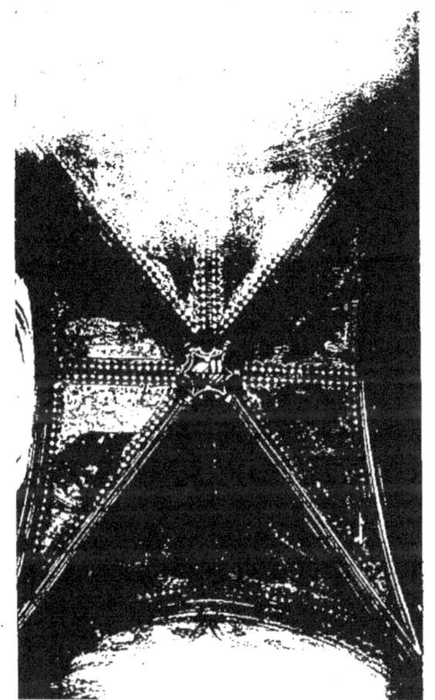

Clichés Ch. Urseau.

Oratoire du château de Montreuil-Bellay

LES ANGES MUSICIENS DE LA VOUTE

Ce *Christ*, d'un réalisme étonnant pour l'époque, n'est pas antérieur à la seconde moitié du douzième siècle. Il mériterait d'être sauvé de la destruction qui le menace.

MONTREUIL-BELLAY

Oratoire du Chateau

Dans l'oratoire du château de Montreuil-Bellay, « nous avons, dit M. André Hallays, la vision la plus parfaite et la plus claire de cet âge charmant de l'art français que fut la fin du quinzième siècle [1] ».

Cette petite chapelle domestique mesure 5 m. 30 de long sur 3 m. 30 de large et 5 m. 40 de haut. Elle comprend deux travées, couvertes de voûtes dont les nervures à filet, les doubleaux et les formerets, rehaussés d'étoiles d'or en relief et de vives couleurs, retombent sur des consoles fleuries. Dans chaque compartiment des voûtes, un ange musicien, peint sur fond d'azur, déchiffre des notes ou joue d'un instrument : harpe, triangle, viole, orgue portatif, trompette ou cymbalum. « Le dessin du décor est exquis. L'harmonie des tonalités semble traduire l'harmonie du concert céleste. Les figures montrent une élégance un peu sèche, un peu précise; mais il y a tant de naturel dans les gestes, tant de grâce dans les mouvements [2]. »

Les murs de l'oratoire furent aussi décorés de peintures. Au-dessus de l'autel, qui n'existe plus, on découvrait encore les traces d'un *Crucifiement*, avec des anges qui voltigeaient autour des trois croix, soit pour recueillir le sang du Christ, soit pour recevoir l'âme du bon larron. Cette fresque a été restaurée par M. Marcel Magne. Sur la paroi du côté de l'Épitre, les peintures sont restées très apparentes. C'est

---

[1] *A travers la France : Touraine, Anjou et Maine*, p. 202.
[2] A. Hallays, *op. cit.*, p. 203.

tout d'abord la *Cène*, à laquelle assistent les douze apôtres,
rangés autour d'une table ronde, que préside le Christ,
dont les bras encadrent saint Jean, penché sur la poitrine
de son maître; puis, dans un autre panneau, divisé par une
double arcade, deux saintes martyres, dont la pure et gracieuse image se détache d'un fond de brocard d'or : la
première, couronnée comme une reine, vêtue d'une robe
violette et d'un surcot blanc, enrichi de pierreries et recouvert d'un manteau doublé d'hermines, porte de la main
gauche une palme verte et, de la main droite, une épée
tournée vers la terre; la seconde, dans laquelle on reconnaît aisément *Sainte Barbe*, à cause de la tour qui l'accompagne, est habillée d'une robe rose à parement bleu; elle
tient une palme de la main droite et un livre de la main
gauche. Sur la paroi opposée, on distingue non sans peine
« un preux, aux traits féminins, rehaussés du nimbe des
saints, revêtu d'une riche armure, qui brille sous son manteau rouge; de la main droite il tient une épée levée, tandis
que de la main gauche il porte une sorte de coffret ou d'encrier[1] ». A la suite de ce personnage un peu énigmatique,
—peut-être saint Julien de Brioude ou saint Venance, martyr,—l'artiste a représenté une *Sainte Marguerite*, qui sort
des flancs d'un dragon ailé, dont la queue forme de longs
enroulements et vient se mêler aux cheveux de la sainte.
Son vêtement se compose d'une robe bleue et d'un manteau
rouge. Sur le mur du fond, figurent un *Saint Christophe*,
en vêtement rouge, dont les mains reposent sur un bâton
comme pour alléger le poids de l'Enfant-Jésus, qu'il porte
sur ses épaules, et un *Saint Sébastien*, presque nu, attaché
à une colonne et percé de flèches.

Toutes ces peintures ont été faites sur un enduit frais
de chaux et de sable fin.

[1] L. Bosseboeuf : *Une excursion en Anjou, Montreuil-Bellay, Le
Puy-Notre-Dame, Asnières*, p. 43.

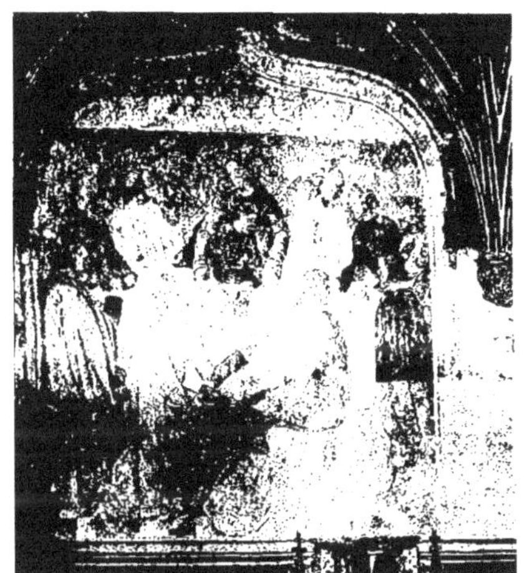

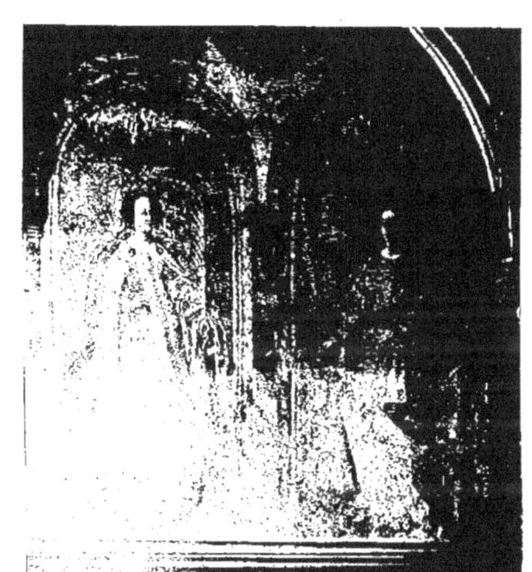

Clichés Ch. Urseau.

Oratoire du château de Montreuil-Bellay

LA CÈNE

DEUX SAINTES MARTYRES

Quelle en est la date précise? Quel en est l'auteur? On l'ignore. « Elles paraissent d'un artiste français. Peut-être ne sont-elles que les copies agrandies de quelques miniatures prises dans un livre d'heures. Sans nul doute, elles comptent parmi les œuvres les plus précieuses de ce temps-là, qui soient demeurées en France »[1].

ANCIENNE ÉGLISE COLLÉGIALE,
AUJOURD'HUI ÉGLISE PAROISSIALE

Une litre funèbre, qui court sur les murs de l'ancienne collégiale, sert d'appui aux blasons, plus ou moins endommagés, des seigneurs de Montreuil-Bellay. La série commence du côté de l'Évangile. Çà et là, au-dessus de la bande noire, apparaissent les armoiries de la famille d'Harcourt, qui posséda la terre de Montreuil, de 1415 à 1848, et fonda la collégiale.

La litre a été badigeonnée de noir en 1830, mais les écussons sont restés néanmoins visibles.

CHAPELLE DE L'HÔPITAL SAINT-JEAN

A la fin de dix-huitième siècle, les peintures qui décoraient la chapelle Saint-Jean ont été piquées au marteau et recouvertes de badigeon, ainsi que les douze croix de consécration et les armoiries de la famille d'Harcourt, dont les largesses avaient contribué à la fondation de l'hôpital.

Le badigeon a été enlevé, mais les peintures, grattées ou criblées de coups, sont désormais dénuées d'intérêt.

Sur le mur droit du chevet, de chaque côté de deux scènes méconnaissables, on distingue encore la silhouette d'un *Saint Roch* et d'un *Saint Sébastien*, qui n'étaient pas sans mérite. Saint Roch, debout, la main droite appuyée sur un bâton, relève de l'autre main son manteau, qui

---

[1] A. Hallays, *op. cit.*, p. 203.

laisse à découvert sa jambe ulcérée. Suivant l'usage, il est accompagné de son chien. A droite du saint, un homme agenouillé approche ses doigts de la plaie. Saint Sébastien est attaché à la colonne. Sa poitrine nue et sanglante porte la trace des flèches qui l'ont trouée.

Sur le mur du côté de l'Épitre, on reconnaît aussi un *Saint André,* nu, attaché à la croix, la tête coiffée d'une mitre orientale, le corps torturé par deux bourreaux, qui portent pour vêtement un pourpoint rouge et des chausses à crevés. Plus loin, on devine plutôt qu'on n'entrevoit une femme assise, avec une jeune fille debout devant elle puis une autre sainte, sans voile, les cheveux retombant sur les épaules, occupée à filer une quenouille; enfin, à la suite d'un personnage fruste, un saint évêque en habits pontificaux.

Toutes ces peintures dataient de la fin du quinzième siècle. Les personnages qu'elles représentent avaient été tracés sur un fond jaune, à l'aide de couleurs brunes, rouges et noires.

MORANNES

Ancienne chapelle du Prieuré de Juigné-la-Prée

A l'intérieur de l'ancienne chapelle du prieuré, qui occupait la grande salle du premier étage, on aperçoit, sur le pignon nord, quelques traces de peintures murales du quinzième siècle.

La scène qu'elles représentaient devait être celle de la *Multiplication des pains,* car on distingue encore la forme vague d'un personnage penché et, au-dessous de lui, un poisson et une grande corbeille.

Ces fragments s'étendent sur 1 m. 40 de hauteur et 1 m. 80 de largeur.

PIN-EN-MAUGES (Le)

CHAPELLE DU CHATEAU DE LA JOUSSELINIÈRE

Le château de la Jousselinière, bâti dans les dernières années du quinzième siècle, formait une vaste et imposante construction, qui fut incendiée pendant les guerres de la Vendée. Il n'en reste plus que quatre tours, dont une seule est habitable, une charmante tourelle en briques, une petite chapelle enveloppée de lierre et quelques pans de murs noircis par la fumée.

Les murs de la chapelle portent toujours la trace des peintures dont ils avaient été couverts au seizième siècle. On y distingue un saint Jacques, la main droite tenant un livre ouvert, la main gauche appuyée sur un bourdon de pèlerin, et un gigantesque saint Christophe, qui traverse un torrent rempli de poissons [1]. Mais l'on n'y retrouve plus ni l'évêque ni le père de l'Église, qui les accompagnaient et qui étaient encore visibles au milieu du siècle dernier [2].

PONTIGNÉ

ÉGLISE PAROISSIALE

L'église de Pontigné a été bâtie à plusieurs reprises. Le transept remonte à la première moitié du douzième siècle; la nef a dû être construite vers 1160; le chœur n'est pas postérieur à 1225. Dans ses lignes principales elle présente l'aspect d'une croix latine. La nef comprend deux travées, dont les voûtes, fortement exhaussées, sont portées par quatre nervures quadrangulaires, ornées d'un boudin. Le carré du transept est voûté comme la nef. Les croisillons sont divisés en deux travées barlongues et voûtées en

---

[1] L'architecte Morel en donne un mauvais dessin dans ses *Promenades artistiques et archéologiques.*

[2] Cf. *Revue de l'Anjou*, t. II, 1853, p. 588.

berceau brisé. Une absidiole en cul-de-four brisé, qui flanque, d'un côté et de l'autre, le chœur de l'église, s'ouvre dans la première de ces deux travées. Une voûte à huit branches et une demi-voûte à liernes et à tiercerons, qui appartient au même type que celle du chevet de Saint-Serge, à Angers, recouvrent le chœur, dont le fond est masqué par le retable d'un autel du dix-huitième siècle.

Au treizième siècle, certaines parties des voûtes avaient été ornées de peintures, dont les traces restent visibles çà et là. Au quinzième siècle, toutes les nervures, les clefs, les arcs formerets et les arcs doubleaux reçurent une décoration nouvelle, claire et brillante, où les formes géométriques, les volutes des rinceaux, les feuillages et les fleurs s'allient de la façon la plus agréable à l'œil. Les motifs de cette décoration sont très variés. Ils sont traités généralement avec une grande sûreté de main. On remarque, en particulier, sur le bandeau du chœur, sur les faces des doubleaux et de l'un des formerets de la nef, de jolies fleurs, semblables à celles que produisent les terrains calcaires des environs. C'est, en effet, la flore d'alentour qui a inspiré, au treizième siècle comme au quinzième siècle, les peintres décorateurs de l'église de Pontigné. Ils ont imité les plantes dont sont couverts, au printemps et à l'été, les coteaux qui avoisinent, non loin de là, le moulin de Pilepain.

Les colonnes elles-mêmes étaient peintes, ainsi qu'on peut en juger par leurs chapiteaux, ornés de cordons, de palmettes, d'entrelacs ou de monstres fantastiques, dont le temps a patiné les couleurs sans les faire disparaître. Les marbrures des fûts sont encore apparentes sur les colonnes, qui, du côté de l'Évangile, séparent le carré du transept de l'un des croisillons.

Sur les murs s'étendait toute une série d'« hystoires », qui, bien mieux que les plus éloquents discours, gravaient dans l'esprit des fidèles les plus belles pages des livres saints. Les scènes qui décorent le chœur ont été détériorées par le temps et par les hommes. Celles qui ornaient la nef ont été recouvertes de badigeon. Celles qui garnissaient les absidioles avaient été dissimulées, au dix-septième siècle, derrière des autels, qu'on s'est décidé, vers 1875, à transporter aux deux extrémités du transept. Elles furent cachées aux regards pendant plus de deux siècles. Personne n'en gardait plus le souvenir, lorsque, en 1850, le curé de la paroisse, espérant utiliser l'absidiole du croisillon septentrional comme décharge de la sacristie, pratiqua une ouverture dans la masse de l'autel qui en fermait l'entrée. Grande fut sa surprise quand il aperçut, sur le fond du mur, des fresques anciennes, dont les couleurs, à peine ternies, excitèrent son admiration. Il renonça à son projet et fit connaître sa trouvaille à des amateurs, qui, plus tard, en enlevant un tuffeau de l'autel, dans le croisillon méridional, constatèrent l'existence de peintures non moins curieuses que celles de l'autre côté. Chose incroyable, pendant longtemps ces admirables fresques continuèrent à être emprisonnées derrière les autels et, quand on voulait les étudier, il fallait ramper sur les mains pour pénétrer dans les absidioles, où, tant bien que mal, en s'aidant d'un flambeau, on arrivait à distinguer les sujets qui y étaient représentés. Depuis que les autels ont disparu, il est facile de se rendre compte de l'intérêt qu'elles offrent et du prix qu'il faut attacher à leur conservation.

Les peintures du transept de l'église de Pontigné sont de la seconde moitié du treizième siècle. Elles ont été appliquées, non pas directement sur les murs, déjà anciens, mais sur un enduit frais, composé de chaux et de sable fin. On y trouve encore employées, comme au douzième siècle, l'ocre jaune, l'ocre rouge et le brun; mais le ton qui domine est le vert : aussi sont-elles plus colorées, plus chaudes que celles du siècle précédent.

Du côté de l'Évangile, dans le croisillon septentrional, le fond de l'absidiole est orné d'un semis de marguerites brunes et occupé par une Vierge couronnée, assise sur un trône et portant sur le genou gauche l'Enfant-Jésus, qui lui présente une fleur. La Vierge elle-même tient un fruit dans la main gauche. Une auréole l'entoure et l'isole de deux autres scènes, placées un peu plus bas et qui figurent, à droite de la Vierge, l'*Annonciation*, à gauche, la *Nativité du Christ*. Deux grands anges thuriféraires garnissent les écoinçons.

L'*Annonciation* est représentée sans aucun décor, telle que la reproduisent toujours les artistes du treizième siècle. L'ange, debout, lève la main droite et tient de la main gauche un philactère sur lequel était écrit : *Ave Maria*. La Vierge, debout à côté de l'ange, tient un livre de la main gauche et trahit son émotion par un léger mouvement de la main droite. L'évangéliste saint Luc, qu'on aperçoit dans un coin, à droite, intervient dans la scène comme historien et non comme acteur, car il est assis, loin de l'ange et de la Vierge, devant un pupitre, sur lequel il écrit.

L'artiste qui a peint l'*Annonciation* de Pontigné dessinait d'après un poncif, auquel il n'a fait que se conformer. Il a agi de même pour la *Nativité de Jésus*, dont l'ordonnance était scrupuleusement fixée. Il a si peu songé à inventer que, pour donner une idée exacte de cette peinture d'une petite église de l'Anjou, il suffit de reproduire, sans y rien changer, deux pages dans lesquelles M. E. Mâle décrit la *Nativité*, d'après une miniature du treizième siècle, conservée à la Bibliothèque Nationale.

« Le treizième siècle, fidèle d'ailleurs à la tradition des siècles antérieurs, représente la naissance de Jésus-Christ d'une façon qui ne manquerait pas de nous paraître singulière, si nous nous donnions seulement la peine d'observer. Il n'y a dans cette scène, si souvent reproduite

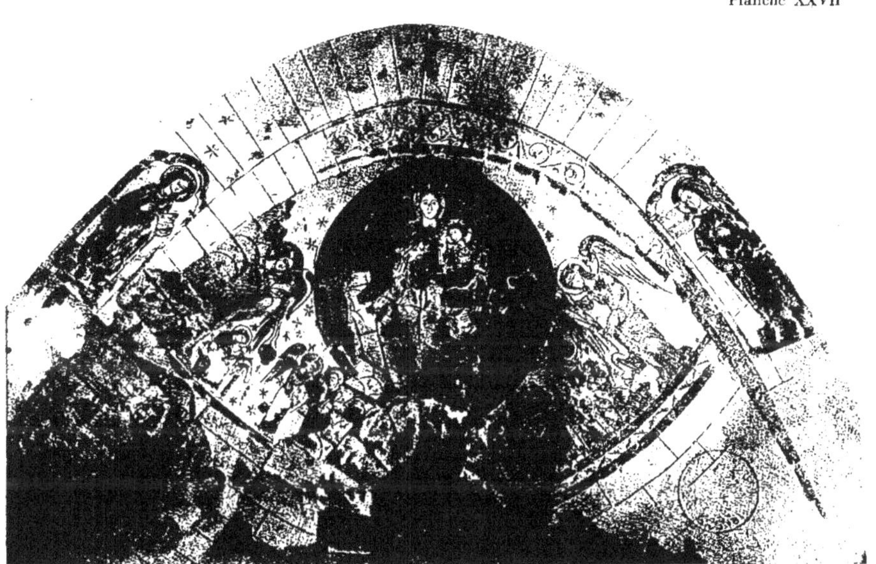

Église de Pontigné
LA VIERGE COURONNÉE, L'ANNONCIATION, LA NATIVITÉ DU CHRIST
D'après un relevé de M. Rouillard.

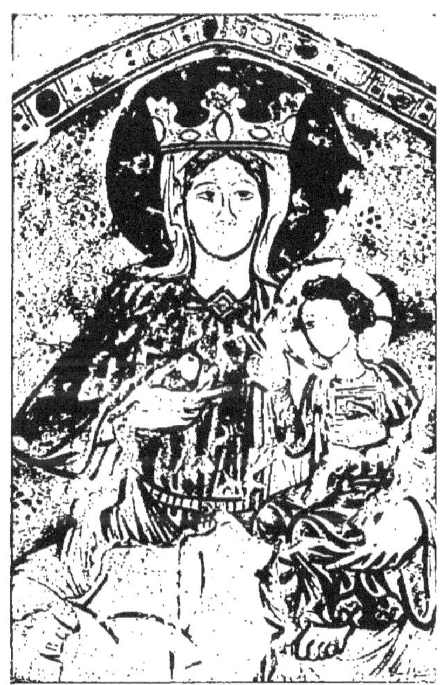

Cliché de la *Gazette des Beaux-Arts.*

LA VIERGE COURONNÉE (détails)

D'après un relevé de M. Rouillard.

sur les vitraux, rien de tendre, on pourrait presque dire rien d'humain. On ne voit jamais, comme chez les Quatro-centistes italiens, la mère agenouillée devant l'enfant, le contemplant les mains jointes, l'enveloppant d'un amour infini. Au treizième siècle, Marie, étendue sur son lit, semble détourner la tête pour ne pas voir son fils; elle regarde vaguement devant elle quelque chose d'invisible. Quant à l'enfant, il est couché, non pas dans une crèche, mais, chose étrange, sur un autel élevé qui occupe toute la partie centrale de la composition; une lampe est suspendue au-dessus de sa tête entre des rideaux ouverts. La scène a l'air de se passer non pas dans une étable, mais dans une église. Et, en effet, c'est bien à une église que les artistes théologiens du moyen âge ont voulu nous faire songer. Dès l'instant où il est né, Jésus-Christ doit apparaître sous l'aspect d'une victime. La crèche où il repose, dit la *Glose*, est l'autel même du sacrifice [1].

« Devant un tel mystère, les sentiments humains se taisent, et même l'amour maternel. Marie garde un religieux silence; elle repasse dans son esprit, disent les commentateurs, les paroles des prophètes et les paroles de l'ange qui viennent de se réaliser. Saint Joseph imite son silence, et tous les deux immobiles, les yeux fixes, semblent écouter leur âme. Il y a loin d'une pareille conception, si grandiose, et toute théologique, aux « crèches » pittoresques, qui apparaissent au commencement du quinzième siècle et qui marquent la fin du grand art religieux.

« Le treizième siècle, ici comme partout, donne à des idées antérieures leur forme suprême. Les manuscrits des dixième, onzième, douzième siècles, où Jésus est représenté couché, non dans la crèche, mais sur l'autel, où Marie semble se détourner de son fils, sont nombreux.

---

[1] *Glossa ordinaria*, in Luc., cap. II, « ponitur in præsepio, id est corpus Christi super altare ». (Note de M. E. Mâle).

La disposition symbolique que nous signalons a été évidemment inventée à une haute époque par des moines à la fois artistes et théologiens. Les ateliers monastiques la transmirent aux artistes laïques du treizième siècle [1] ».

A 'un détail près, tout, sauf les rideaux ouverts, se retrouve à Pontigné : le lit, l'autel, la lampe, Marie et Joseph, immobiles, silencieux, avec le regard fixé dans l'espace. Ici, cependant, on dirait qu'un groupe de bergers et de moutons anime la scène; mais, en réalité, ces trois hommes, dont l'un se lève et fait signe à ses deux compagnons, figurent un épisode différent de l'histoire évangélique : l'*Annonce aux bergers*.

D'autres peintures, que le temps n'a pas respectées, décoraient la partie inférieure du cul-de-four. Elles ne présentent plus que des silhouettes à peine colorées, au milieu desquelles on distingue pourtant la tête et le bras d'un homme debout et le buste d'un ange aux ailes éployées.

Deux femmes se tiennent debout, sous une arcade trilobée, l'une d'un côté, l'autre de l'autre côté de l'absidiole, au-delà d'une jolie bordure de rinceaux, qui lui sert d'encadrement. La femme de droite est vêtue d'une robe verte et d'un manteau rouge. Elle lève la main droite et, sur le livre ouvert, qu'elle porte de l'autre main, on lit son nom : STA MARGARITA. La femme de gauche a une robe verte et un manteau bleu. Elle abaisse le bras droit. De la main gauche elle serre un livre fermé, sur lequel on lit : SC KHATERINA.

Au fond de l'absidiole du croisillon méridional apparaît le Christ en majesté, entouré d'une auréole que cantonnent les quatre bêtes de l'Apocalypse. Il bénit de la main droite et tient la boule du monde de l'autre main. Sa tête est ceinte d'un nimbe fleuronné et ses pieds sont posés sur un

---

[1] E. Mâle, *L'art religieux du XIII* siècle*, première édition, p. 243-245.

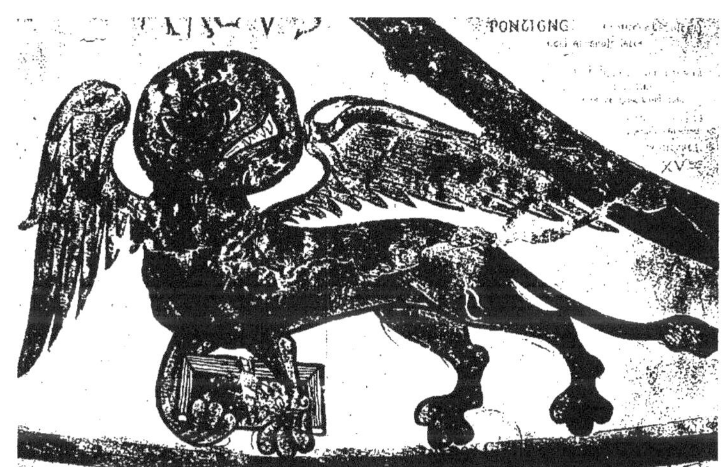

Cliché Ch. Urseau.

Église de Pontigné

LE LION DE SAINT MARC

D'après un relevé de M. Rouillard.

globe orné de l'*alpha* et de l'*oméga*. La peinture date
du treizième siècle, mais elle porte la trace de retouches
postérieures. Les animaux symboliques occupent la place
que leur assigne la tradition : l'homme à droite et l'aigle
à gauche, en haut; le lion à droite et le bœuf à gauche,
en bas. Ils sont ailés, nimbés et chacun d'eux soutient
un livre fermé.

A droite du Christ, un peu au-dessous de l'auréole,
on reconnaît aisément, dans une très jolie scène, *le Christ
ressuscitant Lazare*. Debout, devant deux de ses disciples,
dont l'un porte un livre, le Sauveur appuie sa main gauche
sur une longue croix; de l'autre main, il commande à
Lazare de sortir du tombeau. Un personnage sans nimbe,
derrière lequel se presse un groupe de femmes nimbées,
soulève la pierre du sépulcre, pendant que le mort, la
tête encore enveloppée du suaire, commence à se dresser
et tend les bras vers le Christ. L'œuvre, tout entière,
remonte incontestablement au treizième siècle.

L'autre côté de l'absidiole avait été peint à la même
époque, mais, au quinzième siècle, le châtelain du Lude,
seigneur temporel de la paroisse, fit piquer la peinture
et, après qu'elle eut été recouverte d'un nouvel enduit,
il s'y fit représenter, lui et sa femme, en grand costume
avec leurs armes et probablement leurs patrons. En effet,
derrière la dame, sur un panneau qui imite un volet de
triptyque, figure sainte Catherine, vierge et martyre,
suffisamment désignée par la roue à pointes de fer
qui fut l'instrument de son supplice. La sainte porte
une robe rouge, à ramages verts, dont le corsage est bordé
d'hermine. Sur sa chevelure repose une couronne d'or
à fleurons. Sa main droite s'appuie sur un glaive; sa main
gauche tient une palme. Un manteau d'hermine, fixé
sur les épaules, recouvre le bras gauche de la martyre
et enveloppe de ses plis le bras de la robe. Sur le panneau
où le mari avait fait peindre son patron, on ne voit plus

aujourd'hui qu'une tache rougeâtre, sans aucune trace
de dessin. Le temps a été moins impitoyable pour le
seigneur et pour sa dame, mais il ne les a pas traités avec
les ménagements qu'ils avaient certainement escomptés.
Il a altéré les lignes de leur visage, troué leurs vêtements
armoriés et effacé le texte inscrit sur la banderole qui
se déroule devant eux [1]. Il s'est montré plus clément
pour la *Résurrection de Lazare*, qui a conservé la fraîcheur
et l'éclat de son coloris.

Dans tout le transept, la décoration de la partie supé-
tas de la voûte a été refaite au quinzième siècle, mais
on y retrouve encore quelques restes de l'ornementation
du treizième siècle. C'est à cette date, en effet, qu'il
faut attribuer les trois écus frettés, peints au-dessous
d'un chevron vert et rouge, sur le mur qui fait face à
l'absidiole du croisillon méridional. A la même époque
remonte le motif d'architecture, dessiné en brun, au-
dessus d'un des arcs du croisillon septentrional, et qui
serait, d'après M. Gélis-Didot, « la simplification presque
hiéroglyphique d'une arcature avec ses éléments principaux [2] ». Cet ornement fut d'un usage très commun pendant
toute la durée du treizième siècle et le commencement
du siècle suivant. On le rencontre notamment à Évron,
dans la Mayenne, à Cunaud et à Asnières, en Anjou [2].

Telle était la décoration du transept de l'église. Celle
du chœur n'était pas moins riche, mais le temps ne l'a
guère épargnée. Le mur du côté de l'Évangile était couvert
d'un jeu de fond réticulé, en brun sur jaune, dont les
mailles encadrent un fleuron rouge. Il n'en reste plus
qu'un fragment. Dans tout le chœur s'étendait une litre

---

[1] Sur le philactère du chevalier, Barbier de Montault a pu lire ce
texte : [*Sancta*] *Maria, mater* [*Dei*]. Sur celui de la femme, il a déchiffré
le reste de l'invocation : [*Pro*] *nobis Deum ora.*

[2] *La peinture décorative en France, du XIe au XVIe siècle.*

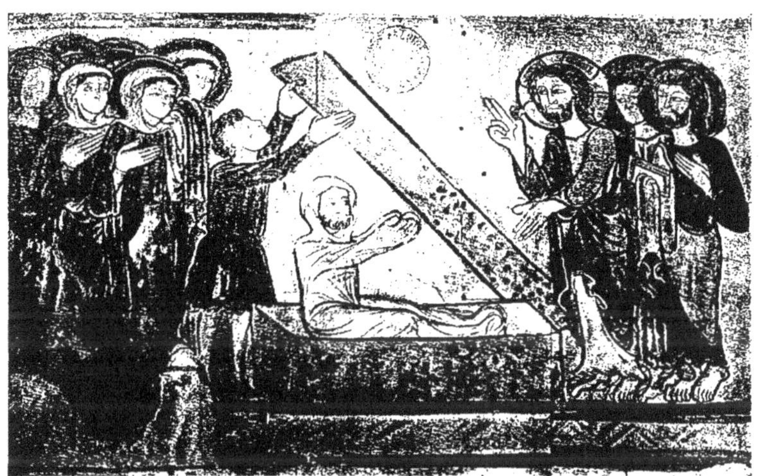

Cliché Ch. Urseau.

Église de Pontigné
LE CHRIST RESSUSCITANT LAZARE
D'après un relevé de M. Rouillard

funéraire, large de deux pieds, aux armes des Daillon du Lude, qui sont encore très apparentes sur le mur du côté de l'Épitre, où l'écusson a pour supports deux lions lampassés de gueules, et sur le mur du fond, où l'on distingue facilement les détails des armoiries.

Non loin de l'autel, du côté de l'Épitre, une scène fort délabrée et d'ailleurs assez banale représente le *Martyre de saint Étienne*. Les bourreaux, qui, à coups de pierres, frappent le saint lévite, sont vêtus de pourpoints et chaussés de souliers à la poulaine. Ce dernier détail est important, car il permet de reporter au milieu du quinzième siècle la date à laquelle furent faites, dans l'église de Pontigné, les peintures qui complétèrent et modifièrent malheureusement sur plus d'un point l'œuvre des décorateurs du treizième siècle.[1]

Depuis, qu'une partie de l'église de Cunaud a été grattée et que l'église de la Haie-aux-Bons-Hommes a perdu sa jolie parure, l'église de Pontigné reste désormais, en Anjou, le seul édifice d'après lequel on peut juger de l'aspect que présentait, au moyen âge, l'intérieur de nos vieilles églises.

PONTS-DE-CÉ (LES)

ÉGLISE PAROISSIALE DE SAINT-AUBIN

Les peintures murales de Saint-Aubin des Ponts-de-Cé datent du seizième siècle. Recouvertes, au milieu du dix-huitième siècle, d'un épais badigeon, qu'un curé avait fait

[1] Les armes des Daillon n'ont pu être apposées dans l'église qu'après 1457, car c'est à cette date seulement que Jean de Daillon fit l'acquisition de la terre du Lude. (Cf. Dr Candé : *Pour le millième anniversaire du château du Lude, notice historique sommaire*, La Flèche, Besnier 1905, p. 26.)

étendre sur la voûte, sur les murs, sur les sculptures et sur les statues de l'église, elles avaient été si complètement oubliées qu'on n'en soupçonnait même pas l'existence, quand un autre curé les remit au jour, en 1847. Depuis lors, celles de ces peintures qui décoraient le mur de la nef latérale ont disparu, de nouveau, sous le badigeon. Les scènes qui ornent les murs et la voûte d'une petite chapelle accolée à la nef principale ónt été épargnées et sont restées à découvert.

Dans la première travée de la nef latérale figurait *l'Ouvroir de saint Crespin et de saint Crespinien*, qui avait été peint, sans doute, aux frais des maîtres cordonniers, lesquels devaient être assez nombreux dans une ville où l'on comptait plusieurs tanneries. Les deux saints étaient représentés au travail, coupant le cuir et fabriquant des chaussures, dans un atelier, dont la baie, largement ouverte, permettait de les voir, faisant eux-mêmes l'aumône aux pauvres qui se pressaient à leur porte. L'œuvre, paraît-il, n'était pas en très bon état ; aussi le curé, qui l'avait débarrassée du plâtras sous laquelle elle avait été cachée, voulut-il la restaurer. Il chargea de ce soin un artiste de passage, qui la gâta irrémédiablement [1]. Désolé et honteux, le curé la fit recouvrir d'une nouvelle couche de badigeon.

La scène qui se développait dans la seconde travée de la même nef présentait un intérêt considérable. Aimé de Soland, dans le *Bulletin historique et monumental de l'Anjou*, la décrit en ces termes : « Saint Joseph, en costume d'ouvrier, s'occupe aux travaux de son art. Marie, tout en filant sa quenouille, surveille le jeune enfant Jésus qui tricote des bas. Une remarque curieuse à faire, c'est que l'enfant Jésus seul n'est pas nimbé. Cette partie de la scène que nous

---

[1] Morel (dans ses *Promenades artistiques et archéologiques*) en a donné un dessin, qui semble avoir été fait après cet essai de restauration.

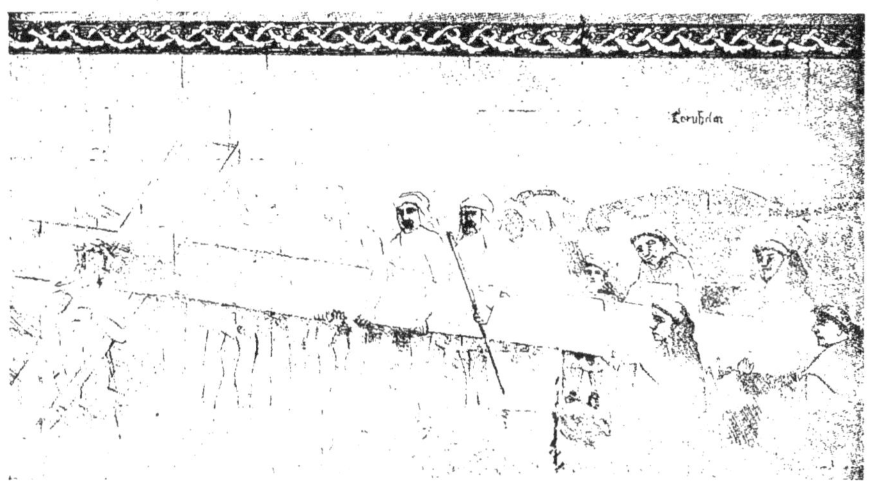

Cliché Ch. Urseau

Église Saint-Aubin des Ponts-de-Cé

L'HUMANITÉ SOUFFRANTE SOUTENANT LA CROIX DU CHRIST

D'après un dessin de Morel.

décrivons est plus élevée que le reste et forme, avec ce qui suit, un plan incliné. Des chevaliers, moines, prêtres, hommes du peuple, en un mot l'humanité entière, gravissent l'espace qui les sépare du fils de Marie pour lui présenter la Croix qui doit terminer sa vie mortelle [1]. » Il y avait là, en réalité, deux tableaux superposés : le premier représentant *l'Enfance de Jésus*; l'autre figurant cette scène admirable, que l'on retrouve, en particulier, au Lion-d'Angers, où toutes les souffrances de l'humanité viennent au secours du Christ et l'aident à porter sa croix [2].

Cette peinture a subi le même sort que la précédente. Voici, en effet, ce que raconte le curé de Saint-Aubin, successeur immédiat de celui qui avait fait recouvrir de badigeon *l'Ouvroir de saint Crespin et de saint Crespinien :* « Ce tableau, affreusement écorché de toutes parts, n'offrait plus qu'un aspect disgracieux; de plus, les restes de peinture couraient le risque, ainsi découverts, de s'effriter entière- ment, sans laisser aucune possibilité d'en tenter un jour la restauration. Pour la conservation même de cette grande et intéressante scène, il m'a semblé plus sage de la recouvrir d'un léger badigeon à la colle, peu adhérent, qu'il sera facile d'enlever sans entamer davantage la peinture. La pénurie d'argent m'a seule empêché, sur ce point encore, de remettre en état ces vestiges du passé, qui serviraient doublement à la décoration de l'église et à la piété des fidèles. Je lègue cette restauration à mes successeurs, s'ils la jugent à la fois utile et possible [3]. »

Il faut espérer que la Commission des Monuments histo- riques, qui a classé, un peu tard, comme il est arrivé

---

[1] *Bulletin historique et monumental de l'Anjou*, 1852, p. 7 et 8.

[2] Morel a conservé un dessin de cette peinture, dans ses *Promenades artistiques et archéologiques.*

[3] A. Bretaudeau, *Histoire des Ponts-de-Cé*, dans les *Mémoires de la Société nationale d'Agriculture, Sciences et Arts d'Angers*, 1902, avec pagination à part, p. 241.

souvent, l'église Saint-Aubin des Ponts-de-Cé, sera assez vigilante pour empêcher les « successeurs » de faire appel à un « artiste de passage » et assez énergique pour s'opposer à toute restauration téméraire.

Étudions maintenant les peintures de la première des deux petites chapelles qu'on remarque à droite, en entrant à l'église, et que les titres désignent ordinairement sous le nom de chapelle des Vachon, du nom du fondateur.

C'est ce fondateur, dont le portrait est peint à la colle sur le mur du fond de la chapelle, à droite d'une petite fenêtre qui vient d'être débouchée et restaurée. Il est représenté à genoux, les mains jointes, la tête nue, tournée de trois quarts à gauche. Le costume qu'il porte est celui de « marchand d'Angers » : long manteau noir, ouvert sur le devant et fendu, à la hauteur des épaules, pour laisser passer les manches de la tunique ou de la robe. Ce costume est-il bien authentique? Il serait téméraire de l'affirmer, car on peut soupçonner le peintre Appert[1] de l'avoir modifié, sinon interprété, quand, après la découverte de ce curieux tableau, il accepta de le retoucher et de faire disparaître les écorchures produites par le grattage.

Le fondateur est accompagné de saint Jean-Baptiste, son patron, lequel est vêtu d'une tunique de poils de chameau, serrée à la taille par une corde et recouverte d'un ample manteau rouge. Le saint précurseur tient, de la main gauche, un livre bleu, à tranche jaune, sur lequel repose l'« Agneau de Dieu ». Sa main droite est appuyée sur l'épaule gauche de son client.

La partie inférieure du corps de saint Jean-Baptiste disparaît derrière un panneau carré, sur lequel on lit, en caractères gothiques, l'inscription suivante :

---

[1] Appert (Eugène), peintre de valeur, né à Angers en 1814, mort en 1867.

Mortelz vivents, vous plaise estre records
D'un bon deffunct duquel cy gist le corps.
C'est Jehan Vachon; marchant fut débonnaire.
Ceste chappelle il fist construire et faire
Au nom de Dieu et saincte Margarite,
Et pour avoir vers Dieu plus grant mérite
Y a fondé la messe de la Croix
Tous vendrediz. Encore de surcroits
Aux jours Sainct Jehan et la saincte nommée
Messe y fonda; puis, plein de renommée,
L'an mil cinq cens quarante troys, l'huictiesme
D'octobre, eut fin : l'âme ayt gloire supresme.
Prier debvons pour ces bons fondateurs,
Pareillement pour tous nos bienfaiteurs.
Requiescant in pace.

De l'autre côté de la fenêtre, la peinture qui fait pendant au portrait de Jehan Vachon représente *le Martyre de saint Blaise*. Ce tableau paraît n'avoir subi aucune retouche. Il est très harmonieux et très séduisant, malgré le réalisme de la scène.

Le martyr est attaché à une colonne, dans une grande salle, dont le sol est recouvert d'un carrelage en damier. Pour tout vêtement, il n'a qu'une étroite ceinture, qui lui entoure les reins. Sa tête, coiffée de la mitre, insigne de la dignité épiscopale, respire la douceur et la paix. Le sang, qui a jailli de toutes parts sous la cruelle morsure des peignes de fer dont sont armés ses deux bourreaux, ruisselle sur ses bras, sur sa poitrine et sur ses jambes.

L'un des bourreaux, celui de droite, a la tête enveloppée d'un turban. Il est vêtu d'un pourpoint jaune et de hauts-de-chausses déchiquetés. Un glaive pend à son côté. De sa main gauche, il serre les liens qui attachent le saint évêque à la colonne. Son bras droit, dont les manches sont retroussées, se lève, d'un geste violent, pour lancer dans les chairs de la victime le râteau à pointes de fer qui doit les déchiqueter.

L'autre bourreau porte un pourpoint vert, qui recouvre une tunique grise, dont les manches sont relevées, et des chausses à rayures vertes et rouges. Ses deux mains sont baissées à la hauteur de la ceinture et tiennent deux ongles de fer.

Un enfant, vêtu d'une robe rouge, la tête tournée de trois quarts à gauche, les mains jointes, est agenouillé aux pieds du martyr. Avant de commencer sa prière, il a déposé sur le carrelage de la salle sa petite toque rouge et son livre d'heures. Dans cet enfant, on a voulu reconnaître, non sans vraisemblance, le fils même du fondateur.

Le nom de l'évêque est inscrit sur une banderole, en grandes lettres gothiques : *Sanctus Blasius.*

Ces deux peintures mesurent environ 1 m. 20 dans leur plus grande largeur et 1 m. 50 de hauteur.

La voûte de la chapelle des Vachon s'appuie sur huit nervures prismatiques. A l'origine, elle avait été peinte, mais le temps et les restaurateurs ont enlevé toute trace de cette décoration, sauf dans les deux compartiments de la voûte qui recouvrent l'autel. Là, en effet, on distingue, quoique fortement endommagées, deux figures d'une beauté saisissante : *le Père éternel*, assis dans tout l'appareil de sa majesté, avec la tiare et la chape des pontifes, bénissant de la main droite et soutenant de la main gauche le globe du monde, appuyé sur ses genoux ; et *le Christ*, assis comme son père, mais dans une attitude bien différente. Ses épaules nues et ensanglantées sont revêtues de la pourpre de dérision ; de sa main gauche, il présente la croix, intrument de son supplice et, de sa main droite, il indique la blessure de son côté ; ses deux mains portent elles-mêmes la trace des clous qui les ont transpercées. C'est, d'après un thème bien connu, le Christ qui montre ses blessures à son Père.

La date de 1543, donnée par l'inscription de la chapelle des Vachon, aussi bien que le costume des bourreaux de saint Blaise permettent d'attribuer toutes ces peintures,

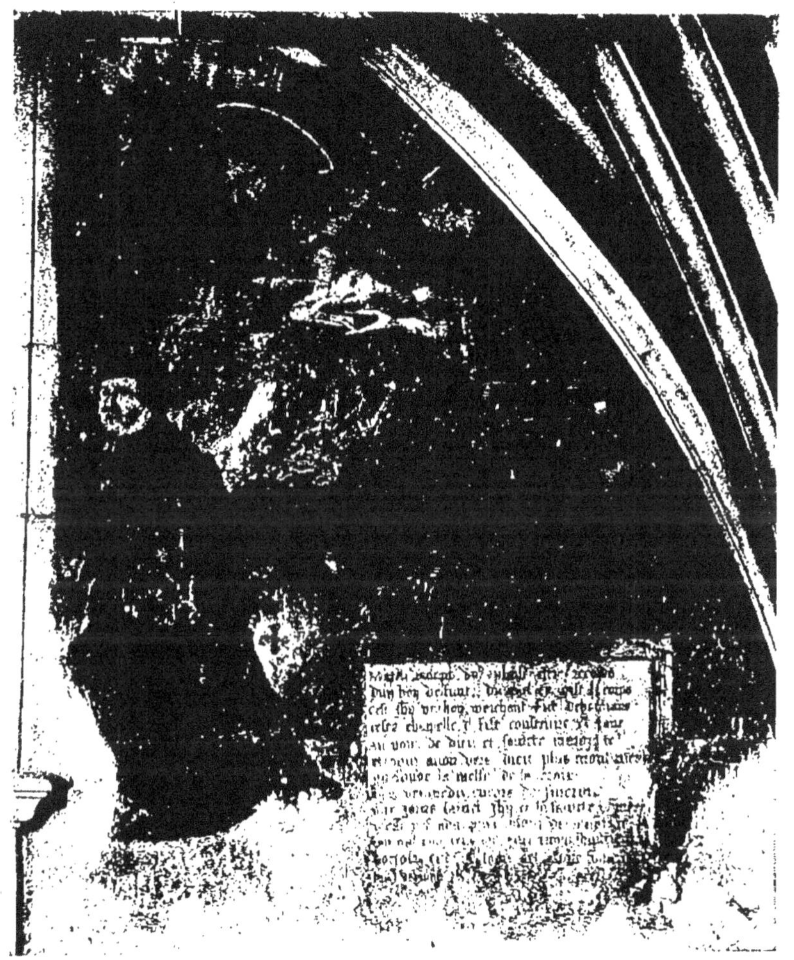

Église Saint-Aubin des Ponts-de-Cé

PORTRAIT DE JEAN VACHON

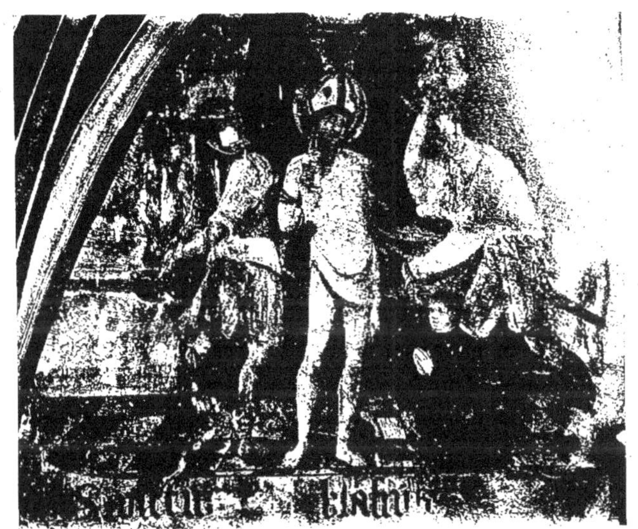

Cliché Ch. Urseau

Église Saint-Aubin des Ponts-de-Cé

LE MARTYRE DE SAINT BLAISE

celles de la nef latérale comme celles de la chapelle, au milieu du seizième siècle.

En 1847, à cette époque où, devant un tableau du quinzième ou du seizième siècle qui avait du mérite, personne, en France, n'avait l'idée de penser à un artiste du p ys, Godard-Faultrier avait cru reconnaître dans les peintures de Saint-Aubin des Ponts-de-Cé une œuvre « de l'école d'Hemmeling, dans le style de Pinaigrier [1] ». Aujourd'hui, il est permis d'en faire honneur à quelque peintre de l'Anjou, dont le nom, à défaut de renseignements certains, reste difficile à préciser, mais dont le travail mérite toujours d'être admiré, en dépit des injures du temps et des mauvais traitements des hommes.

PRÉVIÈRE (LA)

ANCIENNE ÉGLISE DE LA PRIMAUDIÈRE

A la Primaudière, la chapelle du prieuré de Grandmont, bâtie au commencement du treizième siècle, présente les mêmes dispositions que celle de la Haie-aux-Bons-Hommes. La nef est couverte d'une voûte de pierre, en berceau brisé. Le chœur, plus large que la nef, est polygonal. Il porte une jolie voûte à nervures. Sur les murs s'étend un appareil tracé en brun et orné de petites fleurettes à six pétales, toutes semblables, de couleur brune.

La nef de cette curieuse église sert d'étable à bœufs. Le chœur a été transformé en grange [2].

---

[1] *Nouvelles archéologiques*, publiées par la Commission archéologique de Maine-et-Loire, avril 1847, p. 4.

[2] Renseignements fournis par M. l'abbé T. Houdebine, professeur d'histoire à l'Institution libre de Combrée.

SAINT-HILAIRE-DU-BOIS

Ancien prieuré du Coudray-Montbault

Tout à côté du château du Coudray-Montbault, une modeste chapelle, dernier reste de l'ancienne église du prieuré Saint-Jacques du Coudray, renferme un assez beau « sépulcre » et quelques fragments de peintures murales, qu'on vient de retrouver sous le badigeon. Les motifs d'architecture qui entourent l'autel ne présentent pas un grand intérêt. Au contraire, une *Messe de saint Grégoire*, qui orne le retable, mérite d'attirer l'attention, bien qu'elle ait été mutilée, à la fin du dix-huitième siècle, et cachée, au dix-neuvième siècle, sous une couche de plâtre, qu'on avait fixée au moyen de longues pointes de fer.

Cette scène de la *Messe de saint Grégoire* se déroule au-dessous d'un rideau en étoffe rouge relevé aux angles du retable, qui figure les courtines ou voiles dont on entourait autrefois le ciborium de l'autel. Le Christ, debout, le corps nu et ensanglanté, sortant à demi du tombeau, apparaît, entouré des instruments de sa passion, au pape saint Grégoire, pendant que le pontife célèbre la messe. Un livre ouvert est posé sur un pupitre bas, du côté de l'Évangile. Le pape, vêtu d'une aube traînante et d'une chasuble de brocart, fléchit le genou, entre le diacre, agenouillé à sa gauche, et le sous-diacre, qui relève le bas de la chasuble de l'officiant. Deux clercs, à genoux aux deux extrémités de l'autel, tiennent à la main un cierge allumé. Le corps du Christ, la tête du pape, celle du diacre et du sous-diacre ont été grattés volontairement.

Cette décoration, qui s'inspire d'un thème iconographique fort en honneur à la fin du moyen âge et à l'époque de la Renaissance, ne paraît pas antérieure au commencement du dix-septième siècle.

SAINT-SATURNIN

Ancienne église du prieuré de la Colombe

L'église du prieuré de la Colombe, qui s'élève dans l'ancien cimetière de la ville de Brissac, dépend de la commune de Saint-Saturnin. Elle a été tranformée en cellier. Le mur du chevet était orné d'une fresque du quinzième siècle, peinte à la colle, qui surmontait l'autel et représentait la *Crucifixion*. On distingue encore, sur une croix d'ocre jaune, le corps du Christ, dont les tons chair ont tourné au noir sombre. Au-dessus de la croix, on aperçoit vaguement les traces de la lune et du soleil et, à droite du Christ, la silhouette d'un personnage debout.

La sacristie de l'église sert de cave. Elle comprend deux travées, voûtées d'ogives, dont les nervures sont peintes en brun. Les deux clefs armoiriées sont elles-mêmes rehaussées de couleurs.

TRÈVES-CUNAUD

Ancienne église du prieuré, aujourd'hui église paroissiale de Cunaud

MM. Gélis-Didot et Laffillée, dans leur important ouvrage sur *La peinture décorative en France du onzième au seizième siècle*, ont consacré tout un chapitre à la décoration de l'église de Cunaud, qu'ils attribuent à la fin du treizième siècle ou au commencement du quatorzième siècle. La planche en couleurs et les gravures qui illustrent leur texte donnent une idée exacte de l'aspect que présentait, il y a un demi-siècle, l'intérieur de cette belle église de l'Anjou. Depuis lors, on a restauré l'édifice, endommagé les peintures et même, par endroits, gratté les murs et les voûtes. Néanmoins ce qui reste de l'ornementation ancienne, surtout dans la nef, est assez considérable pour que, d'après ces fragments, on puisse juger du mérite de l'ensemble.

Les murs, les piliers et les voûtes sont peints dans un ton jaunâtre, sur lequel on a figuré un petit appareil de couleur brune. Les arcs ogives, les intrados des formerets et des doubleaux sont couverts d'ornements blancs, au modelé alternativement rouge et vert, feuillages, palmettes, marguerites, entourés d'un fond noir, qui se découpe de façon à ménager leurs contours. Sur les faces des doubleaux et des formerets court un dessin, qui représente des arcatures avec des colonnes et léurs chapiteaux. Le même dessin se répète autour des fenêtres.

« La façade intérieure est couverte du haut en bas par une décoration fort délabrée, dont certaines parties paraissent antérieures à l'ensemble. C'est une série d'images enfermées dans des lignes d'architecture et reliées entre elles et à l'ensemble, par le tracé d'appareils. Les cavaliers qui occupent le haut de la composition représentent vraisemblablement des archanges ». Au-dessous apparaissent les images des saints patrons de l'église, assis dans des cadres dont les vides sont remplis par des rosaces rouges : saint Philbert, abbé, en habits pontificaux, $\overline{\text{SCS}}$ PHILBERT et saint Valérien, avec la palme des martyrs, $\overline{\text{SCS}}$ [V]ALERAN. Plus bas, de chaque côté de la porte, deux personnages en pied, aujourd'hui méconnaissables, représentaient saint Pèlerin, [$\overline{\text{SCS}}$] PEREGRIN, et probablement, saint Christophe. Leur silhouette est à la veille de disparaître complètement.

Dans un autre chapitre de leur livre, MM. Gélis-Didot et Laffillée reproduisent une seconde peinture de saint Christophe, qui suit les contours d'un pilier de la même église. Placé dans un cadre à fond rouge, semé de dessins au pochoir, le saint, vêtu d'une tunique blanche et d'un manteau brun, la tête recouverte d'un turban, les jambes

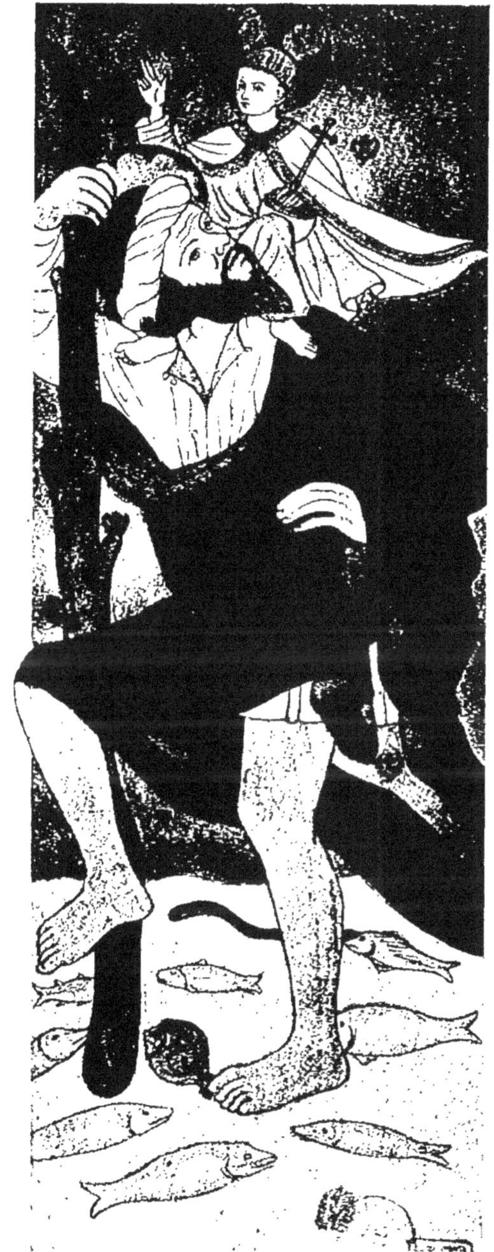

Cliché Ch. Urseau.

Église de Cunaud

SAINT CHRISTOPHE

D'après un relevé de M. de Galembert.

nues, traverse une rivière, en s'appuyant sur le tronc d'arbre qui lui sert de bâton. Sur ses épaules, il porte l'Enfant-Jésus, dont la robe et le manteau sont agités par la brise. Des poissons, parmi lesquels on reconnaît aisément ceux qui peuplent la Loire, l'anguille, la carpe, la perche, la tanche, le brochet, la plie frétillent dans l'eau de la rivière, aux pieds de l'infatigable passeur.

Trois autres personnages : saint Sébastien, avec deux flèches fixées dans la poitrine, saint Germain, en costume d'évêque, et sainte Émerance, sont représentés en buste, au centre d'un petit cadre, sur les colonnes de la même travée.

Une litre armoriée, dont il reste des traces, était peinte sur les piles de la nef et sur les murs des collatéraux. On peut encore y déchiffrer l'écusson des Stapleton, seigneurs de Trèves.

Dans le bas-côté méridional, une grande scène, peinte à l'ocre rouge et à l'ocre jaune et à demi effacée, représente la *Transfiguration*. Par son style et par la disposition toute conventionnelle des personnages qui y figurent elle tranche avec ce que l'on est habitué à rencontrer en Anjou.

Jésus-Christ a conduit ses apôtres sur la montagne où doit s'opérer sa transfiguration. Debout, les mains levées, dans une auréole qui rayonne et flamboie, vêtu d'une robe d'un blanc éclatant, il brille comme le soleil. Les apôtres sont couchés à ses pieds, au-dessus d'une inscription, dont il n'a été conservé que deux mots :

.... *sera tenue*............

Moïse et Élie s'entretiennent avec Jésus-Christ.

A droite du Christ, Moïse, nimbé, porte une tunique blanche et un manteau, qu'un fermail fixe à la poitrine. On le reconnaît aux cornes qu'il porte sur le front. Il lève les mains et dit :

Puissance, excellence et victoire
Soit au... corps glorieulx
.... le......... $\overline{dix}$
.... y veoir nous.......
           Moyse.

A gauche, Élie, coiffé du bonnet juif, tient les mains croisées.

Voici un fragment de la légende qui l'accompagne :

Pour contempler votre droit $\overline{no}$
. . . . .
. . . . .tout. . . . .

Un peu au-dessous, à droite, le Père éternel, vénérable vieillard, chapé et couronné, sort à mi-corps d'une auréole. Il bénit à trois doigts le globe du monde et proclâme son amour pour son Fils, en çes termes :

Hic est Filius meus dilectus
In quo michi bene complacui.
Vecy nom Filz mon bien amé Ihesus
Qui bien me plait par sa sagesse en lui
Je commande qu'il soit sans tryage
Et qu'il en soit
Mémoire.   *Dieu le Père.*

De l'autre côté, à la même hauteur que le Père éternel, le Saint-Esprit, sous la forme d'une colombe, plane dans une auréole lumineuse. Près de lui, on peut lire ces trois strophes de la prose de la Pentecôte :

Veni, sancte [Spiritus], et emite celitus
lucis tue [radium]. Veni, pater
pauperum. Veni, dator mun[erum].
Veni lumen [c]ordium.
O lux beatissima, reple cor-
dis intima tuorum fidelium.
           Sancti Spiritus.

A l'extrémité gauche de la peinture, saint Matthieu.
barbu et nimbé, assis sur une colline, lit le récit de la scène
qu'il a décrite :

> *Assumpsit Ihesus Petrum et Jacobum et*
> *Johennem fratrem ejus et duxit illos in*
> *montem excelsum seorsum et trans-*
> *figuratus est ante eos. Et resplenduit*
> *[fac]ies ejus sicut sol, vestimenta autem*
> *ejus facta sunt alba sicut nix et ecce ap-*
> *paruerunt illis Moyses et Elyas.*
> > *Mathei : X° VIIJ° capp°.*

La transfiguration eut lieu sur le Thabor, en dehors de
la ville de Jérusalem, dont les tours occupent l'extrémité
droite de la scène :

> *Iherusalem*
> *civitas.*

Les deux chapelles rayonnantes avaient été entièrement
peintes. On voit encore, dans la chapelle du côté sud, entre
le cordon qui limite la voûte en cul-de-four et les cinq arcs
qui encadrent les fenêtres, des anges sonnant de la trompette, pendant que les morts, rappelés à la vie, sortent
de leurs tombeaux[1]. L'ébrasement des fenêtres est orné
de branches fleuries, d'une grande finesse et d'un joli
dessin.

La décoration de la chapelle du côté nord représentait
le Messie, entrevu par les Sybilles, annoncé par les prophètes
et proclamé par les Évangélistes. Les Sybilles étaient peintes
sur la voûte. Cette curieuse fresque était déjà en fort mauvais état vers 1860, quand Barbier de Montault a transcrit

---

[1] Bodin, dans ses *Recherches historiques sur la ville de Saumur*,
deuxième édition, Saumur, 1845, reproduit, t. I, pl. VII, quelques
détails de cette peinture.

les textes qui y figuraient [1]. Depuis que le tuffeau a été gratté, il n'est même plus possible d'en soupçonner l'existence. Les prophètes et les symboles des Évangélistes sont encore visibles.

Les prophètes, debout au-dessus des colonnes, à la naissance des arcs qui entourent les fenêtres, sont placés de gauche à droite dans cet ordre et accompagnés des inscriptions suivantes :

David, couronné et jouant de la harpe : *Foderunt [manus meas et pedes meos]. David.*

Salomon, la tête nue, vêtu d'une robe d'un jaune brun : *Percusserunt me et vulneraverunt me. — Sallomon, V° cap° Canticorum.*

Zacharie, enveloppé dans une robe décorée de fourrures, la tête recouverte d'un turban : *His plagis plagatus sum in domo eorum qui diligebant me. — Zacharias, XII° cap°.*

Osée, avec le bonnet juif et une robe rouge : *Ex Egipto vocavi filium meum. — Osée, XII° cap°.*

Habacuc, portant une robe jaune : *Egressus es in salutem populi tui. — Abacuc, III° cap°.*

Isaïe, presque effacé : *Parvulus natus est no[bis] et filius datus est nobis. — Isayas.*

Les symboles des Évangélistes sont peints au-dessus des fenêtres du fond de la chapelle. A côté d'eux se déroule un long philactère.

Le lion de saint Marc annonce la résurrection du Messie : *Ihesum queritis Nazarenum crucifixum, surrexit, non est hic. — Marci, XVI° c.*

L'homme de saint Matthieu et l'aigle de saint Jean sont affrontés.

Le premier décrit la passion du Sauveur : *Prophetiza nobis, Xriste, quis est qui te percussit. — Mathei, XXVI° capi°.*

---

[1] *Répertoire archéologique de l'Anjou*, 1868, p. 186-188.

L'aigle raconte l'incarnation du Verbe : *Et verbum caro factum est et habitavit in nobis. — Johannis, p° capi°.*

Le bœuf de saint Luc prédit la naissance-virginale du Dieu fait homme et l'appelle de son nom : *Ecce concipies in utero et pa[ries] filium et vocabis nomen ejus Jesum. — Luce pri° capi°.*

Non loin de cette chapellé, sur le mur du côté nord, à peu près à la hauteur de l'autel principal, on aperçoit encore les traces d'une autre peinture, qui représente un personnage debout, prêtre ou moine, levant la main droite et tenant de la main gauche un objet assez difficile à déterminer, mais dans lequel il est possible néanmoins de voir une bourse. Un vieillard, appuyé sur un bâton, deux autres hommes et une femme, à genoux, les mains jointes, semblent réclamer la protection ou la pitié du personnage principal, dont le nom, aujourd'hui effacé, était inscrit au-dessus de la tête de ses clients.

Toutes ces grandes scènes sont postérieures d'un siècle et demi aux peintures qui décorent la voûte de l'église. La *Résurrection des morts, les Prophètes et les Évangélistes,* la *Transfiguration* surtout, dont la facture rude, sèche et par trop conventionnelle ne rappelle en rien les traditions angevines, sont certainement l'œuvre d'un artiste étranger à la province. Les moines de Cunaud dépendaient de l'abbaye de Tournus, en Bourgogne. Leurs préférences, au quinzième siècle, pouvaient aller à d'autres qu'à des ouvriers des bords de la Loire. Les peintures des voûtes, au contraire, ressemblent à celles de l'église du prieuré de la Haie-aux-Bons-Hommes, à Avrillé. L'ensemble du décor a le même aspect dans les deux édifices. Le coloris y est entendu de la même façon. C'est l'œuvre d'un même atelier, qui aura travaillé ici, à la fin du treizième siècle ou au commencement du quatorzième siècle, et à la Haie-aux-Bons-Hommes, vers 1360.

Ancienne église paroissiale
de Saint-Maxencieul de Cunaud

L'église paroissiale de Saint-Maxencieul, dont on voit les ruines, dans le cimetière de Cunaud, date du treizième siècle et n'a pas été reconstruite, depuis l'ouragan de 1754, qui la renversa en grande partie. On y distingue encore le nom de Jésus IHS, peint en rouge, alternativement avec des roses, sur l'arc doubleau du chœur.

Église paroissiale de Trèves

« A Trèves, la façade de l'église était peinte. Elle est divisée en trois grandes arcades, peu profondes, qui abritent des jeux de fond, représentés aujourd'hui par quelques taches de couleur. Sous les intrados étaient des rinceaux bruns sur fond blanc. » MM. Gélis-Didot et Laffillée, qui donnent ces détails, ont reproduit en couleurs le dessin des jeux de fond.

Sur les jambages de la porte on aperçoit encore la silhouette rougeâtre de petits personnages nimbés. « Au-dessus de la porte, une tache de couleur est tout ce qui reste d'une décoration moins ancienne. A l'intérieur se voient les restes, très endommagés, d'un jeu de fond ». Ce jeu de fond apparaît, par endroit, sous le badigeon.

Église de l'ancien prieuré de Saint-Macé

L'ancien prieuré de Saint-Macé, fondé en 1106 et bâti sur la crête d'un coteau qui domine le bourg de Trèves, dans l'un des plus beaux sites de l'Anjou, conserve encore sa petite église du douzième siècle.

Ce charmant édifice, malgré les peintures intéressantes

qu'il renfermait, a servi longtemps d'écurie et de grange. Comme il menaçait ruine, on se décida à le restaurer. Les peintures, déjà fort endommagées, sont désormais perdues.

Dans l'abside, le Christ, dont une forme vague révèle la présence, trônait au centre d'une auréole, entouré des quatre animaux symboliques, et bénissait le monde, pendant que voltigeaient sur la voûte des chérubins à double paire d'ailes. Sur le mur du côté de l'Évangile, une grande scène représentait la *Résurrection de Lazare*. Au-dessous de cette peinture, on distinguait plusieurs personnages dont l'un, enveloppé dans un large manteau, tenait sur ses épaules une gerbe, qu'il semblait offrir à Dieu le Père, dont l'image ornait la partie supérieure de l'arc doubleau.

Au cours de la restauration, on découvrit sous le badigeon du mur opposé à l'abside une *Annonciation*, une *Adoration des bergers* et un *Massacre des Innocents*, qui encadraient une ancienne fenêtre ; puis, un peu plus bas, une scène qui occupait toute la largeur du mur et dont il n'a pas été possible de préciser le sujet. Toutes ces peintures, qui datent du douzième siècle, étaient dans le plus triste état.

VARRAINS

MAISON APPARTENANT A' Mme EXPERT

On remarque, dans le bourg de Varrains, un édifice étrange établi sur plan carré, construit tout entier en moellons de tuffeau et surmonté d'une lourde pyramide quadrangulaire, qui sert de toit. C'était probablement un pavillon de luxe, dont un bourgeois du dix-huitième siècle, au goût bizarre, s'était offert la fantaisie. Il se compose de trois pièces superposées : un rez-de-chaussée, un salon, un grenier.

Le salon, couvert d'une voûte d'arête, est orné de peintures, qui représentent quatre amours joufflus, portant une couronne de lauriers, laquelle entoure la clef de voûte. D'autres amours, peints dans l'ébrasement de la porte et des fenêtres, soutiennent, deux par deux, un médaillon du même genre et un grand personnage assis, qui figure Mercure, le dieu du commerce.

Toutes ces peintures sont à la fois correctes et banales.

VERGONNES

ANCIENNE CHAPELLE DU CHATEAU DU PLESSIS

La chapelle de l'ancien château du Plessis de Vergonnes, aujourd'hui transformé en ferme, sert de grange à fourrage. Elle remonte au quinzième siècle et mesure 6 mètres de long sur 5 mètres de large. Le lambris qui la recouvre ne porte aucune trace de peintures, mais sur le mur du chevet, percé d'une jolie fenêtre trilobée, on aperçoit encore les restes d'une décoration intéressante.

Une bande noire, large de trois doigts, forme une sorte de litre, de chaque côté de la fenêtre, au-dessus de deux écussons, où l'on distingue les trois chevrons de gueules des Richelieu et des traces de lambrequins en ocre et vert bleu. Au-dessous de la fenêtre, les peintures qui encadraient l'autel disparu représentaient une somptueuse étoffe à ananas, où dominait la couleur rose. Douze petites croix de consécration, dix sur les murs de côté et deux autres sur le mur du chevet, complétaient la décoration de l'édifice. On n'en voit plus que quelques couleurs, brun et vert tendre. C'est dommage vraiment qu'un oratoire si simple, mais si distingué, n'ait pas été conservé avec plus de soin [1].

---

[1] D'après les renseignements fournis par M. l'abbé T. Houdebine.

VILLEMOISAN

Chapelle de la Commanderie

La Commanderie de Villemoisan, annexe du Temple de Saint-Laud d'Angers, est aujourd'hui transformée en ferme. La chapelle seule demeure intacte. C'est un édifice simple mais harmonieux de la seconde moitié du douzième siècle, dont l'abside avait été décorée, au seizième siècle, de peintures, qui furent, à une époque déjà ancienne, grattées et badigeonnées. Le badigeon a été gratté, à son tour. Après l'emploi d'un remède aussi énergique, on ne peut guère juger du mérite de l'œuvre, qui ne semble pas, d'ailleurs, avoir été jamais bien grand.

La décoration primitive s'étendait probablement dans toute l'abside. Il n'en reste plus que quatre personnages, debout, deux par deux, de chaque côté de la fenêtre qui éclaire le chevet.

Le premier personnage, en partant du côté de l'Épitre, représente un évêque, coiffé de la mitre et tenant la crosse de la main gauche. Il est vêtu d'ornements que rehaussent des dessins au pochoir et chaussé de sandales sur lesquelles s'étale une croix en broderie. Son nom est inscrit à ses pieds : S ME[DAR]D.

Le second figure saint Michel, costumé en guerrier, qui terrasse, à l'aide d'une longue croix, un démon à face humaine. Son nom est inscrit au-dessous du panneau : S MICHEL.

Le troisième est saint Pierre, tenant les clefs de la main droite. Son costume se compose d'une tunique bleue et d'un manteau brun. Comme pour les deux précédents, on lit son nom au-dessous de lui : S PIERRE.

Le quatrième est un évêque, crossé et mitré, vêtu d'une aube blanche et d'une tunique bleue. Son nom l'accompagne : S EUTROPE.

Ces quatre personnages ont la tête entourée d'un nimbe rayonnant. Ils sont encadrés d'un jeu de fond représentant des croix, des marguerites et des fleurons, dessinés au pochoir. On remarque, autour du *saint Michel* et du *saint Pierre* et jusque sur leurs vêtements, les lettres PM, deux fois répétées.

Planchers et Plafonds peints

BRISSAC

CHATEAU

Le château de Brissac fut en grande partie reconstruit au commencement du dix-septième siècle. Trois peintres, dont on retrouve le nom et la signature sur les registres de la paroisse, travaillèrent à la décoration de cette riche demeure : Edme Pothier, qui prend, en 1621, le titre de peintre de Charles de Cossé, maréchal de Brissac; Pierre Gasselin, originaire du Mans, installé au château de Brissac, de 1623 à 1633, qui se qualifie, comme son collègue, de « peintre de Mgr le duc de Brissac », Louis Gillion, qui pendant onze années, de 1631 à 1642, est « peintre du château [1] ».

On aimerait à savoir aujourd'hui si le talent de ces trois artistes justifiait la confiance que leur témoignèrent les ducs de Brissac. Mais le château, dont l'intérieur avait été dévasté pendant la Révolution, resta à l'abandon jusqu'en 1844. A partir de cette date, surtout à partir de 1871, il fut restauré avec luxe, et il semble bien que les décorateurs

[1] Sur ces trois peintres, cf. C. Port, *Les artistes angevins*, p. 118, 131 et 257.

du dix-neuvième siècle n'ont laissé subsister aucune partie de l'œuvre de leurs devanciers. Les solives et les intérieurs de volets du grand salon, les poutres et les solives de la salle des gardes, de la salle des chasses, de la chambre « de Judith » sont dorés et peints comme autrefois, mais toute la peinture est neuve. Les planchers de la salle à manger, de la galerie des tableaux, de la chambre « de Mortemart » sont ornés de couleurs non moins fraîches, quoique moins éclatantes. Tout au plus pourrait-on attribuer au dix-septième siècle deux ou trois des petits tableaux qu'on remarque sur le plat des poutres, dans la salle des gardes.

ÉCUILLÉ

Chateau du Plessis-Bourré

La salle des gardes, au premier étage du château du Plessis-Bourré, occupe une pièce qui mesure 11 mètres de long sur 7 m. 55 de large et 4 m. 25 de haut. Quatre fenêtres, placées deux du côté de la cour d'honneur, deux du côté des fossés extérieurs, l'inondent, à toutes les heures du jour, d'une lumière abondante et gaie. Une cheminée à large manteau permet, en hiver, de réchauffer tant bien que mal ce vaste appartement.

Un plafond, composé de six panneaux divisés chacun en quatre compartiments, recouvre la pièce tout entière. Cet élégant travail de menuiserie se rapproche beaucoup plus des planchers du moyen âge que des plafonds à caissons de la Renaissance. En effet, les poutres, dont on s'est contenté de moulurer les arêtes, restent apparentes et, sous les solives, on a cloué des planches juxtaposées, qui supportent de fortes nervures, dont le vigoureux relief dessine et encadre les divers compartiments du plafond.

Les poutres et les nervures sont décorées de rinceaux, d'enroulements et de dessins géométriques peints à la colle.

Dans les compartiments du plancher figurent de véritables tableaux, dont les sujets, les contours et les détails dénotent autant d'habileté de main que de hardiesse d'esprit. Ces peintures commencent à s'effacer en plusieurs endroits ; il est facile néanmoins, avec un peu d'attention, d'en retrouver partout la silhouette et d'en fournir une description précise.

Commençons par étudier les trois panneaux qu'on trouve à gauche en entrant, du côté de la cour d'honneur. Tournant ensuite le dos à la cheminée, nous verrons successivement les trois autres.

Dans chacun de ces panneaux, nous examinerons d'abord les deux compartiments qui sont le plus près du mur, puis ceux dont l'encadrement s'appuie sur la poutre du milieu de la salle [1].

Premier panneau. — I. Un âne accroupi pose une de ses pattes de devant sur un livre ouvert, où l'on aperçoit, au-dessus d'un texte, des notes de musique, qu'il essaie de chanter.

II. Deux béliers, redressés sur leurs pattes de derrière, luttent tête contre tête et s'entre-choquent.

III. Un cerf étendu à terre allonge sur ses pattes de devant sa tête, ornée d'une vigoureuse ramure.

IV. Un animal, que l'on prendrait pour un bœuf s'il avait des cornes et si ses grosses pattes n'étaient pas terminées par des griffes, porte sur son dos deux singes enchaînés l'un par le cou, l'autre par le ventre. Celui des deux singes qui est installé sur la croupe de la bête tient à la main une longue baguette et souffle dans une énorme trompette.

---

[1] J'ai déjà étudié *Les peintures du plafond de la salle des gardes au château du Plessis-Bourré*, dans la *Réunion des Sociétés des Beaux-Arts des départements*, 1909, p. 81-89, et dans la *Congrès archéologique de France*, 1910, t. I, p. 256-265. La première de ces notices est accompagnée de la reproduction des peintures.

L'animal sur lequel ils sont grimpés a le mufle serré par une corde, que tient à la main le singe assis à califourchon sur ses épaules.

Dans chacun de ces tableaux, de même que dans ceux qu'il reste à décrire, le sujet principal se détache en gris d'un fond blanchâtre, orné de feuilles et de fleurs enroulées, d'un joli dessin et d'un grand effet décoratif.

DEUXIÈME PANNEAU. — I. Une fontaine d'un réalisme beaucup plus hardi que celui qui a fait la célébrité de la fontaine du *Manneken-Piss*, à Bruxelles. L'eau, contenue dans un bassin à six pans, au centre duquel s'élève une sorte de pédicule en forme de balustre, s'écoule par une figurine représentant une femme qui retrousse ses jupes. A gauche, un personnage nu, homme ou femme, vu de profil, reçoit l'eau dans un vase. A droite, un autre personnage nu s'appuie sur la vasque du bassin.

II. Une jeune fille, nue jusqu'à la ceinture et portant à la main un chapel de fleurs, est assise sur la carapace énorme d'une bête, pourvue d'une longue queue, de quatre pattes palmées, d'un cou et d'une tête d'oiseau. La chevelure de la jeune fille flotte au vent, ce qui fait supposer que le monstre file à toute vitesse.

III. Un dragon ailé frappe de son bec un lion, qui se retourne en rugissant.

IV. Une laie assise, avec un chapeau sur la tête et une pèlerine sur les épaules, fait danser ses trois marcassins au son de la cornemuse.

TROISIÈME PANNEAU. — I. Un monstre étique, la gueule ouverte, saisit et retient avec les dents une femme qui cherche vainement à s'enfuir. Une double légende[1] explique la scène.

---

[1] Toutes les légendes sont tracées en caractères gothiques.

On lit, en effet, au-dessus du monstre :

> Moy, l'on appelle Chicheface[1];
> Meigre de coleur et de face
> Je suys, et bien y a raison.
> Je ne menge en nulle saison
> Que fames qui font le commant
> De leurs maris entièrement.
> Des ans y a près de deux cenz
> Que ceste cy je tiens aux dens.

Au-dessus de la femme :

> Pour avoir fait et accompli
> Tous les commans de mon mari

[1] La Chiche-Face se retrouve, en particulier, au château de Villeneuve-Lembron, commune de Saint-Germain-Lembron, dans le Puy-de-Dôme. La peinture remonte au commencement du seizième siècle. Elle est accompagnée du texte suivant :

Le dit de la Chiche-Face :

> Moy que l'on appelle Chiche-Face,
> Meigre de coleur et de face,
> Je suis, et bien en est raison,
> Car ne mange en nulle saisson
> Que femmes qui font le commandement
> De leurs maris entièrement.
> Des anz il y a plus de deux cens
> Que ceste tiens entre mes dens
> Et si ne l'oze avaler
> De peur de trop long temps jeuner,
> Car dix mille ans a esté en voye
> Sans jamais avoir trouvé proye.

Le dit de la fame :

> Pour avoir fait et accomply
> Le bon vouloir de mon mary
> Souffrir me convient grief tourment.
> Vous qui vivez au demeurant,
> Ne veulhes pas come moy faire
> Car enfance le ma fait faire.

Cf. *Catalogue des relevés de peintures murales exposés au Musée des des Arts décoratifs, du 25 mars au 14 avril* 1918, p. 66 et 67.

> Souffrir me convient grand tourment.
> Vous qui vivez au demourant,
> Ne veuillez comme moi faire;
> Enfance li m'a fait feire.

II. Un barbier maladroit essaie son rasoir sur la joue d'un paysan assis devant lui et auquel il tient ce langage :

> Seuffre, frère, frère,
> Le... [1] dur et le moul.
> Sur barbe de foul
> L'on aprend a rere.

Le patient s'écrie, levant les bras au ciel :

> Barbier, beau compère,
> Bon gré ayt sainct Paul.
> Tu me tors le coul
> Et ne me scaiz raire.

III. Une femme assise tient, renversée sous son bras, une oie, qu'un homme, un tablier à la ceinture, s'apprête à saisir pour lui ferrer les pattes. La légende qui accompagne cette scène est presque illisible :

> Plusieurs comme nous . . . . . . ainsi
> Sans à leur cas considérer,
> Qui entreprennent le . . . . . .
> Qui nous mettons des eoys ferrer.

IV. Une autre femme, une aiguille à la main, est occupée à coudre l'extrémité du corps de sa poule ou de son oie. Elle explique ainsi l'opération à laquelle elle se livre :

> Je cous le cul si à Mahault,
> Pour ce qu'elle a parlé trop hault.
> Vous aultres, qui cy regardez,
> Gardez vous bien de trop parler;
> Car l'on dit que trop parler nuyst
> Et à la fois trop gratter cuyst.

[1] Le mot est effacé.

Quatrième panneau. — I. Un homme et une femme sont occupés à rompre des anguilles. Ne pouvant venir « à chef de l'affaire », ils donnent aux autres le conseil de se montrer moins présompteuux :

> Rompre anguilles prétandons-nous
> ...... comme voyez...... genoŭz
> De ce faire souvant nous vantons.
> Mais si pleantes sont sus et soubz,
> Qu'a chef ne pouvons venir, a la faire.
> Prenez y donc exemple tous
> Et vantez vous rien que ne pouvez faire.

II. Un paysan, chaussé de guêtres maintenues par de fortes agrafes, tient de la main droite un « vouge » à long manche et, de la main gauche, une fourche, dont les branches sont chargées d'outils. Un olifant est suspendu à sa ceinture. A son bras gauche, il porte un bidon et un panier rempli jusqu'au bord. La légende nous dira son nom :

> Je m'empresche de faire tout,
> Tant que n'en puys venir à bout;
> Et pour cela m'appelle t'on,
> Qui me voit, Maistre Aliborun.

III. Un homme, la tête recouverte d'un chaperon, lève les bras et se lamente, en regardant au fond d'un puits.
Voici l'explication du tableau :

> ....te souvent foul pierre en puy,
> Dont cent saiges, pour vreoy, depuis
> Sont, pour la faire au fons pescher,
> Par bien longtemps fort empeschez.

IV. Un vilain « rapporte » sur son dos une hotte pleine de rats. C'est le rapporteur, rats-porteur.
Il se présente lui-même en ces termes :

> En rapportant de court en court,
> Et en estant fin raporteur,

> Bien venu suys au temps qui court.
> Aussi sont baveur et flateur [1].

CINQUIÈME PANNEAU. — I. Une sirène voluptueuse, nue jusqu'à la ceinture, étale sa longue queue de poisson. Elle tient un peigne de la main gauche et, de la main droite, un miroir.

II. Un aigle aux ailes éployées étreint dans ses serres un petit oiseau, qui se débat.

III. Une femme, vêtue seulement d'un jupon court, est assise dans une sorte de chariot rudimentaire, ou plutôt de traîneau à roulettes. Un mât fixé à l'avant de l'étrange véhicule soutient une voile gonflée par le vent. Aux quatre coins de cette voile sont attachées des cordes au moyen desquelles la femme dirige la marche du traîneau.

IV. Une levrette à collier, nonchalamment étendue, dresse la tête pendant qu'un petit chien, debout sur les pattes de derrière, lui lèche le museau.

SIXIÈME PANNEAU. — I. Un centaure, les cheveux au vent, brandit une massue de la main droite.

II. Un éléphant, d'un dessin assez fantaisiste, porte, assis sur son dos, entre deux coffres de voyage, un singe qui tient en main une corde passée autour du naseau du pachyderme.

III. Un monstre moitié homme, moitié serpent, les yeux pleins de convoitises mauvaises, serré à bras-le-corps une femme nue, qui file à l'aide d'une quenouille.

IV. Une licorne.

---

[1] M. Lécureux a retrouvé « le fou qui laisse tomber un objet dans un puits » et le « rapporteur », sur les peintures murales du logis abbatial de Clermont (Mayenne). Cf. *Bulletin de la Commission historique et archéologique de la Mayenne*, 2e série, t. XXXI, 1915, p. 299-341.

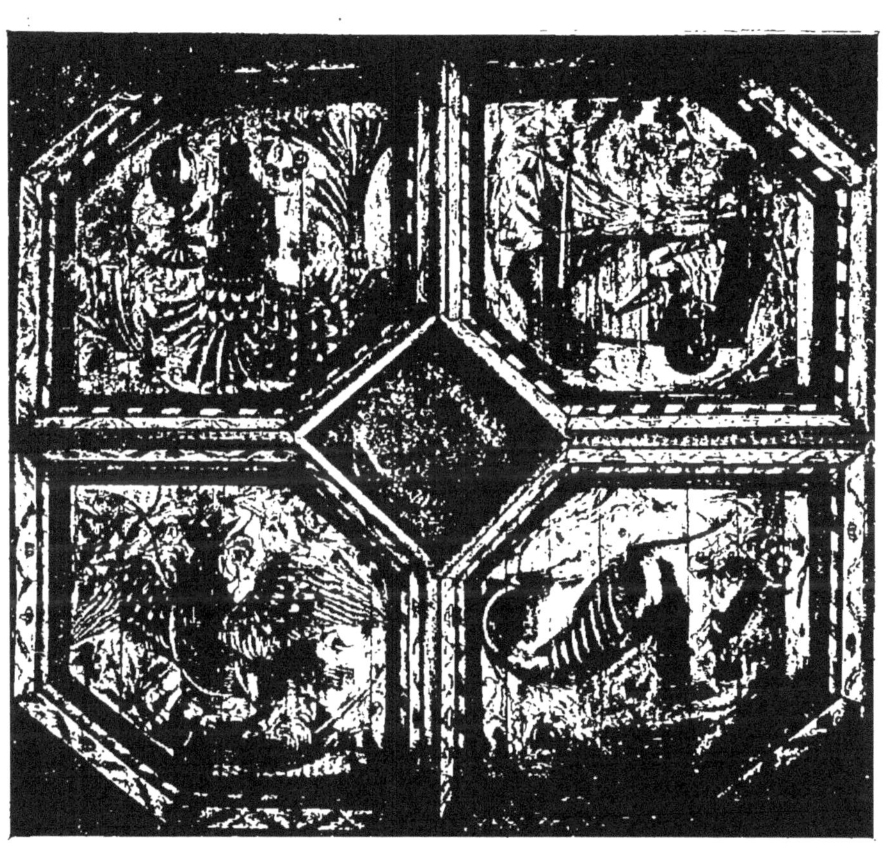

Château du Plessis-Bourré, à Écuillé

UN PANNEAU DU PLAFOND

Tels sont les tableaux dans lesquels un correspondant du *Journal de Maine-et-Loire* avait cru voir, en 1834, des « fresques consacrées à des sujets bibliques [1] ». D'autres ont voulu y reconnaître des allusions à certains faits et à certains personnages du règne de Louis XI. Ainsi, par exemple, le barbier maladroit serait Olivier le Dain et la femme, dévorée par un monstre étique pour avoir « fait et accompli tous les commans de son mari », ne, serait autre que la châtelaine du Plessis, Marguerite de Feschal, femme de Jean Bourré. C'est chercher bien loin l'explication de scènes satiriques, plaisantes et même grivoises, qui sont trop conformes à l'esprit du xve siècle pour être autre chose que le produit de la fantaisie d'un artiste, mais d'un artiste qui connaissait les fables et les proverbes à la mode. Les peintures du Plessis-Bourré et celles de l'hôtel de Jacques Cœur, à Bourges, sont, ainsi que l'a fait remarquer avec raison M. Georges Bricard [2], « la manifestation d'une même tendance et d'un même esprit ; les idées mystiques ou chevaleresques du moyen âge ont perdu leur influence ; la nouvelle société est lasse d'avoir tant poursuivi l'idéal, elle veut maintenant regarder la réalité et en rire ; aux rêveries abstraites des moines et des chevaliers succèdent les saillies piquantes et moqueuses du bon sens bourgeois ».

Il est bien difficile de dater exactement ce joli travail. Certains détails, ceux de la fontaine, en particulier, qui trahissent évidemment l'influence italienne, permettent de croire que le château, dont la construction s'achevait en 1472, était terminé depuis plusieurs années, quand le seigneur du Plessis eut l'idée de faire peindre la salle des gardes ; mais seuls les comptes de la construction, s'ils sont jamais retrouvés, permettront d'apporter sur ce point les précisions nécessaires.

---

[1] *Journal de Maine-et-Loire*, numéro du 11 décembre 1834.

[2] G. Bricard, *Un serviteur et un compère de Louis XI*, p. 344.

L'œuvre peut-elle être attribuée à un artiste angevin? Il serait téméraire de l'affirmer, quand on voit Jean Bourré passer, en 1471, avec « Jehan Belotin, vitrier, demeurant à Tours », un marché pour « toute la voirrerie du grant corps de sa maison du Plessys [1] », et engager en dehors de l'Anjou les ouvriers qui travaillèrent, en 1481, à la construction de la chapelle seigneuriale de Jarzé [2].

[1] Bibl. nat., ms. fr. 20600, f° 40.
[2] Ibid., f° 33, v°,

Lambris peints

ANGERS

Ancienne église collégiale de Saint-Martin

Les deux croisillons de la vieille église Saint-Martin ont été recouverts, au quinzième siècle, d'un lambris en berceau brisé, sur lequel sont peintes douze bandes verticales et quatre bandes horizontales, qui se coupent à angle droit. Les bandes verticales sont plus larges que les autres : elles portent des fleurs de lis d'or, sur un fond d'azur, bordé de rouge. Les bandes horizontales sont jaunes, avec des bordures rouges ; elles sont ornées d'une tige de roseau noueux, de couleur jaune. Aux divers points où elles s'entre-croisent figure un écusson, avec des armoiries, qui sont difficiles à déchiffrer d'en bas, sauf celles d'Yolande d'Aragon et du roi René, qu'on reconnaît facilement.

Dans le collatéral sud, qui survécut longtemps à la nef principale et n'a été démoli que vers 1904, le lambris était décoré de la chaufferette aux charbons ardents, si chère à René d'Anjou.

BRAIN-SUR-L'AUTHION

Chapelle du chateau de la Bouteillerie

La petite chapelle de l'ancien château de la Bouteillerie, construite à la fin du quinzième siècle, est recouverte d'un lambris plat, à poinçon et entrait, dont les côtés retombent sous les rampants de la toiture. Six bandes, alternativement noires et brunes, remplacent les couvre-joints. Elles portent une jolie décoration de branches et de feuilles. Cinq autres bandes, ornées de fleurettes, qui se détachaient en rouge et en vert de fonds blancs et jaunes, simulent des moulures longitudinales. Elles coupent les premières à angle droit et forment avec elles de petits compartiments carrés. Aux angles de chacun de ces compartiments, des quatrefeuilles d'assez grande dimension avaient reçu une décoration fort élégante, composée de motifs variés, qui alternaient avec les monogrammes IHS et XPS. Parmi les motifs qui sont encore apparents on remarque des fleurs de lis, un chat-huant, une cigogne, un centaure, un dragon ailé, un singe assis, armé d'un pilon, qu'il remue dans un mortier.

Des écussons, placés aux quatre extrémités du lambris, les deux lettres L, attachées par des lacs, qui garnissent le champ de la peinture, rappellent le souvenir d'un Le-maczon, dont la famille possédait la Bouteillerie, depuis les premières années du quatorzième siècle.

Ce coquet lambris mesure 3 m. 95 de long et 4 m. 35 de large. Il a souffert de la pluie, mais, tel qu'il est, on peut encore le considérer comme un des plus intéressants modèles de la décoration d'un petit édifice religieux.

Le propriétaire cherche, à l'heure actuelle, un amateur qui puisse l'acheter.

CHALLAIN-LA-POTHERIE

ANCIENNE CHAPELLE DU CHATEAU DE LA COUR-AUX-AULNAIS

La chapelle de l'ancien château de la Cour-aux-Aulnais, fondée par Mathurin de la Motte, fut érigée, le 12 janvier 1506, sous le vocable de saint Mathurin et de sainte

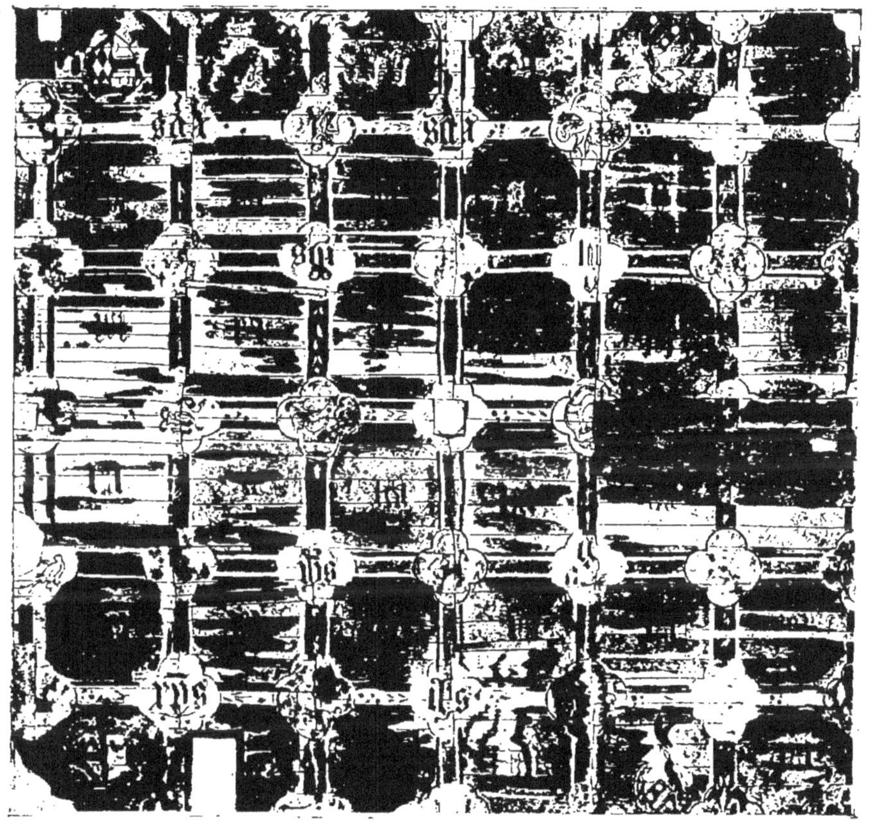

Cliché Ch. Urseau.

Chapelle de la Bouteillerie, à Brain-sur-l'Authion

LAMBRIS DE LA CHAPELLE

D'après une aquarelle appartenant à M. J. Godron

Barbe. Elle forme un grand rectangle de 13 mètres de long sur 6 mètres de large.

Le lambris, en berceau brisé, à trois tirants et trois poinçons chanfreinés, qui la recouvre, est fort élégant. La décoration dont il avait été revêtu présentait un ensemble vraiment curieux et original. Les bardeaux en châtaignier, au nombre de huit, séparés par des couvre-joints à section polylobée, avaient des encadrements fleurdelisés noirs. Chacun d'eux était orné alternativement de deux arbres très fluets et d'une souche massive, et de deux souches et d'un arbre, portant un écusson.

Tout cela est aujourd'hui en fort mauvais état. Une grande partie du lambris a été détruite par l'humidité des hivers exceptionnellement pluvieux des dernières années. Les couleurs des arbres et des souches ont été bien lavées : on y distingue encore le vert des troncs et le noir des contours et aussi le jaune des parties éclairées. Les émaux des écussons qui restent ont à peu près partout disparu.

Depuis la fin du dix-huitième siècle, la chapelle sert de grenier à foin [1].

FONTAINE-GUÉRIN

ÉGLISE PAROISSIALE

La nef de l'église de Fontaine-Guérin mesure 10 mètres de large et 14 m. 65 de long. Elle est recouverte d'un lambris en berceau brisé, dont les entraits, dépourvus de poinçons, s'amortissent en gueules de crocodiles. Sur ce lambris, que revêt une couche de peinture blanchâtre, 126 panneaux, étagés par séries de 25 sur chaque pente et limités dans le sens de la largeur par les couvre-joints des bardeaux, représentent les sujets les plus divers et les plus fantaisistes.

[1] D'après les renseignements fournis par M. l'abbé T. Houdebine.

La main qui les a tracés n'était pas très sûre; mais quelle abondance et quelle liberté d'invention de la part de l'artiste qui les a conçus ! Quelle spontanéité, quelle gaîté, quelle malice dans son imagination ! Enroulements de feuillages et de fleurs, arbres touffus, sortant de la terre ou de la gueule d'engoûlants, vases chargés de bouquets, animaux réels ou chimériques, serpents ailés, oiseaux à queue de vipère, reptiles à face humaine, têtes grotesques ou grimaçantes, symboles de défauts ou de vices, dont on trouverait la clef dans les bestiaires, les physiologes, les fabliers, les commentaires de la Bible ou les sermons du moyen âge, l'image varie avec chaque panneau. Les arbres eux-mêmes, qui sont au nombre de plus de cinquante, ne se ressemblent pas. Quarante-quatre d'entre eux portent suspendu au-dessous de leurs branches un écusson armorié, dont le blason a dû être modifié plus d'une fois, dans le cours des siècles.

En 1872, un décorateur fut chargé de restaurer ce curieux lambris. On lui alloua pour son travail une somme de 2.000 francs, qui lui permit de remplacer la peinture à la colle par de la peinture à l'huile et d'anéantir ainsi l'œuvre des artistes du seizième siècle [1].

MÉNITRÉ (LA)

ANCIENNE CHAPELLE DU CHATEAU

La chapelle de l'ancien manoir du roi René sert aujourd'hui de hangar.

Le lambris qui la recouvre n'a pas été entretenu. Néanmoins, on y aperçoit encore quelques traces des peintures dont il était orné. Deux filets rouges, séparés par une petite

[1] J'ai pu retrouver un relevé de ce lambris, antérieur à la restauration de 1872.

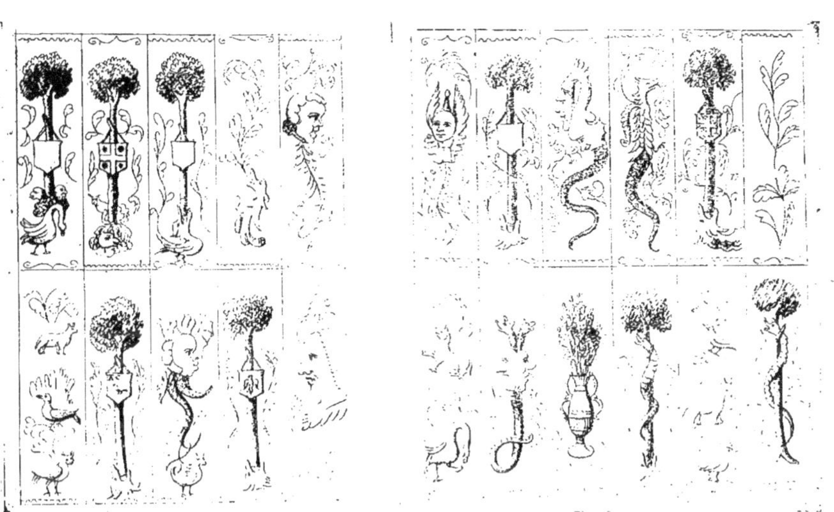

Cliché Ch. Urseau

Église de Fontaine-Guérin

FRAGMENT DU LAMBRIS

D'après un relevé antérieur à la restauration

bande jaune, entourent les bardeaux, qui devaient eux-
mêmes porter une décoration en couleurs. Au-dessus des
sablières, quatre arbres, au tronc écoté, portaient suspendu
à leurs branches l'écusson du roi de Sicile. Un peu plus
haut, trois autres arbres, alternant avec les premiers,
servaient d'appui à l'écusson de Jeanne de Laval. Deux
arbres et quatre écussons sont restés visibles, du côté du
nord.

MIRÉ

ÉGLISE PAROISSIALE.

Le lambris à entraits et poinçons qui recouvre la nef
de l'église de Miré doit être étudié avec une extrême
prudence, car il a été entièrement repeint. Toutefois, sauf
pour un ou deux personnages, qui sont modernes, le restaurateur a suivi les traits et reproduit aussi exactement
que possible les détails de la décoration primitive.

Le lambris de Miré est le plus important de l'Anjou par
son étendue : il recouvre une nef de 27 mètres de long sur
7 m. 50 de large. C'est aussi le plus intéressant : il ne compte
pas moins de quarante personnages en pied, de grandeur
naturelle, et le fond sur lequel se détachent toutes ces
figures est orné du haut en bas de dessins géométriques,
de rinceaux, de bouquets fleuris, de têtes, d'oiseaux,
d'animaux fantaisistes, de lacs d'amour et de monogrammes,
disposés avec un soin et un goût parfaits. Cette jolie décoration remonte au commencement du seizième siècle.

Les personnages s'appuient sur les sablières. Ils occupent
entre les couvre-joints une niche, dont l'encadrement
simule une nervure saillante, qui, après avoir dessiné un
« arc en mitre », au-dessus de la tête des personnages,
remonte jusqu'au faîte, à égale distance entre les deux
couvre-joints.

Les sujets sont groupés par séries.

La première série comprend douze anges, aux ailes multi-colores, vêtus de tuniques ou de dalmatiques, portant les instruments de la Passion. Ils sont placés six par six, de chaque côté de la nef, et encadrés par les symboles des évangélistes.

Du côté de l'Épitre, ils se suivent dans cet ordre :

1º Le bœuf ailé, tenant entre ses pattes l'inscription S. LVCAS ;

2º Un ange, en tunique, portant sur le bras droit la robe sans couture du Christ et tenant le roseau dans la main gauche ;

3º Un ange, en tunique, tenant la lance dans la main droite et les tenailles dans la main gauche ;

4º Un ange, vêtu d'une tunique serrée à la taille et vidant une bourse pleine, qu'il tient de la main gauche ;

5º Un ange, vêtu d'une dalmatique, portant la couronne d'épines dans la main gauche ;

6º Un ange, en tunique, portant les clous ;

7º Un ange, en tunique, portant le marteau ;

8º L'homme de saint Matthieu, vêtu d'une longue robe et tenant à la main un philactère au nom de S. MATHIEV.

Du côté de l'Évangile, les sujets sont placés dans l'ordre suivant :

1º Le lion ailé, avec une banderole au nom de saint Marc, S. MARCVS, qui lui sort de la gueule et sur lequel il appuie ses pattes ;

2º Un ange, en dalmatique, tenant des deux mains le voile sur lequel est imprimée la face du Christ ;

3º Un ange, en tunique, serrant entre ses deux mains une grande croix, avec l'inscription I. N. R. I ;

4º Un ange vêtu d'une dalmatique, tenant une éponge dans la main gauche et une cruche dans la main droite ;

5º Un ange, en tunique, tenant des verges dans ses deux mains ;

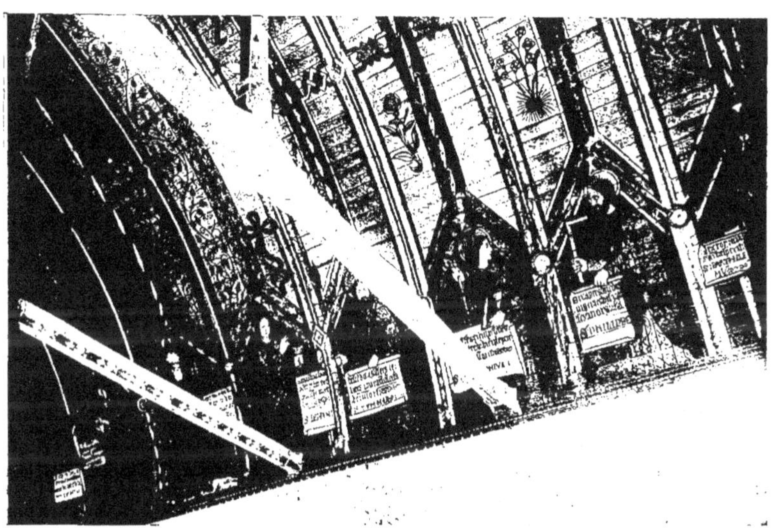

Cliché Ch. Urseau.

Église de Miré
FRAGMENT DU LAMBRIS

6º Un ange, en dalmatique, avec les mains croisées sur la poitrine et tenant chacune un fouet ;

7º Un ange, en tunique, appuyé contre une colonne, qu'il enveloppe de ses bras.

Tous les anges, aussi bien d'un côté que de l'autre, reposent sur des nuages, à la hauteur des sablières. Ils ont le front orné d'une perle d'or.

8º L'aigle, tenant entre son bec et ses pattes une banderole au nom de saint Jean : S. IOHANNES.

Du côté de l'Épitre, la 9e niche abrite la Vierge et la 10e l'ange Gabriel. Marie est agenouillée devant un prie-Dieu, sur lequel s'appuie un livre ouvert. Elle croise les mains sur sa poitrine et regarde l'ange. Gabriel, debout devant la Vierge, fait un signe de la main droite, dont un doigt est levé ; de la main gauche, il tient un sceptre, auquel est fixée une banderole qui se déroule vers Marie et porte l'inscription : *Ave, Maria, gratiá plena.*

Sous la 11e niche, figure une tête de jeune homme, dont la présence à cette place s'explique difficilement.

Avec la 12e niche, commence la série des apôtres, qui sont représentés chacun avec son attribut propre et l'article du Symbole dont il passe pour avoir été l'auteur :

Saint Pierre, avec les clefs dans la main gauche : *Je croy en Dieu, le père tout puissant, créateur du ciel et de la terre.* — S. PETRE ;

Saint André, sous les traits d'un vieillard à longs cheveux blancs, la main droite appuyée sur une croix en sautoir, la main gauche soutenant un livre ouvert : *Et en Jesu Christ, son filz unique.* — S. ANDRÉ ;

Saint Jacques le Majeur, avec un bâton dans la main gauche et un livre dans la main droite : *Qui fut conçu du saint Esprit, né de la Vierge Marie.* — S. IACO[BV]S ;

Saint Jean, imberbe, tenant dans la main gauche un calice d'où sort un serpent et bénissant de la main droite :

Souffrit sous Ponce Pilate, fut crucifié, mort fut ensevely. — S. IEHAN;

Saint Thomas, avec une lance dans la main droite : *Descendit es enfers, le tiers jour resuscita de mort.* — S. THOMAS;

Saint Jacques le Mineur, avec une crosse dans la main droite et un livre fermé dans la main gauche : *Monta es cieulx, se sied à la dextre de Dieu, le père tout puissant.* — S. IACOBVS MINEVR;

Saint Philippe, avec une équerre dans la main droite : *En apres viendra juger les vifz et les mors.* — S. PHILIPPE;

Saint Barthélemy, avec un couteau dans la main droite et un livre dans la main gauche : *Je croy au Saint-Esprit.* — S. BARTHELEMY.

La série des apôtres s'arrête ici, du côté de l'Épitre.

Le sujet qui suit rappelle la mort et ses graves enseignements. Il est placé au-dessus de la porte par laquelle on accédait à l'ancien cimetière. Dans la dernière niche, la Mort, sous les traits d'un squelette décharné, tient à la main un long philactère, qui se développe dans la niche précédente. Sur le philactère, on lit ce texte, en caractères gothiques :

> *Scavoir fais à tous non la chans*
> *Qu'il n'est pape, ne roy, ne conte,*
> *Ne duc, ne bourgeois, ne marchans,*
> *Qu'ici ne maine à fin de compte,*
> *Sergeant, prevost, baillif, ni conte ;*
> *Et aussi gens de moindre estaiz,*
> *Lesquelz de moi ne tiennent compte ;*
> *Jusques à leur cueur je m'esbas.*

Du côté de l'Évangile, les deux niches qui font face à la scène de la mort sont garnies chacune d'un arbre chargé de fruits, derrière lequel s'étend une large tablette, avec une inscription gothique.

Dans la dernière niche, le texte est le suivant :

> *Voulx parlez vertu en beau langage ;*
> *Qui le cognoist est sage.*

Sur l'autre tablette, on lit cette sentence, empruntée à
« Salomon le Sayge » :

> *Au monde n'est grant dommage*
> *Com de seigneur à fol courage ;*
> *Par seigneurie de fol essient*
> *Ont le leur perdu mainte gent.*

La niche suivante, vers l'autel, abrite saint Matthieu
portant une hache de la main droite et tenant de la main
gauche un rouleau, avec cet article du *Credo* : *La sainte
Église catholique* : S. MATHIEV.

Puis, apparaissent trois personnages, qui symbolisent le
sacrifice dans la loi ancienne : Abel, portant sur les bras un
agneau ; Melchisedech, avec une coupe dans la main droite
et trois pains dans la main gauche ; Aaron, en habits sacer-
dotaux, balançant l'encensoir d'or.

A leur suite, on retrouve les trois derniers apôtres :

Saint Simon, la main gauche appuyée sur une longue
croix : *La communion des saints, la rémission des péchés.* —
S. SYMON ;

Saint Jude, tenant le manche d'une énorme scie : *La
résurrection de la chair.* — S. IVDE ;

Saint Mathias, la tête recouverte d'un bonnet, appuyant
la main gauche sur une lance et tenant de la main droite
un livre ouvert, sur lequel il lit à l'aide de besicles : *La vie
éternelle. Amen.* — S. MATHIAS.

Après eux figure le Christ, vêtu d'un ample manteau,
tenant le globe du monde dans la main gauche et bénissant
de la main droite.

Tout près de lui, Adam et Ève, nus, placés l'un et l'autre
sous un petit dais surbaissé et séparés par l'arbre autour

duquel s'enroule le serpent tentateur, vont se laisser séduire par ses promesses trompeuses. Ève avance déjà la main vers les deux fruits que le monstre lui présente.

Entre cette scène, qui est l'œuvre d'un maître expérimenté, et la série des anges portant les instruments de la Passion, un dernier tableau représente sainte Anne instruisant la Vierge. C'est une peinture moderne.

Le lambris de l'église de Miré mériterait d'être classé comme monument historique, même après la restauration qu'il a subie.

MORANNES

Ancienne chapelle de Chandemanche

L'ancien château de Chandemanche est devenu une simple ferme. La chapelle a été transformée en chambre à coucher; mais, au-dessus du plancher qui la recouvre, on retrouve le lambris peint, qui l'abritait autrefois.

Chacune des pentes de ce lambris est partagée en huit compartiments, superposés quatre par quatre et limités par des bâtons écotés, blancs ou jaunes sur rouge, dont les croisements sont ornés d'un quatrefeuilles. Sur quelques-uns des quatrefeuilles, on distingue encore facilement deux lettres, I ou J, attachés par des lacs; sur d'autres on n'aperçoit plus que la vague silhouette d'un motif qu'il n'est plus possible de décrire.

Un arbre, au tronc duquel est suspendu un écusson, s'élève au centre des compartiments. Parmi les écussons, dont l'humidité et la poussière n'ont pas trop altéré la peinture, plusieurs portent les armes du roi René, écartelées de six quartiers, au premier de Hongrie, au deuxième de la première maison d'Anjou-Sicile, au troisième de Jérusalem, au quatrième de la deuxième maison d'Anjou, au cinquième de Bar, et sur le tout d'Aragon, avec la devise, inscrite

au-dessous sur un croissant : *Los en croissant* ; d'autres
représentent les armes d'Yolande d'Aragon.

La décoration de ce lambris appartient au quinzième
siècle. Elle rappelle par plus d'un détail celle du lambris
de Saint-Martin, à Angers.

MURS

ÉGLISE PAROISSIALE D'ÉRIGNÉ

Le lambris de l'église d'Érigné a été remplacé par une
voûte en plâtre, mais le faîte, les entraits engoulés, les
poinçons et les sablières restent apparents. Les sablières
sont ornées de motifs rapportés et peints : têtes humaines
petits bustes, animaux et oiseaux fantastiques. Sur la face
des entraits figurent les écussons des divers seigneurs
d'Érigné. La peinture de toutes ces parties de l'ancien
lambris a été refaite.

DEUXIÈME PARTIE

PEINTURES DÉTRUITES

AU XIXe SIÈCLE

Peintures Murales

ANGERS

ÉGLISE CATHÉDRALE

L'église cathédrale Saint-Maurice d'Angers était-elle ornée de peintures?

Au quinzième siècle, les chapiteaux et les modillons de la nef avaient reçu une décoration sommaire, en noir et en rouge, qui apparut sous le badigeon, quand, en 1872, on nettoya la voûte et les murs de l'édifice [1]. Il est probable que l'on retrouverait des traces de la même décoration dans le transept et dans le chœur, bien que les textes ne le disent pas.

Le remplage des deux grandes roses du transept avait été peint. Les moulures qui servaient d'encadrement immédiat à la verrière avaient été teintées en noir. On avait appliqué du jaune et du vermillon sur les arcs et les rais. De petites feuilles polylobées s'enlevaient en noir sur l'encadrement de l'oculus central. Pourquoi n'a-t-on pas reproduit cette ornementation quand on a restauré les roses?

Vers 1419, après la réfection du buffet de l'orgue, le mur auquel il était suspendu fut décoré de peintures. En 1872, M. L. de Farcy a « pu relever sur le mur, au-dessous de la tribune, des feuilles polylobées, en forme de crosses, tracées

[1] Cf. L. de Farcy, *Monographie de la cathédrale d'Angers*, t. I, p. 207.

en vermillon sur un fond couleur pierre [1] ». La restauration de l'église a tout fait disparaître.

La peinture figurait pour une large part dans l'ornementation des sépultures, qui tapissaient pour ainsi dire les murs de la cathédrale. Ainsi, par exemple, au-dessus de la tombe des évêques Raoul de Beaumont et Hugue Odard, dans la seconde travée de la nef, du côté de l'Évangile, un tableau peint sur le mur, au fond de l'arcade, représentait deux ecclésiastiques, sans doute les deux évêques, agenouillés devant la Vierge et accompagnés d'angelots, qui développaient dans leurs mains de longs rubans chargés de légendes [2]. Le somptueux monument du roi René et le *reliquaire* ou *trésor*, qu'il avait fait construire à côté de son tombeau, dans le chœur de Saint-Maurice, attiraient les regards non seulement par la richesse de leur architecture, mais aussi par l'éclat de leurs couleurs [3]. Aujourd'hui, on aperçoit encore, derrière les boiseries, la trace des écussons timbrés de couronnes ducales, qui surmontaient la sépulture et le reliquaire, et, sur les colonnes qui encadraient le tombeau, les chaufferettes aux charbons ardents avec la devise symbolique : *D'ardant désir.* Quant aux monuments eux-mêmes, ils ont été détruits. Un peu plus loin, sur le mur, tout près de la tombe de Louis II, duc d'Anjou, était « dépeind à l'huile un homme soustenant une bannière, où sont les armes de Hierusalem, d'Orléans et d'Anjou, lequel est armé et couvert [4] ». On distingue toujours, sous le

---

[1] *Op. cit.*, p. 207.

[2] Cf. L. de Farcy, *op. cit.*, t. II, p. 156.

[3] Sur le tombeau du roi René, cf. J. Denais, *Le tombeau du roi René, à la cathédrale d'Angers* (dans la *Réunion des Sociétés des Beaux-Arts des Départements*, 1892, p. 133-154); L. de Farcy, *Monographie de la cathédrale d'Angers*, t. II, p. 287-313; Ch. Urseau, *Les restes du roi René et d'Isabelle de Lorraine* (dans le *Bulletin archéologique*, 1896, p. 512-523).

[4] L. de Farcy, *op. cit.*, t. II, p. 285.

badigeon, la silhouette de ce héraut d'armes agenouillé, tenant sa bannière.

Mais, à côté de ces peintures décoratives, existait-il, à l'intérieur de la cathédrale, des peintures de sujets? La réponse à cette question est embarrassante. En effet, on cite, à la date du 14 mars 1437, un « marché fait avec un peintre pour peindre la vie de saint Maurice autour du chœur [1] ». « Qu'est-ce à dire? se demande M. L. de Farcy. Une fresque, peinte sur les murs de l'abside? N'était-ce point plutôt le modèle ou patron sur toile de la tapisserie, donnée en 1459, par le chanoine Hugue Fresneau et qui « se tendait à « l'entour et au dedans du cueur »?... Cette question sera facile à trancher, si plus tard la boiserie du chœur disparaît : on trouvera peut-être sous le badigeon quelques traces de vie de saint Maurice, dans le cas où elle aurait été peinte à fresque [2] ».

Dans la jolie chapelle de Sainte-Anne, — aujourd'hui chapelle du Crucifix, — accrochée au flanc de la Cathédrale, entre la base du clocher et le premier contrefort de la nef, du côté de l'Évangile, un artiste du quinzième siècle [3] avait représenté, sur les murs les douze Apôtres, chacun d'eux tenant à la main l'article du Symbole qui lui est attribué. Voici l'ordre dans lequel ils étaient placés :

Saint Pierre : *Credo in Deum Patrem omnipotentem, Creatorem cœli et terræ ;*

Saint André : *Et in Jesum Christum filium ejus unicum, Dominum nostrum ;*

---

[1] Bibl. mun. d'Angers, ms. 744 (ancien 670), fⁿ 3.

[2] L. de Farcy, *op. cit.*, t. I, p. 207.

[3] A. de Soland. (*Bulletin historique et monumental de l'Anjou.* 1861-1862, p. 60) dit que « Chomel, dans sa *Vie de Van-Eyck*, nous apprend que René, élève de cet artiste, s'était plu à... peindre les Apôtres » sur les murs de la chapelle de Sainte-Anne. Cette *Vie de Van-Eyck* est inconnue. U. Chevalier ne la cite pas dans son *Répertoire des sources historiques du moyen âge.*

Saint Jacques : *Qui conceptus est de Spiritu Sancto, natus ex Maria Virgine ;*

Saint Jean : *Passus sub Pontio Pilato, crucifixus, mortuus et sepultus ;*

Saint Philippe : *Descendit ad inferos, tertia die resurrexit a mortuis* [1] *;*

Saint Barthélemy : *Ascendit ad cœlos, sedet ad dexteram Dei Patris omnipotentis* [2]*;*

Saint Thomas : *Inde venturus est judicare vivos et mortuos* [3]*;*

Saint Mathieu : *Credo in Spiritum Sanctum* [4] *;*

Saint Jacques : *Sanctam Ecclesiam catholicam, Sanctorum communionem* [5] *;*

Saint Simon : *Remissionem peccatorum ;*

Saint Jude : *Carnis resurrectionem ;*

Saint Mathias : *Vitam æternam.*

Sur le mur qui faisait face à l'autel, on remarquait un beau saint Christophe.

Toutes ces peintures, recouvertes de badigeon par l'italien Borani, qui blanchit l'intérieur de la cathédrale, en 1783, ont été grattées à l'époque de la Restauration.

A l'extérieur de l'église, des maçons occupés, en 1891, à refaire l'enduit du cloître, ont remis au jour, à 2 mètres de la porte de la nef et à 1 m. 50 environ du sol, des restes de peintures murales du quinzième siècle, qui ornaient le pignon de l'ancienne chapelle paroissiale. Pendant le temps qu'elles furent visibles, on put y reconnaître un personnage

---

[1] Dans les vitraux de l'église Saint-Serge, à Angers, qui sont de la fin du quinzième siècle, cet article du Symbole est attribué à saint Thomas. Cf. Ch. Urseau, *Les vitraux de la Renaissance en Anjou* (dans la *Réunion des Sociétés des Beaux-Arts des Départements*, 1905, p. 704).

[2] A Saint-Serge, cet article est attribué à saint Jacques le Mineur.

[3] A Saint-Serge, cet article est attribué à saint Philippe.

[4] A Saint-Serge, cet article est attribué à saint Barthélemy.

[5] A Saint-Serge, cet article est attribué à saint Mathieu.

agenouillé devant un livre ouvert, sur lequel on déchiffrait difficilement le mot *Dominus* et d'autres lettres gothiques [1].

ÉGLISE PAROISSIALE DE LA TRINITÉ

En 1851, un jeune ouvrier avait remis au jour, sur le mur de la première travée de la nef, du côté sud, une admirable peinture, qu'il avait débarrassée du badigeon, à l'aide d'une éponge imbibée d'eau et d'une spatule. Le *Journal de Maine-et-Loire* décrivit en ces termes le sujet qui y était représenté [2] :

« Sur un fond rouge parsemé d'étoiles, se détache un *Calvaire* d'une remarquable exécution. Marie et saint Jean sont au pied de la croix. La Vierge est triste et résignée, et les traits de la figure du disciple bien-aimé sont empreints d'une ineffable douceur. Le Christ porte le nimbe crucifère, la tête couronnée d'épines et la barbe courte. Deux anges aux ailes éployées recueillent dans la coupe mystérieuse du *graal* le précieux sang de leur divin maître.

« Aux côtés du Christ et à ses pieds, quatre chérubins, drapés avec cette admirable entente de l'art du moyen âge, considèrent dans l'abattement les souffrances du Fils de Dieu.

« En face de ce calvaire se trouve une femme nimbée. Cette figure est très fruste. Quelques personnes penchent à croire que c'est une sainte Cécile. Cette conjecture est fondée sur ce qu'autrefois il existait dans cette chapelle un jeu d'orgues, dont il reste encore un charmant escalier exploitant le buffet actuel. »

Cette « gracieuse imagerie » remontait probablement au milieu du seizième siècle [3]. Comment expliquer que l'archi-

[1] Cf. *Revue de l'Anjou*, nouvelle série, t. XXXIII, 1891, p. 367.

[2] Nᵒ du 6 mai 1851.

[3] Cf. *Bulletin historique et monumental de l'Anjou*, 1853, p. 7.

tecte Joly-Leterme, qui restaura l'église peu après 1870, ait
pu, en toute liberté, sacrifier une œuvre aussi curieuse et
aussi digne de respect?

Chapelle de Notre-Dame-de-Sous-Terre
a l'ancien prieuré de l'Esvière

Au mileu du siècle dernier, Barbier de Montault constatait
encore l'existence de peintures murales, non seulement dans
la nef, mais aussi dans le transept de la chapelle de Notre-
Dame-de-Sous-Terre.

A la voûte du transept figuraient les neuf chœurs des
Anges, accompagnés de légendes, dont les lettres avaient
déjà disparu en grande partie. Les murs des croisillons
étaient ornés de diverses scènes de la vie de la Vierge,
reconnaissables aux légendes qui les expliquaient : l'annonce de la naissance de Marie, avec ce texte : *Noli timere
Jouachim, Anna exor tua pariet t[ibi] filiam*, qui applique
à Joachim les paroles de l'ange à Zacharie [1] ; la rencontre à
la porte d'Or de Joachim et d'Anne, se rendant à Jérusalem :... *Auream ;* la présentation de Marie au Temple :
*Comme la Vierge... a III ans et en celui âge monta toute
[seule] ;* la prière de Marie : *Comme la Vierge Marie faisoit
son [oraison].* On y voyait aussi la représentation d'un
miracle assez étrange, qu'une inscription résumait ainsi :

Comme une abbasse fut vers l'evesque accusée,
Par la Vierge Marie d'enfant fut délivré[e].
L'ange porta l'enfant au boyes a ung hermite,
Lequel enfant fut depuis evesque de très grant merite [2].

---

[1] Luc., 1, 13.

[2] Barbier de Montault, *Epigraphie du département de Maine-et-Loire*
(dans le *Répertoire archéologique de l'Anjou*, 1868, p. 177-178). —
Barbier de Montault raconte le miracle, d'après le texte du *Stellarium
corone benedicte Marie Virginis*, Auguste, 1502, lib. XII, pars ultim.

Cette décoration remontait au commencement du seizième siècle, peut-être même à la fin du siècle précédent.

Les peintures de la nef restèrent visibles beaucoup plus longtemps que celles du transept. En 1872, l'architecte Morel les dessina et en donna une description assez complète dans ses *Promenades archéologiques*.

« Les anciennes peintures, en grande partie effacées, dit-il, sont exécutées sur un lambris de chêne de forme ogivale, dans la petite nef de la chapelle appelée Notre-Dame-Sous-Terre.

« Ces sujets sont au nombre de six, dont trois pour chaque côté, comprenant quatre grands panneaux et deux petits; ils représentent, à partir du mur séparatif de la nef à gauche, la Tentation, l'Expulsion du paradis, les Travaux de la terre [1]; en suivant sur l'autre côté, le Déluge, le Sacrifice d'Abraham et le Passage de la mer Rouge.

« Les grands panneaux contiennent, outre le sujet principal, une petit sujet secondaire, placé au-dessous du premier, mais en partie effacé, à l'exception du motif de l'Arche, où l'on voit encore Noé offrant des sacrifices de grâce au Seigneur et celui du Passage de la mer Rouge, où des soldats se noient en avant des Israélites... Ces peintures ont beaucoup souffert dans ces dernières années; il serait très heureux qu'on pût les sauver. »

On n'essaya pas de les sauver. La chapelle fut restaurée à fond et, du lambris peint, il ne resta qu'un petit panneau représentant la Tentation d'Adam et d'Eve, qui, à la vente de M. Parot, ancien président de la Société Académique d'Angers, fut acheté par le Musée archéologique.

ANCIENNE ÉGLISE COLLÉGIALE SAINT-JULIEN

Dans l'église Saint-Julien, on remarquait, à gauche en entrant, « près du bénitier », une petite chapelle du quin-

---

[1] Ou plutôt l'Humanité condamnée à travailler la terre.

zième siècle, décorée de « plusieurs armoiries et figures en relief »; mais « où l'on ne peut rien voir », dit Péan de la Tuillerie, dans sa description de la ville d'Angers, publiée en 1778 [1].

Vers 1845, le badigeon qui avait recouvert ces peintures était tombé et laissait apparaître de très beaux vestiges de fresques du quinzième siècle. Les connaisseurs furent unanimes « pour dire que ces fresques devaient être l'œuvre d'un bon artiste ».

Aimé de Soland, les décrit ainsi : « Ces peintures sont divisées en plusieurs tableaux au-dessus desquels est une inscription. L'un représente la prise [de Jésus] aux Oliviers et la fuite des Apôtres; l'autre, Jésus chez Pilate; enfin la Flagellation et Pilate se lavant les mains. C'est ce dernier tableau qui est le mieux conservé. Au-dessus on lit l'inscription suivante :

> *Recordez vous comment le doux Jésus*
> *Fut flagellé pour nous cruellement,*
> *Pour nous ouvrir là gloire du salut;*
> *Portons en lui nos vœux bénignement.*

« De chaque côté des fenêtres sont des personnages presque de grandeur naturelle, vêtus de costumes orientaux; puis un évêque en grand costume de chœur. Deux fenêtres éclairent cette chapelle [2]. »

Vers le milieu du dix-neuvième siècle, les derniers restes de l'ancienne église Saint-Julien avaient été englobés dans les dépendances d'un établissement d'enseignement. Ils furent démolis en 1892.

---

[1] Péan de la Tuillerie, *Description de la ville d'Angers*, rééditée par C. Port, Angers, 1869, p. 155.

[2] A. de Soland, *Note sur l'église Saint-Julien* (dans les *Mémoires de la Société d'Agriculture, Sciences et Arts d'Angers*, 1re série, t. V, 1842, p. 139-142).

ANCIENNE CHAPELLE SAINT-BLAISE

Vers 1860, il existait encore, rue Saint-Blaise, quelques vestiges de la chapelle Saint-Blaise, bâtie au douzième siècle par les chevaliers du Temple.

D'après A. de Soland, cette chapelle « était peinte à l'intérieur. Les sujets représentés étaient tirés de l'Ancien et du Nouveau Testament. Une litre noire, sur laquelle étaient peintes les armoiries des gentilshommes angevins faisant partie de cet ordre célèbre [du Temple], ornait le pourtour de l'église et, à la voûte semée de fleurs de lys d'or, flottaient les bannières des chevaliers [1] ». Les bannières des chevaliers avaient disparu depuis longtemps, au moment où éclata la Révolution.

ANCIENNE CHAPELLE DU PRIEURÉ DE LA PAPILLAIE

La chapelle du prieuré de la Papillaie, dédiée à Notre-Dame, était autrefois décorée de peintures murales. Les derniers restes de l'édifice ont disparu en 1859 [2].

Il ne faut pas confondre cette chapelle avec une autre petite chapelle carrée, la chapelle de Saint-Étienne, qui existe toujours dans l'enclos de l'ancien prieuré.

CHAPELLE SAINT-HILAIRE DE L'ILE SAINT-AUBIN

« Au mois de septembre 1899, dit M. l'abbé Houdebine, en compagnie de M. L. de Farcy, j'ai visité la maison de l'Ile ; mais la vieille chapelle de Saint-Hilaire était à peu près démolie. Ce petit édifice si simple et si austère avait été

---

[1] *Bulletin historique et monumental de l'Anjou*, 1861-1862, p. 198-199 et 1868-1869, p. 194-195.

[2] C. Port, *Dict. de Maine-et-Loire*, t. III, p. 47.

décoré de peintures à la fin du douzième siècle ou au commencement du treizième siècle, puis, à une époque plus récente, probablement au quinzième siècle. Sur un pan de mur, encore debout, nous avons découvert, sous la chaux qui les couvrait, les restes de ces deux décorations superposées. La peinture du douzième siècle ou du commencement du treizième siècle avait conservé une très grande fraîcheur. Elle était divisée en plusieurs zones horizontales par des feuilles d'eau. Des personnages étaient représentés sur un fond de couleur rose semé d'étoiles à six pointes. Les couleurs employées étaient le rouge, le brun et le jaune. Nous regrettons de n'avoir pas appris plus tôt qu'on voulait démolir la chapelle Saint-Hilaire. Nous aurions pu prendre le calque des deux décors superposés et conserver le souvenir d'un travail exécuté par les artisans de nos vieux métiers [1]. »

ANCIEN HÔPITAL SAINT-JEAN
AUJOURD'HUI MUSÉE ARCHÉOLOGIQUE

Dans un bâtiment en ruines, qui dépendait de l'ancien hôpital, on remarquait, sur un pignon large de 6 m. 60 environ, une peinture « dont l'interprétation s'est prêtée aux plus diverses et étranges conjectures et qui aurait eu, en effet, un intérêt singulier, s'il en eût fallu accepter l'antiquité invraisemblable [2] ». Cette peinture disparut, vers 1872, en même temps que le bâtiment qu'elle ornait.

Sur un fond blanc ou gris clair, étaient dessinés des rectangles, qui imitaient un appareil de pierres de taille. Une rose à six pétales occupait le centre de chacun de ces rectangles.

[1] T.-L. Houdebine, L'*Ile Saint-Aubin* (dans *L'Anjou historique*, 2e année, n° 6, mai 1902, p. 591).

[2] C. Port, *Cartulaire de l'hôpital Saint-Jean*, Paris et Angers, 1870, p. 7.

Au milieu du pignon, devant un vase orné du chrisme et rempli d'un bouquet de lis, dont les tiges, avec feuilles et fleurs, retombaient presque jusqu'à terre, l'artiste avait figuré un oiseau de forme bizarre, avec une tête de quadrupède, des pattes de griffon et une queue qui se retroussait en longs rinceaux. L'oiseau, disent les uns, lançait des flammes sur les lis qui sortaient du vase. Il prenait plaisir, au contraire, à en respirer le parfum, disent les autres.

Les couleurs employées par le peintre étaient le jaune d'ocre et le rouge brun, posés à plat, sans aucun de ces traits qui précisent et modèlent en quelque sorte la forme.

L'abbé Choyer, qui, le premier, fit connaître cette peinture, l'attribuait au douzième siècle et croyait qu'elle rappelait les emblèmes d'un *ordre du lis*, fondé au milieu du onzième siècle par un roi de Navarre. D'après une autre interprétation, le vase et l'oiseau représenteraient les insignes de l'ordre du *vase de Marie*, établi en 1410 par Ferdinand, infant de Castille, qui devint plus tard roi d'Aragon [1]. Godard-Faultrier vit dans le lis sortant du vase l'emblème de la Vierge et dans l'oiseau, qu'il prit pour une autruche, l'emblème de la charité. L'ensemble aurait formé « une espèce de *rebus* signifiant symboliquement Notre-Dame de la Charité » et aurait fait allusion à la suprématie religieuse et féodale que les abbesses du Ronceray ou de Notre-Dame de la Charité exerçaient sur l'hôpital Saint-Jean [2]. Sans se prononcer sur la valeur de cette dernière interprétation, qui tendit à prévaloir [3], Célestin Port voulut du moins préciser l'époque à laquelle la peinture fut faite. « Un examen attentif démontre, dit-il, que cette décoration, d'ailleurs assez informe, recouvre le badigeon d'une muraille relative-

---

[1] *Mémoires de la Société d'Agriculture, Sciences et Arts d'Angers*, 3e série, t. X, 1867, p. 273-283 et 304-305; t. XII, 1869, p. 95-117, avec une gravure.

[2] *Répertoire archéologique de l'Anjou*, 1867, p. 356-360.

[3] Cf. d'Espinay, *Notices archéologiques*, Angers, 1876, p. 293.

ment moderne et se continue sur les faces latérales et en recouvrant des baies condamnées, dont la construction n'est pas antérieur au seizième siècle [1]. »

Aujourd'hui, à défaut de pièces bien authentiques [2], il est difficile de trancher le débat.

ANCIEN COUVENT DES JACOBINS
AUJOURD'HUI CASERNE DE GENDARMERIE

A la fin de l'année 1891, on dut agrandir la caserne de gendarmerie et, pour faire place aux constructions nouvelles, on abattit le bâtiment principal de l'ancien couvent des Jacobins.

Dans cette partie de l'édifice, la charpente d'une longue et large salle était revêtue, à l'intérieur, d'un torchis fixé aux lattes par des crampons et recouvert d'une peinture à la colle, avec des fleurs de lis jaunes et blanches, disséminées sur un fond noir ardoisé, au milieu de branches et de feuillages d'une couleur un peu plus claire. Ce travail intéressant remontait au quinzième siècle [3]. Le Musée archéologique en possède deux petits fragments.

ANCIEN HÔTEL DE LA FAMILLE LOUET, PLACE DES HALLES

En 1900, lorsque furent vendues les superbes boiseries de l'époque de Louis XVI, qui garnissaient le grand salon de l'ancien hôtel Louet, on retrouva, sur les murs, des peintures à l'huile, du milieu du dix-septième siècle, que l'on n'eut pas l'idée de conserver.

---

[1] *Cartulaire de l'hôpital Saint-Jean*, loc. cit.

[2] Il existe deux dessins de cette peinture. L'un a été fait par M. Martin, architecte; il est conservé au Musée archéologique, n° 3091. L'autre, signé F. Jacquier, m'appartient.

[3] Cf. *Revue de l'Anjou*, nouvelle série, t. XXIII, 1891, p. 368.

L'ensemble de la décoration représentait une tapisserie. Sur un fond uni vert brun, descendaient, à intervalles égaux, des bandes, formant des panneaux de 30 centimètres de large et simulant des bordures de tapisseries, avec chutes de fruits, fleurs et feuillages. Entre ces bandes, des cadres octogones, peints sur le fond, renfermaient des portraits d'ecclésiastiques, de militaires en cuirasse, de magistrats en robe noire ou rouge. Bien que d'un style assez lourd, d'une exécution peu habile et d'une conservation imparfaite, ce travail n'était pas dépourvu de tout intérêt [1].

Une restauration récente a remis au jour, dans une autre pièce du même hôtel, un fragment de décoration, que l'architecte a eu le bon goût de respecter. Ce fragment devait faire partie d'une scène mythologique, où figuraient des personnages plus grands que nature. Il n'en reste plus que deux têtes, l'une de roi, l'autre de reine.

Cette peinture remonte à la même époque que le décor du salon, mais elle révèle une main différente.

Ancien logis de Douzillé

Célestin Port signale, au premier étage du vieux logis, « une cheminée à manteau droit, avec fresques du seizième siècle, représentant des amours, un paysage et, sur le tuffeau central, une femme armée [2] ». Cette décoration n'existe plus.

Logis d'Épluchard ou de Haute-Folie

Vers 1895, des ouvriers employés à des travaux de réparation avaient remis au jour, dans cet antique manoir du

---

[1] D'après une note de M. A. Michel, conservateur du Musée archéologique d'Angers.

[2] *Dict. de Maine-et-Loire*, t. II, p. 61.

roi René qui n'est plus qu'un pauvre logis, la décoration
d'une chambre, recouverte en entier d'une peinture à la
colle, où des orangers, placés sur une double ligne, à trois
pieds environ les uns des autres, se détachaient d'un fond
de verdure. Des oiseaux aux couleurs variées se reposaient
sur les branches des arbres ou traversaient le ciel en volant.
Ce joli décor, qui remontait au seizième siècle, disparut sous
une couche épaisse de mortier [1].

BAUNÉ

ANCIENNE ÉGLISE PAROISSIALE

Au témoignage de Célestin Port, l'ancienne église paroissiale, qui fut démolie vers 1895, conservait « vis-à-vis
la porte latérale, comme aussi dans le plein de l'arc ogival
qui la séparait du transept, des traces d'anciennes peintures [2] ».

BEAUFORT-EN-VALLÉE

ÉGLISE PAROISSIALE

Avant la restauration de l'église (1869-1875), on remarquait sur les parois du mur de la première travée de la nef,
du côté de l'Évangile, « les restes d'une peinture, ensevelie
sous plusieurs couches de badigeon, mais dans laquelle on a
pu reconnaître la représentation de l'*Annonciation* : on y
distinguait, avec des figures d'anges et celle de la sainte
Vierge vêtue de riches ornements avec larges fleurons dorés
d'une grande richesse, les mots *Gratia plena*.... *Ecce ancilla
Domini*, en caractères du seizième siècle [3] ».

---

[1] D'après les renseignements fournis par M. A. Michel.

[2] *Dict. de Maine-et-Loire*, t. I, p. 232.

[3] J. Denais, *Monographie de Notre-Dame de Beaufort-en-Vallée*,
p. 490-491.

BEAULIEU

ANCIENNE ÉGLISE PAROISSIALE

Après la construction de la nouvelle église, qui fut terminée en 1845, on démolit la nef de l'ancienne église, dont le chœur seul a été conservé et transformé en chapelle. En 1550, d'après Joseph Grandet, on avait fait « peindre, sur le lambris qui est autour du chœur, la généalogie des rois de Juda, dont la sainte Vierge est descendue ; la tradition du pays est qu'un de nos rois revenant de Saint-Meen, en Bretagne, a fait faire ces peintures, qui sont mêlées de dorures [1] ».

Le badigeon a recouvert cet *Arbre de Jessé*, qui était encore apparent vers 1875 [2].

BRION

ÉGLISE PAROISSIALE

Pendant la restauration de l'église (1852-1869), on retrouva, sur le mur méridional de la nef, des peintures, qui furent, au cours des travaux, piquées et recouvertes d'enduit. Ces peintures représentaient des personnages en pied et recouvraient une fresque plus ancienne, qui avait été elle-même piquée pour recevoir un enduit et une nouvelle décoration.

La peinture primitive pouvait remonter au douzième siècle. M. de Galembert en fit, au moment de la découverte, un relevé à l'aquarelle, qu'il a donné aux Archives de Maine-et-Loire. On y distingue, à côté d'une croix, trois personnages, dont l'un au moins paraît être à genoux. Ils

---

[1] J. Grandet, *Notre-Dame-Angevine*, édit. Lemarchand, Angers, 1884, p. 426.

[2] C. Port, *Dict. de Maine-et-Loire*, t. I, p. 248.

regardent un aigle qui s'envole, au-dessus de leurs têtes, tenant dans ses serres un reptile.

BROSSAY

Chapelle de l'ancien prieuré de la Madeleine

Dans l'ancienne chapelle du prieuré de la Madeleine, transformée en fabrique de poteries, Célestin Port signale, « sous l'enduit, des peintures qu'il serait peut-être facile de découvrir [1] ».

CHALONNES-SUR-LOIRE

Ancienne chapelle de Saint-Hervé

La chapelle de Saint-Hervé, dans l'île de Chalonnes, ainsi appelée du nom d'un saint ermite, qui y mourut en 1119 et y fut inhumé, a été traitée avec bien peu d'égards par le dix-neuvième siècle. Depuis longtemps, en effet, elle sert d'étable à la ferme qui occupe les bâtiments de l'ancien prieuré.

Barbier de Montault, dans une description qu'il fit de la chapelle, en 1860 [2], remarque, avec raison que, « au quinzième siècle, la dévotion à saint Hervé fut plus généreuse »; et il ajoute : « J'en prends à témoin ces fresques qui histotoriaient les murs de l'abside. Les sujets sont à demi-effacés par le temps aussi bien que par l'humidité, mais il en reste assez pour y lire le nom d'*Hervée* et une scène où un maître, assis dans une chaire et qui semble écrire, enseigne à ses disciples. »

Le même auteur put déchiffrer ces quelques fragments de

[1] C. Port, *Dict. de Maine-et-Loire*, t. II, p. 567.
[2] *Répertoire archéologique de l'Anjou*, 1860, p. 243-244.

la légende, écrite en gothique carrée, qui accompagnait la peinture :

    ... APS....
    SE MOQUOIC....
    . HERVEE DEMORE...
       COMENT

La nef de la chapelle était ornée, sur fond blanc, d'un appareil réticulé, où se détachaient en rouge alternativement le monogramme de Jésus, IHS, et un bouquet de feuillages.

Aujourd'hui, l'enduit des murs est tombé. La fresque et l'inscription ont disparu, et c'est à peine si l'on peut distinguer, à deux endroits, sur 25 à 30 centimètres carrés, quelques traces de la décoration en losanges fleuris.

CHAMBELLAY

ANCIENNE ÉGLISE PAROISSIALE

« L'église du prieuré de Chambellay [qui servait d'église paroissiale] était, vers 1857, en pleine démolition, dit Godard-Faultier. A cette époque, nous pûmes voir encore des peintures murales représentant trois personnages étendus sur des tombeaux; des oreillers enlevés par des anges soutenaient les têtes des défunts; ces peintures, effigies de quelques seigneurs du lieu, me parurent devoir dater de la fin du douzième siècle [1]. »

CHEFFES

ÉGLISE PAROISSIALE

Entre 1750 et 1770, Baroni, artiste italien fixé à Angers, avait été chargé de décorer le chœur et la nef de l'église de Cheffes. C'est lui qui avait peint le *Baptême du Christ*,

[1] *Répertoire archéologique de l'Anjou*, 1862, p. 7.

qu'on remarquait, à droite en entrant, sur le mur intérieur de la facade. En 1900, on a badigeonné cette scène, qu'on aurait dû respecter, même après la restauration qui l'avait transformée. L'année précédente, de nouvelles peintures avaient recouvert, dans le chœur, ce qui restait encore de l'œuvre de Baroni.

CHEMILLÉ

Ancienne église paroissiale de Notre-Dame

L'église paroissiale de Notre-Dame de Chemillé était ornée de très intéressantes peintures, que l'on a recouvertes, au cours du dix-neuvième siècle, de plusieurs couches de badigeon jaune.

A deux endroits, sur le mur du bas-côté septentrional, apparaissait la hideuse image de la Mort.

Décharnée, nue jusqu'à mi-corps, dans un médaillon ovale, elle tenait une balance de la main gauche et une pique barbelée de la main droite. Au-dessous du médaillon, on lisait ces deux vers, tracés en lettres blanches sur un fond marron :

LA MORT MA [DE]MANDE DE TOUTE MA VIE COMP[TE]
IE LUY AI REPONDU LE COMPTE VEUT DU TEMPS.

Représentée sous la forme d'un squelette, elle disait à un ecclésiastique, agenouillé et vêtu du surplis :

MEMENTO MEI

La date 1587, inscrite au milieu d'un rectangle, précisait l'époque à laquelle il faut attribuer ces fresques, que l'on aurait été tenté, à première vue, de croire plus anciennes.

Sur le mur méridional de la nef, on remarquait trois péchés capitaux, l'Orgueil, la Luxure et la « Glotonie », figurés par trois personnages, en demi-grandeur naturelle.

Un jeune homme, vêtu d'une robe blanche, coiffé d'une toque à plumet rouge, monté sur un hippopotame, l'aumônière au côté, montre une bourse, peinte en rouge, qu'il tient de la main gauche et qu'il cherche à dérober aux poursuites d'une femme. Il personnifie l'orgueil, dont le nom : ORGVE[IL], se lit à la hauteur de sa tête.

La femme a deux têtes, dont l'une regarde dans un miroir et l'autre flaire une rose rouge. Elle est assise sur un cheval et vêtu d'une robe, dont le corsage est ouvert et dont les manches sont bouffantes. Son nom, écrit au-dessus de sa tête, est : [LVX]VRE.

Un gros homme ventru, habillé d'un justaucorps brun, monté sur un porc, s'avance vers la luxure. Il est désigné par le mot : GLOTO[NIE].

La scène semblait se continuer plus loin.

Comme celles du bas-côté, les peintures de la nef datent du dernier quart du seizième siècle et probablement de 1587 [1].

ÉGLISE PAROISSIALE DE SAINT-PIERRE

Les peintures qui décoraient l'église Saint-Pierre de Chemillé n'ont pas été traitées avec plus d'égards que celles de l'ancienne église Notre-Dame. Couvertes une première fois de badigeon, remises au jour en 1862, recouvertes, quelques années plus tard, d'une nouvelle couche de badigeon, elles ont été détruites quand on a piqué, gratté et enduit les murs de l'église.

Ces peintures dataient du treizième siècle. Elles ornaient la deuxième travée du chœur.

---

[1] Cf. Barbier de Montault, *Epigraphie du département de Maine-et-Loire* (dans le *Répertoire archéologique de l'Anjou*, 1868, p. 228, 240, 244 et 258; Arch. de Maine-et-Loire, notes ms. de J. Spal, v° *Chemillé.*

Au sommet de la voûte, apparaissait l'Agneau, debout, dans une auréole. Il était accompagné des quatre animaux, symboles des évangélistes. Sur les flancs de la voûte, au nord et au sud, les vingt-quatre vieillards de l'Apocalypse, douze de chaque côté, assis et couronnés, tenaient une coupe de la main droite et un instrument de musique de la main gauche. Dans les angles, quatre personnages, représentant les quatre fleuves du Paradis terrestre, portaient à la main un vase, sur lequel était inscrit l'un de ces quatre noms : GEON, FISON, TIGRIS, EVFRATES.

Le 12 novembre 1862, Godard-Faultrier, dans une lettre qu'il adressait au Ministre de l'Instruction publique et des Beaux-Arts, affirmait que « quelques centaines de francs, convenablement employés », auraient pu assurer la conservation de ces précieuses peintures. La fabrique de l'église ne voulut pas voter le crédit nécessaire. Le Ministre, qui n'avait « pas de fonds disponibles », refusa de se charger de la dépense [1]. Les peintures n'existent plus.

CHEMIRÉ-SUR-SARTHE

ÉGLISE PAROISSIALE

« Le fond de l'abside portait une *Résurrection* du dix-septième siècle, d'un style naïf et bizarre, que la restauration récente (1872) a fait disparaître [2]. »

CIZAY

ÉGLISE PAROISSIALE

La base du clocher, voûtée en coupole, formait autrefois une sorte de chapelle, où l'on distingue encore, sur les murs, des traces de peintures, qui devaient dater du treizième

[1] Arch. de Maine-et-Loire, série T.
[2] C. Port, *Dict. de Maine-et-Loire*, t. I, p. 675.

siècle. Barbier de Montault y avait relevé le nom de...
[C]ATHERINA, inscrit au-dessous d'une des scènes [1].

D'après le notes de Raimbault, aux Archives départe-
mentales, le curé, vers 1860, aurait découvert dans le chœur
« quelques peintures murales, notamment deux personnages qui s'embrassent [2] ». Le grattage de cette partie de
l'édifice les a fait disparaître.

DENEZÉ-SOUS-DOUÉ

ANCIENNE CHAPELLE DU PRIEURÉ DE CHAVAIS

La chapelle de l'ancien prieuré de Chavais avait autrefois
été peinte à fresque [3]; mais le foin et le blé, qu'on y entasse
depuis plus d'un siècle, ont fait disparaître les traces de
cette décoration murale.

DURTAL

ANCIEN CHATEAU, AUJOURD'HUI HÔPITAL

L'ancienne galerie « des fêtes », qui occupe, au premier
étage, toute la façade du midi, était encore intacte en 1875,
« avec ses murs peints, qui représentaient des scènes cham-
pêtres de chasses ou de pêche [4] ». Cette décoration remontait au dix-septième siècle. Elle a disparu sous une épaisse
couche de plâtre, quand on a divisé la galerie en plusieurs
pièces, qui servent au logement des pensionnaires.

ÉTRICHÉ

CHAPELLE DU VILLAGE DES MOULINS-D'YVRÉE

Le devant d'autel peint, de la chapelle des Moulins-
d'Yvrée, est conservé au Musée archéologique d'Angers.

---

[1] *Répertoire archéologique de l'Anjou*, 1868, p. 133.
[2] Notes ms. de Raimbault, vº *Cizay*.
[3] C. Port., *Dict. de Maine-et-Loire*, t. I, p. 669.
[4] Abbé Grosbois, *Durtal et ses environs*, p. 121.

(Voir ci-dessus : Première partie : *Angers, ancien hôpital Saint-Jean.*)

FAYE

Chateau de Gilbourg

Dans une note manuscrite, Jean-Baptiste Leclerc, de Chalonnes, l'ami de La Revellière-Lépeaux, fait allusion à des peintures, qui décoraient les murs du château de « Gilbourg, sur les rives du Layon ». Il parle, ou plutôt entend parler « de grandes figures qui faisaient rire; elles avaient des souliers dont la pointe se relevait en demi-cercle, et cette pointe était si longue qu'on devait la voir une demi-heure avant la personne[1] ».

Le château de Gilbourg, que le maréchal de Gyé, Pierre de Rohan, avait fait construire avec magnificence, vers la fin du quinzième siècle, fut incendié, cent ans plus tard, sous la Ligue. Il était ruiné au temps de Leclerc, qui mourut en 1826, mais les peintures existaient toujours. Elles ont disparu quand le château fut restauré.

FENEU

Chapelle du chateau de Montriou

Le 21 septembre 1484, « noble et puissante dame Charlotte de Beauvau, dame de Landevy et de la terre et seigneurie de Montriou », d'accord avec son mari « noble et puissant seigneur messire Jehan Rabault, chevalier, seigneur d'Ivay[2] », fonde et dote, « en l'honneur et exaltation de Dieu, nostre créateur, de la benoiste Vierge Marie et des

---

[1] Je dois ces renseignements à M. G. Dufour, notaire honoraire à Chalonnes-sur-Loire, qui possède les papiers de Leclerc.

[2] Ivoy, commune de Carelles, canton de Gorron, arrondissement de Mayenne, Mayenne.

saincts et sainctes de Paradis, en especial des sainctes amyes de Dieu, les trois Maries », une chapelle, qu'elle avait « fait construire et eddiffier audict lieu de Montriou [1] ».

Cette chapelle existe encore, avec les jolies statues de la Vierge, de Marie Salomé et de Marie, mère de Jacques, que la fondatrice y avait placées; mais les peintures qui la décoraient, déjà à demi effacées avant le milieu du siècle dernier, ont disparu, peu après 1860, quand le châtelain la fit restaurer.

Les peintures du lambris représentaient les *Anges portant les instruments de la Passion*, avec ces commentaires en strophes de huit vers, qui accompagnent le même sujet sur la voûte de la chapelle du Pimpéan et sur les belles tapisseries de la chapelle du Verger, conservées au Musée de l'ancien Évêché d'Angers.

En 1853, Aimé de Soland [2] avait reconnu l'ange qui tenait à la main les fouets et le suaire. L'ange était accompagné de ce huitain :

> *Voy le suaire ou le Sauveur*
> *Fut enseveli doucement*
> *Voy son sang, sa dive sueur,*
> *Voy les fouets des quieulx [3] las tant*
> *Fut batu si [tres] aprement*
> *Que sang sailloit en abondance.*
> *Pense que corporellement*
> *Reçeut ce pour ta delivrance*

Les mêmes vers se lisent, au Pimpéan comme ici, à côté de l'ange qui porte le suaire et les fouets.

A Montriou, les autres anges n'étaient plus visibles, en 1853, mais on pouvait encore y lire les deux strophes suivantes :

---

[1] Arch. de Maine-et-Loire, G. 442, f⁰ˢ 16-29.

[2] *Bulletin historique et monumental de l'Anjou*, 1853, p. 120 et **121;**

[3] A. de Soland a lu : *deliez.*

O homme qui la pomme pris
La pire que jamais prist homme
Regarde ici le pouvre pris
Et la piteuse mesprison
De Judas qui par trahison
Vendit aux Juifs Jesus-Christ
Pour trente deniers sans raison
Dont fut cause que mort souffrist.

Voy la digne croix pretieuse
Ou [1] Jesus moult piteusement
Souffrist peine tres angouesseuse
Pour toy garder de dampnement.
Or advise homme humblement
Et considere je te pry
Que tu doys bien devotement
Servir cil qui lors t'a servy.

Aimé de Soland, qui ne connaissait pas la chapelle du Pimpéan, compare les peintures de Montriou à celles de la chapelle de Saint-Bernardin, dans l'église des Cordeliers d'Angers, que l'on attribuait communément au roi René, et croit y reconnaître « une imitation de l'œuvre du bon prince ».

La décoration de la chapelle de Saint-Bernardin ne peut plus passer aujourd'hui pour l'œuvre de René ; mais, à part cette erreur, l'observation de l'archéologue angevin est exacte. Les anges de la chapelle de Montriou et les anges de la chapelle des Cordeliers d'Angers appartiennent à la même famille. Bien plus, on peut se demander si, avec ceux de la chapelle du Pimpéan, ils n'ont pas été peints par le même artiste.

En effet, Charlotte de Beauvau, dame de Montriou, était fille de Bertrand de Beauvau [2], grand maître de l'hôtel du

---

[1] D'après A. de Soland : *disve croix piteusc qui...*

[2] Bertrand de Beauvau avait été marié quatre fois. Il eut, de ses quatre femmes, quinze enfants. Charlotte était née de Françoise de

roi René, qui, entre 1460 et 1470, avait chargé un peintre très habile, peut-être Coppin Delft lui-même, de décorer la chapelle de son château du Pimpéan et d'y représenter, comme aux Cordeliers d'Angers, les *Anges portant les instruments de la Passion*, à côté des strophes sur la Passion, dont le roi est probablement l'auteur. Bertrand de Beauvau était mort en 1474, mais sa fille entourait son souvenir d'un culte pieux. Quand elle dota, en 1484, la chapelle de Montriou, elle déclara, dans l'acte de fondation, que ses libéralités étaient faites « aussi pour l'âme de monseigneur son père, en son temps seigneur de Précigny, et de messire Anthoine de Beauvau, son frère, à présent seigneur dudit lieu de Précigny [1] ». D'autre part, il est naturel de supposer que, si peu de temps après la mort du roi René (1480), elle n'avait pas oublié les faveurs de tout genre que le prince avait prodiguées à sa famille. Ainsi l'on s'explique comment, après avoir résolu d'enrichir sa chapelle de peintures, dignes à la fois de son rang et de son goût, Charlotte de Beauvau choisit un sujet, pour lequel et René et son père avaient marqué leur péférence : le premier, en le faisant peindre aux Cordeliers de la ville d'Angers, avec les « beaux dictz de la Passion », qui l'expliquaient ; le second, en faisant reproduire, à la chapelle du Pimpéan, le même thême et le même commentaire poétique. Alors, une hypothèse se présente d'elle-même à l'esprit : si Coppin Delft est l'auteur des peintures de la chapelle de Saint-Bernardin ; s'il a peint la voûte de la chapelle du Pimpéan, n'aurait-il pas aussi décoré la chapelle de Montriou ? Il travaillait encore en 1484, et même en 1488. Charlotte de Beauvau n'était pas sans avoir vu quelques-unes de ses œuvres. Elle connais-

Brézé-Maulévrier. Veuve d'Yves de Scepeaux (1463), elle avait épousé en secondes noces Jean Rabaud, écuyer, seigneur d'Yvoy. Elle mourut en 1493.

[1] Arch. de Maine-et-Loire, G. 442.

sait, en particulier, les scènes admirables de sincérité et de grâce, qui se déroulent sur la voûte de la chapelle du Pimpéan. Comment n'aurait-elle pas eu l'idée de recourir pour elle-même au talent du grand artiste? La supposition est trop vraisemblable pour n'être pas un peu vraie; d'autant mieux que la peinture, s'il est permis d'en juger par ce qui en restait il y a un demi-siècle, n'aurait pas été, dit-on, indigne du maître.

Sur les murs de la chapelle de Montriou, figurait une autre scène, qui s'inspirait d'une pensée très belle et très touchante. Aimé de Soland [1] la signale en quelques mots : « Au-dessus de l'une de ces fresques, qui représente une longue croix portée par des personnages de rang divers, en costume du quinzième siècle, est écrite cette parole du Christ : *Qui vult venire post me, abneget semetipsum, tollat crucem suam et sequatur me.* »

C'était, sans aucun doute possible, le même sujet qu'à Saint-Aubin des Ponts-de-Cé et au Lion-d'Angers, où le Christ apparaît, chargé de sa croix et accompagné de toutes les souffrances de l'humanité, qui l'aident à porter l'instrument de son supplice.

L'idée du rapprochement qui s'impose entre la croix du Christ et les misères de l'homme avait plu au roi René. Il l'avait chantée en vers et il avait essayé de la traduire sur « toille », pour servir de modèle aux artistes qu'il faisait travailler.

On ne saurait trop regretter la disparition de cette peinture, qui, comme celle du lambris de la même chapelle, était peut-être de la main de Coppin Delft.

---

[1] *Loc. cit.*, p. 121.

GENNES

ÉGLISE PAROISSIALE DE MILLY

L'église de Milly, commune de Gennes, conservait encore, il y a trente ou quarante ans, les restes d'une fresque du seizième siècle, représentant saint Christophe [1]. Déjà gâtée au dix-huitième siècle, par un premier badigeon, cette peinture a disparu définitivement sous une couche de blanc de chaux.

LUIGNÉ

CHAPELLE DE LA COMMANDERIE

La chapelle de l'ancienne Commanderie, construite par les Templiers au début du treizième siècle, se compose d'une nef, de deux travées et d'un chœur à chevet droit.

Les nervures de la voûte de cette chapelle étaient rehaussées de couleurs, ainsi que les clefs, finement sculptées, qui, dans le chœur, représentent les quatre animaux symboliques. On a fait disparaître les peintures, quand, vers 1895, on a réparé l'édifice pour le rendre au culte.

MARCÉ

ÉGLISE PAROISSIALE

En 1859, le curé de Marcé, qui avait entrepris de faire réparer son église, découvrait « sous cinq couches de badigeon », une fresque fort curieuse, dont il envoyait la description à l'abbé Barbier de Montault.

« Le sujet, écrivait-il, paraît être l'enfer. Tous les personnages sont fantastiques, figures horribles, cornes mena-

[1] C. Port, *Dict. de Maine-et-Loire*, t. II, p. 678.

çantes, griffes, etc. C'est toute l'imagination du moyen âge.

« Malheureusement, les maçons ont bien endommagé cette curieuse peinture ; mais il en reste encore un fragment assez considérable, au moins 4 mètres de long sur 2 mètres de hauteur. »

Un peu plus tard, le curé complétait cette première description et écrivait à l'abbé Barbier de Montault :

« L'enduit est à la chaux vive, mêlée avec un peu de silex feu ou de grès broyé ; mais la peinture n'est peut-être bien qu'à la détrempe. Je n'ai pas osé la laver, de peur de tout gâter.

« Vous voyez le sujet. C'est le palais de Pluton et de Proserpine. Le roi des enfers est environné de monstres, de chimères. Son palais est là, c'est la demeure des condamnés. Une potence montre plusieurs suppliciés. Sur le flanc de la muraille, une ouverture d'où sortent le feu et la fumée, etc. Mélange de christianisme et de paganisme. Cette peinture occupe 12 à 15 pieds. Près de la main de Satan, il y avait un mot gothique, que je n'ai pu déchiffrer : le milieu est tombé. Ce qu'il y a de plus singulier, ce sont ces bouches et ces faces au milieu du ventre. »

A sa lettre le curé joignait un dessin sommaire, au crayon, d'après lequel il est possible d'attribuer cette peinture au quinzième siècle [1].

La fresque avait été remise au jour depuis quelques semaines, quand l'évêque, Mgr Angebault, exprima au curé le désir de le voir et de « l'entretenir des peintures murales de l'église ». Le curé vint à Angers, mais, n'ayant pas rencontré l'évêque et « croyant deviner » dans la lettre du prélat son « opinion particulière », il s'aperçut tout à coup qu'il n'y avait « pas possibilité de laisser les peintures à découvert », que « les individus attachés au gibet » étaient « des femmes,

----

[1] Le curé la faisait remonter jusqu'au treizième siècle.

dont le corps est tracé avec les plus petits détails ». Sa résolution fut bientôt arrêtée. Le lendemain, il fit gratter l'enduit et « effacer par un lavage » tout ce qui en restait [1].

MONTREUIL-BELLAY

Ancienne église paroissiale de Saint-Pierre.

Le croisillon méridional de l'église Saint-Pierre — laquelle n'est plus qu'une ruine pittoresque — conserve à peine quelques traces des peintures qui l'ornaient. Au milieu du siècle dernier, on y voyait encore, sur le mur, les restes d'un *Jugement dernier*, dont les rares vestiges ont disparu. Une tête nimbée, au-dessous de l'inscription S. IHONS EVANGELISTA, qui semble dater du treizième siècle, rappelle seule la décoration de l'absidiole.

MONTSOREAU

Chateau

« Dans la tour ouest, la salle du rez-de-chaussée conserve une cheminée du quinzième siècle avec hotte décorée de peintures aujourd'hui devenues méconnaissables. M. O. de

---

[1] La lettre du curé serait à reproduire tout entière. J'en détache seulement quelques lignes : « J'ai cru deviner dans votre lettre votre opinion particulière. Du bas de l'église mes yeux ne me permettaient pas de saisir les choses de détail à une élévation du 5 mètres. Maintenant que la tribune que doivent occuper les enfants est faite et que l'on peut aborder ce qu'on ne voyait que de loin, il n'y a pas possibilité de laisser ces peintures à découvert. Cette potence où l'on voit de malheureux suppliciés ne se trouve plus qu'à 1 mètre du carrelage. Or, les individus attachés à ce gibet sont des femmes, dont le corps est tracé avec les plus petits détails. Aujourd'hui même, je vais faire gratter l'enduit et effacer par un lavage ce qui resterait, de sorte qu'à la réception de cette lettre il n'y aura plus de danger de remettre à M. Barbier [de Montault] ma lettre et le croquis que j'avais tracé du sol de l'église... » Cette lettre est entre mes mains, ainsi que le dessin de la peinture.

Chavigny, rendant compte de la visite qu'il faisait au château [1], y distinguait encore, il y a près de quarante ans, dans un médaillon entouré de feuillages et de fruits, un guerrier étendu sur le dos et un autre personnage en costume de berger s'apprêtant à le frapper. Il ne reste plus d'apparent aujourd'hui que le blason des de Chambes, peint au-dessus de cette scène, avec le collier de l'ordre de Saint-Michel.

« Au deuxième étage de la tour-est, hotte de cheminée portant trace de fresque [2]. »

MORANNES

ÉGLISE PAROISSIALE

Le lambris de l'ancienne nef était autrefois peint, de même que les murs latéraux, où apparaissait encore, avant la construction de la nef actuelle, la représentation d'Adam et d'Eve [3].

PLESSIS-GRAMMOIRE (LE)

ÉGLISE PAROISSIALE

En 1861, Godard-Faultrier écrivait que, dans l'abside du chœur, « un badigeon épais recouvre des peintures murales [4] ». Peu de temps après, le badigeon tombait et les peintures furent grattées.

---

[1] *Bulletin de la Société archéologique de Touraine*, t. VII, 1886-1888, p. 617 et suiv.

[2] Saché, *Notice sur le château de Montsoreau*, dans *Conseil général de Maine-et-Loire*, deuxième session de 1919, rapports supplémentaires, p. 24-25.

[3] C. Port, *Dict. de Maine et-Loire*, t. II, p. 738.

[4] *Répertoire archéologique de l'Anjou*, 1861, p. 326.

PONTS-DE-CÉ (LES)

Manoir de Rivettes

Dans le joli manoir de Rivettes, on remarquait encore, au milieu du dix-neuvième siècle, deux chambres ornées de peintures décoratives et appelées, l'une *chambre des fruits* et l'autre *chambre des fleurs*[1]. Bien que le domaine de Rivettes ait appartenu à René d'Anjou, qui aimait à couvrir les murs de ses appartements de peintures emblématiques[2], il serait téméraire d'attribuer au roi René ou à l'un des peintres de sa cour ce travail, qui ne paraissait pas antérieur au seizième siècle.

PUY-NOTRE-DAME (LE)

Ancienne collégiale aujourd'hui église paroissiale

Le 4 septembre 1781, le chapitre passait un marché avec Bernard Boret, « pour faire blanchir, comme il convient, tout le dedans de l'église, les deux sacristies et la chapelle, gratter les piliers de ladite église, qui en ont besoin, garnir de mastic-plâtre et ciment les trous, cavités desdits piliers et murs et voûtes, et conserver aux deux côtés du grand autel quatre écussons et deux autres en face des deux ailes et leur donner la couleur bleue; et ce moyennant 700 livres pour le blanchissage, et faire donner à tous les cordons de la voûte une couleur de paille. » Ce badigeon a été enlevé, au milieu du dix-neuvième siècle; mais l'on n'a pas réussi à faire revivre les peintures qui ornaient l'église. Et, s'il faut en

[1] Renseignements fournis par M. A. Michel.

[2] Cf. A. Lecoy de la Marche, *Extraits des comptes et mémoriaux, du roi René,* p. 275.

croire Aimé de Soland, l'église était « autrefois entièrement peinte [1] ».

Dans l'ancienne salle capitulaire, qui sert de sacristie, on distingue encore des traces de la décoration ancienne, et, en particulier, une imitation de tenture à fond noir, rehaussée d'arabesques et de fleurs de chardon dorées.

SAINT-AUBIN-DE-LUIGNÉ

Chapelle des Noulis

Dans l'ancienne chapelle de la seigneurie des Noulis, détruite vers le milieu du dix-neuvième siècle, il y avait sous le badigeon, une peinture au trait, dessinée en rouge, représentant un *saint Sébastien*, attaché à un arbre, et trois bourreaux qui tiraient des flèches sur lui. Les personnages étaient de grandeur naturelle. Ce dessin, sans couleurs, ne manquait pas d'un certain mérite [2].

SAINT-MELAINE

Église paroissiale

Célestin Port avait remarqué, dans l'église de Saint-Melaine, des peintures murales du seizième siècle, « notamment une *Vierge* ». Mais, dès avant 1875, « le badigeon y avait passé [3] ».

SAINT-LAURENT-DU-MOTTAY

Logis de la Prévôté

La paroisse de Saint-Laurent-du-Mottay, qui dépendait, avant la Révolution, du territoire exempt de Saint-Florent-le-Vieil, était le siège de la prévôté de l'abbaye.

---

[1] De Wismes, *L'Anjou*, notice sur *Le Puy-Notre-Dame*.

[2] Renseignements fournis par M. A. Michel.

[3] C. Port, *Dict. de Maine-et-Loire*, t. III, p. 432. — *Les artistes angevins*, p. 4, n. 1.

Le logis du prévôt existe toujours. Il comprend deux corps de bâtiments, de la fin du quinzième siècle, réunis par une tourelle octogonale, qui abrite l'escalier.

La façade principale a été remaniée au dix-septième siècle.

La salle du rez-de-chaussée, qui sert de classe à l'école des garçons, renferme une cheminée monumentale, dont le manteau était orné de sculptures et de peintures. On y voit, représentée en haut relief, mais recouverte de badigeon, l'*Annonciation de la Vierge*. Marie, vêtue du costume que portaient les femmes, à la fin du quinzième siècle, se tient debout devant l'ange, qui lui offre une fleur brisée. Le vase d'élection est placé entre les deux personnages. Cette scène est encadrée de dix médaillons sculptés, jadis peints.

Les parois latérales de la cheminée et les murs de la salle étaient décorés de peintures. Mais des maçons sont venus qui ont caché tout ce décor sous une triple couche de chaux, ne laissant visible, sur le côté droit du manteau de la cheminée, qu'un personnage en pied, coiffé d'une toque, portant une aumônière à la ceinture et tenant à la main un philactère sur lequel on lisait : ... *virgo concipiet...* C'était le complément de la scène principale. D'après J. Spal, qui a rédigé ses notes peu avant 1870, les couleurs étaient vives ; l'exécution, quoique un peu lourde, se faisait remarquer par le fini du dessin. « On songeait involontairement à l'école de Tours, dont Saint-Florent était si près [1]. » Ce jugement était-il fondé ? Il est impossible de le dire, car le dernier reste de la décoration a disparu lui-même sous une couche de lait de chaux.

---

[1] Arch. de Maine-et-Loire ; notes ms. de J. Spal, v° *Saint-Laurent-du-Mottay*.

SAINT-RÉMY-LA-VARENNE

Chapelle de l'ancien prieuré

On lit dans le *Bulletin archéologique*, publié par le Comité historique des Arts et Monuments, t. II, 1842-43, p. 682-683 :

« Au nom de M. Joly-Leterme, architecte, inspecteur des Monuments historiques dans le département de Maine-et-Loire, M. Mérimée offre le dessin d'une peinture à fresque, qui décore la chapelle [du prieuré] de Saint-Rémy-la-Varenne (Maine-et-Loire). Cette peinture, qui est antérieure au douzième siècle, peut-être au onzième, représente Jésus attaché à la croix ; la croix est de couleur verte à bordure jaune piquée de points blancs et en forme de perles. Longin perce le côté droit du Christ, tandis que Stephaton, qui est à gauche, lui présente au bout d'un bâton l'éponge pleine de vinaigre. La Vierge, à droite, et saint Jean l'Évangéliste, à gauche, pleurent la mort de Jésus. En haut, dans le ciel, le soleil, à droite, et la lune, à gauche, assistent à la mort du Créateur. Les deux astres sont inscrits chacun dans un médaillon circulaire. Près de la Vierge, la Religion chrétienne, l'Église couronnée, sceptre d'or à la main droite, tend de la main gauche vers Jésus un vase blanc qui a la forme d'un ciboire [1]. Du côté opposé, la Synagogue, là Religion juive, détrônée par la mort du Christ, va se laisser tomber à terre. Cette peinture est du plus haut intérêt : elle a 5 m. 55 de long sur 2 mètres de haut. »

Didron, dans son *Guide de la peinture* [2], fait remonter

---

[1] Un peu plus tard, Joly-Leterme envoya au Comité « des éclaircissements qui lui avaient été demandés sur la fresque... Il résulte de ces renseignements que l'Église, qui est près de la croix, tient un calice et non un ciboire ». (*Bulletin archéologique*, t. III, 1844-45, p. 86).

[2] 2° partie, p. 196-197.

la fresque de la chapelle du prieuré de Saint-Rémy-la-Varenne, au « dixième siècle, peut-être ». En réalité, si l'on en juge par le dessin que Joly-Leterme avait joint à son mémoire [1] et par les renseignements que fournissent ceux qui ont vu la peinture [2], elle n'était pas antérieure au treizième siècle.

De son côté, Célestin Port signalait, dans la même chapelle, une Assomption du seizième siècle, « peinte sur le mur de droite [3] ».

Au-dessous de ces peintures, on installa un four. En 1876, elles étaient déjà effacées par la fumée [4].

SAVENNIERES

ÉGLISE PAROISSIALE

Lorsque, en 1878, Célestin Port terminait son *Dictionnaire de Maine-et-Loire,* il pouvait encore signaler, sur un des piliers qui séparent la nef du collatéral, « les traces d'une fresque représentant le *Baptême du Christ par saint Jean* [5] ». Depuis lors, une couche de badigeon jaune paille a recouvert tout l'intérieur de la vieille église, sans excepter les derniers restes de cette peinture murale.

TOUREIL (LE)

ANCIENNE ÉGLISE SAINT-MARTIN

Dans la petite église de Saint-Martin, qui s'élève à l'une des extrémités des anciens bâtiments de l'abbaye Saint-

---

[1] *Bulletin archéologique,* 1844-45, p. 86; et *Bulletin historique et monumental de l'Anjou,* 1864-66, p. 65.

[2] *Congrès archéologique de France,* 1871, p. 171.

[3] *Dict. de Maine-et-Loire,* t. III, p. 451.

[4] D'Espinay, *Notices archéologiques, Saumur,* p. 130.

[5] C. Port, *Dict. de Maine-et-Loire,* t. III, p. 501.

Maur, la nef méridionale renferme un autel, dont le retable
« montre des traces de peintures à peu près disparues [1] ».
Une étude attentive permet pourtant d'y reconnaître
une Vierge couronnée, accompagnée, à gauche, d'un
personnage agenouillé et, à droite, d'un moine nimbé, qui
appuie sa main sur un bâton. Un encadrement, peint en
rouge, en jaune et en gris, entourait la scène.

VILLEDIEU-LA-BLOUÈRE

Ancienne église paroissiale de la Blouère

L'ancienne église de la Blouère fut démolie en 1872, pour
faire place à une construction nouvelle. Sur les murs de
l'édifice, qui avait tous les caractères de l'architecture du
douzième siècle, se déroulait « une immense fresque »,
que Célestin Port décrit [2], d'après une note qu'il tenait de
J. Spal, ancien inspecteur primaire de l'arrondissement de
Cholet. Cette note de Spal, bien que manquant ici ou là
de précision, mérite néanmoins d'être reproduite en entier.

« Une des curiosités de cette église de la Blouère consis-
tait dans les peintures murales dont elle était ornée. Ses
murs n'étaient en réalité qu'une immense fresque de différents âges, comme l'édifice lui-même.

« Au fond du chœur se voyait une *Adoration des Mages*.

« Le mur du sud porte encore des traces de peinture
cachée sous le badigeon. On croirait y distinguer une sorte
de vase assez ressemblant à une amphore, si l'ignorance
où l'on reste de ce qui n'existe plus n'autorisait le doute.

« Le mur du nord, dans la partie voisine du clocher, était
aussi couvert de peintures, de mosaïques, formées de lignes

---

[2] C. Port, *Dict. de Maine-et-Loire*, t. III, p. 430.

[3] C. Port, *Dict. de Maine-et-Loire*, t. I, p. 370.

croisées en tous sens. Mais c'est dans la partie supérieure et dans la portion qui appartient à l'époque la plus ancienne de l'église que se trouvent les plus remarquables. Un épais badigeon, enlevé à grand'peine, a mutilé ou détruit les figures, sauf pourtant un groupe de cinq personnages qui semblent appartenir à une procession se dirigeant vers le chœur. Après les restes d'une première figure, suit un personnage nimbé, de plus grande dimension que les autres; puis, une sorte de meuble reposant sur trois supports apparents et qui semble recouvert d'une tapisserie. Quatre personnages, dont les têtes n'existent plus, viennent ensuite. Le premier, aux vêtements amples, mais dont les plis sont sans souplesse. Le second, aux habits moins amples mais retombant aussi sous le poids de l'étoffe, a le bras tendu en avant à la hauteur de la figure. Le troisième marche à pas précipités : ses vêtements, agités par le vent ou par l'action, forment des plis ondulés, surtout à la partie supérieure retombant sur les jambes, que les premiers ont entièrement recouvertes. Comme le précédent, ce troisième personnage a le bras droit tendu en avant à la hauteur de la face. Il semble avoir suspendu aux épaules une sorte d'appendice, comme une aile repliée, si ce n'est l'ombre fortement accentuée d'un pli du vêtement. Le dernier personnage n'est vu que de dos; il porte aussi des vêtements assez longs. La suite se prolongeait vers le chœur; les traces en sont apparentes jusqu'au-dessus de l'ancienne chapelle Saint-Michel, transformée en sacristie.

« Au-dessous de ces peintures, vers la gauche, on en aperçoit d'autres, mais on ne distingue bien qu'un personnage nimbé, en mouvement, vêtements flottants s'arrêtant au-dessus du genou.

« La scène qui est exposée ci-dessus est pleine de mouvement et de vie; l'exécution annonce une main exercée Cela n'a pas la supériorité de faire des peintures de Saint-

Laurent-du-Mettay, mais cela l'emporte sur celles de la chapelle de la Jousselinière et de Notre-Dame de Chemillé. Je date l'œuvre du quatorzième siècle [1]. »

VILLEVEQUE

ÉGLISE PAROISSIALE

La vieille église de Villevêque avait été décorée, au douzième siècle, de peintures murales, que les remaniements de l'édifice ont fait disparaître. En 1903, pendant qu'on travaillait à la restauration du chœur, les ouvriers remirent au jour, sur les pieds-droits qui terminent la nef, quelques fragments de cette ancienne décoration, que l'on avait autrefois piquée au marteau et recouverte d'un enduit.

Au sommet des pieds-droits, deux mauvais médaillons de la fin du dix-huitième siècle représentaient, l'un saint Pierre, l'autre saint Paul. Un peu au-dessous, du côté de l'Épitre, on distinguait vaguement quelques traits d'une *Résurrection des morts*. A la même hauteur, de l'autre côté, on reconnaissait sans peine une scène du *Jugement*. Le Christ, la tête nue et nimbée, paraissait assis sur un trône. Son vêtement se composait d'une longue robe et d'un manteau, dont il aurait été difficile de préciser les couleurs. Il bénissait de la main droite, et, dans la main gauche, il portait un livre ouvert. Deux anges voltigeaient autour de sa tête. L'un de ces anges, celui de gauche, tenait entre deux doigts de sa main droite le charbon ardent, qui, un jour, avait servi à purifier les livres du prophète Isaïe [2]. Des hommes et des femmes, debout ou agenouillés de chaque côté du souverain juge, tendaient vers lui leurs mains suppliantes. — Plus bas, au-dessous de ce qui avait été une

[1] Arch. de Maine-et-Loire, notes ms. de J. Spal, v° *Villedieu-la-Blouère.*

[2] Isaïe, c. VI, v. 6.

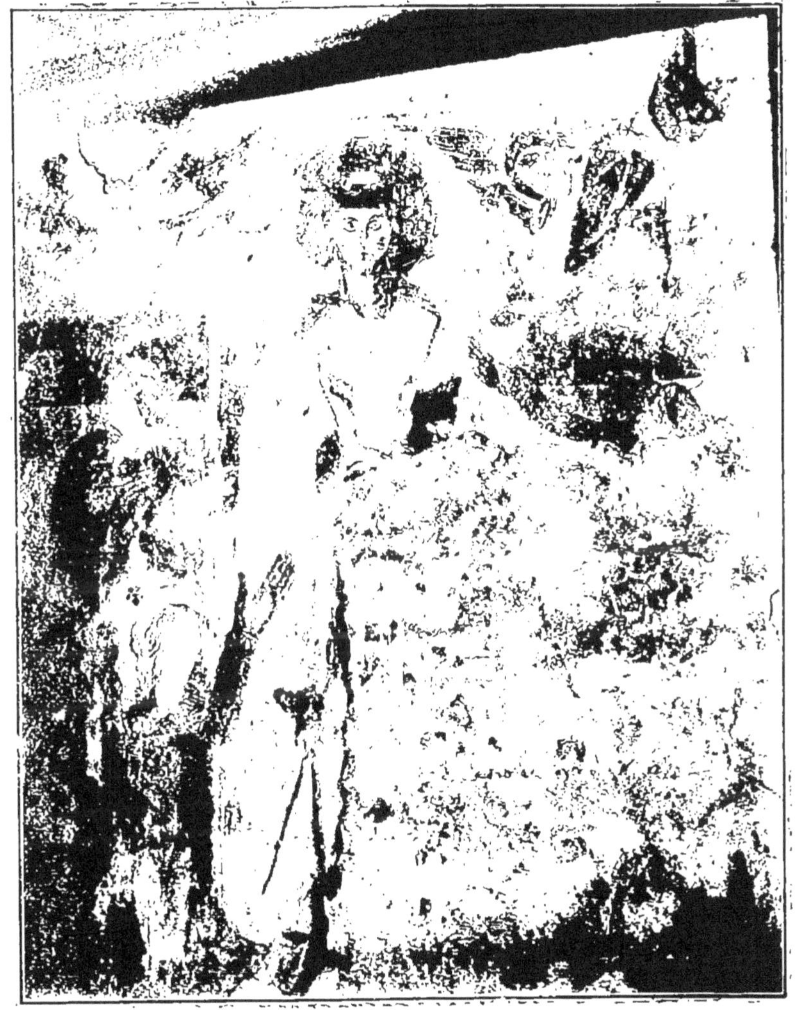

Cliché Ch. Urseau

Église de Villevêque

LE JUGEMENT

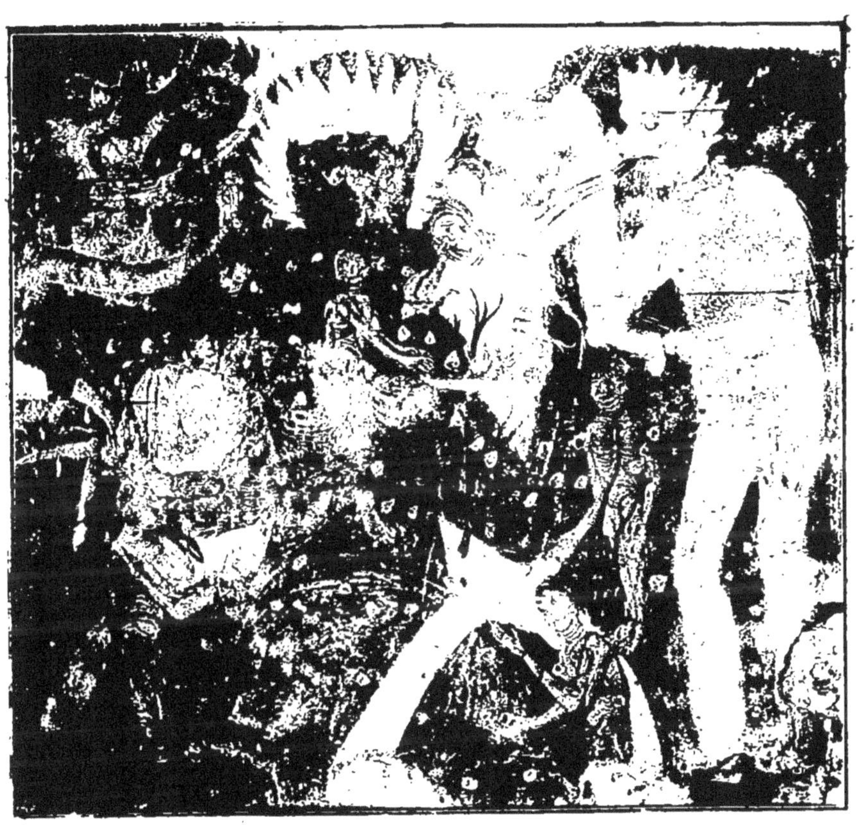

Église de Villevêque

L'ENFER

Résurrection des morts, apparaissait l'enfer, figuré par une mer de feu, au sein de laquelle s'agitaient les répouvés. Des monstres, aux formes effrayantes, se faisaient un jeu de les torturer. Ici, un géant à face humaine, dont la bouche vomissait des flammes, tenait un damné par les cheveux. Là, un serpent, à la gueule béante, dévorait un autre malheureux. Plus loin, un animal, pourvu de trompes semblables à celles de l'éléphant, lançait des flammes dans toutes les directions. Au centre, un léopard, couronné d'un diadème de feu, s'apprêtait à déchiqueter sa victime. — Du côté de l'Évangile, le *Paradis* permettait, sans doute, aux fidèles de reposer leurs regards sur un spectacle moins terrifiant ; mais il n'en restait plus rien et un saint abbé, de facture grossière, en avait pris la place.

Les travaux que l'on entreprenait au chœur de l'église n'ont pas permis de consacrer ces peintures.

Lambris peints

DURTAL

Ancienne église paroissiale de Saint-Pierre

Un lambris, en berceau brisé, de la fin du quinzième siècle ou du commencement du seizième siècle, recouvrait la nef de l'ancienne église Saint-Pierre, à Durtal. Sur ce lambris, des nervures saillantes, en bois, formaient, de chaque côté, douze compartiments, décorés de peintures. Les sujets qui y figuraient étaient alignés, au premier tiers de la hauteur du lambris. Ils représentaient, alternant avec un écusson aux armes de France, six anges ailés, vêtus de tuniques et portant les instruments de la Passion.

Les anges étaient placés dans cet ordre, à partir du chœur :

Du côté de l'Évangile, l'ange au suaire, l'ange à la robe, l'ange à la lance, l'ange à l'éponge, l'ange aux tenailles et au marteau, l'ange aux clous ; du côté de l'Épitre, l'ange à la bourse, l'ange à la colonne, l'ange au fouet, l'ange à la couronne d'épines, l'ange à la « Véronique », l'ange à la croix.

Bien que l'édifice ne servît plus au culte, depuis 1791, ces peintures étaient encore bien conservées, au milieu du siècle dernier. En 1854, l'abbé P. Chevallier constatait qu'elles ne paraissaient pas avoir été détériorées par les eaux pluviales [1]. Deux ans plus tard, en 1856, l'église s'écroulait par la faute d'un terrassier maladroit.

ÉGLISE PAROISSIALE DE NOTRE-DAME

L'église paroissiale de Notre-Dame a été reconstruite presque en entier, vers 1866. L'édifice qu'elle a remplacé, « sans abside, ni bas côtés, ni chapelles », ressemblait assez « aux vastes granges de nos grandes fermes ». Seul, le lambris de la nef présentait de l'intérêt, à cause des peintures dont il était orné.

La décoration du lambris de Notre-Dame se rapprochait beaucoup de celle du lambris de Saint-Pierre et remontait à la même époque. Elle comprenait huit panneaux.

Du côté de l'Évangile, à partir du chevet, les sujets se suivaient dans cet ordre : un homme ailé, tenant une banderole blanche sur laquelle était tracé, en lettres gothiques, le nom de saint Matthieu : *Sanctus Matheus;* puis, six anges ailés, en tuniques, avec la sainte face, le suaire, la lance, l'éponge, le marteau, les clous; enfin, un lion ailé, entouré d'une banderole, dont l'inscription : [*Sanctus Marcus*] était effacée. Du côté de l'Épitre, il y avait sept anges, avec l'échelle, la robe et les dés, la colonne, la bourse, les verges, la couronne d'épines, la croix, et seulement un symbole évangélique, le taureau ailé, de saint Luc, entouré d'une banderole, sans inscription apparente [2].

FOUGERÉ

ÉGLISE PAROISSIALE

Entre 1871 et 1875, l'abbé Brisacier, architecte à Tours, restaura l'église de Fougeré. Le chœur, recouvert d'une

---

[1] *Mémoires de la Société d'Agriculture, Sciences et Arts d'Angers,* 2e série, t. VII, 1856, p. 118-120.

[2] Cf. : *Mémoires de la Société d'Agriculture, Sciences et Arts d'Angers,* 2e série, t. VII, 1856, p. 120-122.

voûte à ramifications, identique à celle de la nef de Toussaint à Angers, ne subit aucun remaniement. La nef fut allongée d'une travée et le lambris peint, qui l'abritait, fut remplacé par un autre, dont la décoration ne rappelle que de loin celle qui existait encore en 1854, à l'époque où l'abbé P. Cheval-lier l'a étudiée.

L'ancien lambris remontait à la fin du quinzième siècle ou au commencement du seizième siècle. Il était orné de per-sonnages en pied et d'animaux symboliques, qui s'ap-puyaient sur les sablières, et d'une double guirlande de fleurs à cinq pétales, qui encadrait les couvre-joints des bardeaux.

Les sujets historiés étaient au nombre de dix-sept de chaque côté. D'après l'abbé P. Chevallier, voici ce qu'ils représentaient :

Côté septentrional, à partir du chœur :

1º Sujet complètement effacé;

2º Ange ailé, en tunique, portant le fouet;

3º Ange ailé, tenant de la main gauche un roseau, à l'extrémité duquel est attachée une éponge;

4º Ange ailé, en tunique, tenant la lance;

5º Ange ailé, en tunique, tenant le voile sur lequel la face du Sauveur est imprimée;

6º Ange ailé, en tunique, tenant le marteau;

7º Ange ailé, en tunique, tenant de la main droite les clous et de la main gauche les tenailles;

8º Lion jaune, tenant dans sa gueule une banderole assez longue, sur laquelle était écrit le nom de saint Marc, dont il est le symbole;

---

1 *Mémoires de la Société d'Agriculture, Sciences et Arts d'Angers* 2ᵉ série, t. VII, 1856, p. 122-124.

9° Saint Pierre, nimbé, tenant de la main gauche une clef, dont l'extrémité s'appuie sur son épaule, et bénissant de la main droite un jeune clerc, qui est agenouillé à ses pieds et joint les mains;

10° Saint Paul, nimbé, tenant de la main droite une épée et de la main gauche un livre fermé;

11° Saint Hubert, nimbé, à genoux, accompagné de son chéval. Devant lui, apparaît un cerf, avec un crucifix, qui brille entre ses cornes. Derrière lui, un ange tient une étole dans ses deux mains;

12° Saint Laurent, nimbé, vêtu d'une dalmatique à manches fermées, appuyant sa main gauche sur un gril posé à terre et tenant une palme dans la main droite;

13° Saint Nicolas, nimbé, vêtu d'une chape jaune et coiffé d'une mitre blanche. Il bénit, à la manière latine, trois enfants, qui, à ses pieds, sortent d'un tonneau;

14° Saint Martin, nimbé, à cheval. Il partage son vêtement avec un pauvre, placé debout, derrière lui;

15° Sainte Marguerite, nimbée, vêtue d'une robe blanche et sortant des flancs d'un dragon aux grandes ailes éployées;

16° Sujet presque effacé, où l'on distinguait pourtant une sainte femme, vêtue d'habits rouges;

17° Sujet effacé.

Côté méridional, à partir du chœur :

1° Sujet entièrement effacé;

2° Ange ailé, à moitié effacé, qui semblait tenir sur sa poitrine le titre de la Croix;

3° Ange ailé, aux trois quarts effacé, ainsi que l'instrument de la Passion qu'il tenait à la main;

4° Ange ailé, tenant un instrument trop peu visible pour qu'il fût possible de le reconnaître;

5° Ange ailé, en dalmatique, tenant de ses deux mains la couronne d'épines;

6° Ange ailé, en dalmatique, tenant la bourse dans la main droite;

7° Ange ailé, en tunique, tenant dans ses deux bras la tunique du Christ, à barres noires et blanches;

8° Cheval ailé [1], blanc, tenant dans sa gueule une banderole blanche, dont l'inscription était illisible;

9° Saint André, nimbé, tenant un livre dans la main gauche et appuyant le bras droit sur une croix en sautoir, posée à terre;

10° Saint Thomas, nimbé, portant une équerre sur l'épaule gauche et étendant la main droite sur un bloc de pierre;

11° Saint Étienne, nimbé, en dalmatique fermée, tenant une palme dans la main droite et serrant contre sa poitrine des pierres placées dans la main gauche;

12° Saint Denis, nimbé, en chasuble rouge, tenant une crosse dans la main droite et portant dans la main gauche sa tête coupée, recouverte de la mitre. Derrière lui figure un jeune clerc, à genoux, les mains jointes, avec une banderole qui se déroule au-dessus de sa tête.

13° Saint Maurille, avec la mitre et la chape, bénissant un enfant, probablement saint René, debout à ses pieds;

14° Saint François d'Assise, vêtu de l'habit brun de son ordre, à moitié élevé de terre, les genoux ployés, les bras étendus vers un crucifix, qui plane dans les nuages;

15° Sainte femme, à demi effacée, dont les attributs n'étaient plus visibles;

16° Une autre sainte, à demi effacée.

---

[1] Ne serait-ce pas plutôt le bœuf, attribut de saint Luc, placé en face du lion de saint Marc?

17° Sujet complètement effacé.

Les anges et les saints étaient représentés aux deux tiers de leur grandeur. Les figures des anges paraissaient avoir été faites toutes sur le même modèle.

L'abbé P. Chevallier attribuait ce travail à l'atelier, sinon à l'artiste, qui, vers la même époque avait décoré le lambris de l'église Saint-Pierre et celui de l'église Notre-Dame, à Durtal.

Corrections et Additions

Page 4, note 1. — M. Lucien Lécureux, archiviste-paléographe, professeur agrégé au lycée du Mans, mobilisé depuis le début de la guerre, a été tué d'un éclat d'obus, le 4 juin 1918, dans la région de Moulin-sous-Touvent. Il repose dans une tombe sur laquelle on a fixé une croix de bois avec ce simple mot : *Resurgam*, qui résume sa foi et ses immortelles espérances. Il est à croire qu'une main pieuse, qui a recueilli ses notes sur les peintures murales du Maine, se décidera bientôt à les livrer à l'imprimeur.

Page 85, ligne 5. — Après l'*Annonce aux bergers*, ajouter : *la Nativité de Jésus-Christ.*

Page 100, ligne 19. — Au lieu de « la prieuré », lire « le prieuré ».

Page 120. — Le *Portement de croix* des Ponts-de-Cé vient d'être dégagé, par les soins de M. L. Yperman, du badigeon sous lequel il avait disparu pour la seconde fois. La scène, qui mesure 6 m. 80 de long, est fort endommagée. Un socle de statue, scellé dans le mur au milieu des personnages qui soutiennent la croix, a rendu méconnaissables plusieurs des compagnons du Christ. Mais la douce figure du Sauveur a été remise au jour, ainsi que celle du pauvre, qui suit immédiatement l'Homme-Dieu et que caractérise l'écuelle fixée à sa ceinture. A l'autre extrémité de la scène, le pèlerin avec son bourdon et sa panetière, la veuve avec sa guimpe et son voile, l'orphelin et les quatre mendiants sont encore très apparents. Les têtes qui restent ont été modelées avec le plus grand soin.

Le peintre a fait son travail par transparence et appliqué ses couleurs directement sur le tuffeau. L'esquisse, tracée en noir, se remarque partout où la peinture est tombée.

PEINTURE MURALE DE L'ANCIENNE ÉGLISE
DU PRIEURÉ DE SAINT-AUBIN DES ALLEUDS

L'ancienne église du prieuré des Alleuds, dont les parties principales remontent au commencement du onzième siècle, ne sert plus au culte depuis la construction de la nouvelle église, qui fut terminée en 1875. Les fermiers du prieuré l'ont transformée en remise pour les voitures et pour le foin. C'est, d'ailleurs, un édifice fort pauvre et sans style, mais qui conserve encore, dans la chapelle du croisillon méridional, bâtie au quatorzième siècle, une peinture murale d'une grande perfection et d'un grand intérêt, malgré la poussière qui la recouvre et les chocs auxquels elle ne cesse d'être exposée. La scène est peinte à 2 mètres environ au-dessus du sol actuel; elle s'étend sur tout le mur du fond et mesure 4 m. 50 de longueur. Les personnages qui y figurent n'ont pas moins de 1 m. 50 à 1 m. 60 de hauteur. Elle représente le *Portement de Croix*, ou plutôt, comme à Montriou, au Lion d'Angers, et à Saint-Aubin des Ponts-de-Cé l'Humanité souffrante aidant le Christ à porter sa croix.

Le Christ a disparu. Il fut sacrifié, quand on boucha, à l'aide de mortier, une forte crevasse, qui s'était produite dans le mur, à l'endroit où il avait été peint. Ses compagnons, au contraire, sont tous visibles et faciles à reconnaître, dès qu'on rapproche cette scène de la complainte rimée du roi René, reproduite ci-dessus (p. 15). Le groupe qu'ils forment est plus compact qu'aux Ponts-de-Cé, parce que l'espace dont disposait l'artiste était plus restreint, mais les personnages sont au nombre de douze, comme aux Ponts-de-Cé, et se suivent exactement dans le même ordre.

Le pauvre, « suyuant notre Seigneur et aydant à porter sa croix », est vêtu d'une souquenie, dont les manches et la jupe sont lamentablement déguenillées. Il a la tête nue et à sa ceinture pend une sébile ou un gobelet. Le malade, « aussi aydant à porter la croix », a la tête enveloppé de bandelettes. Son habit est un jupel serré à la taille par une cordelière.

Le laboureur, « aussi y aydant », porte un chapeau à grands bords ronds, presque plats. Il est vêtu d'une chape à capuchon.

Le « mau marié, aydant aussi à porter la croix de nostre Seigneur », est représenté sous les traits d'un homme jeune,

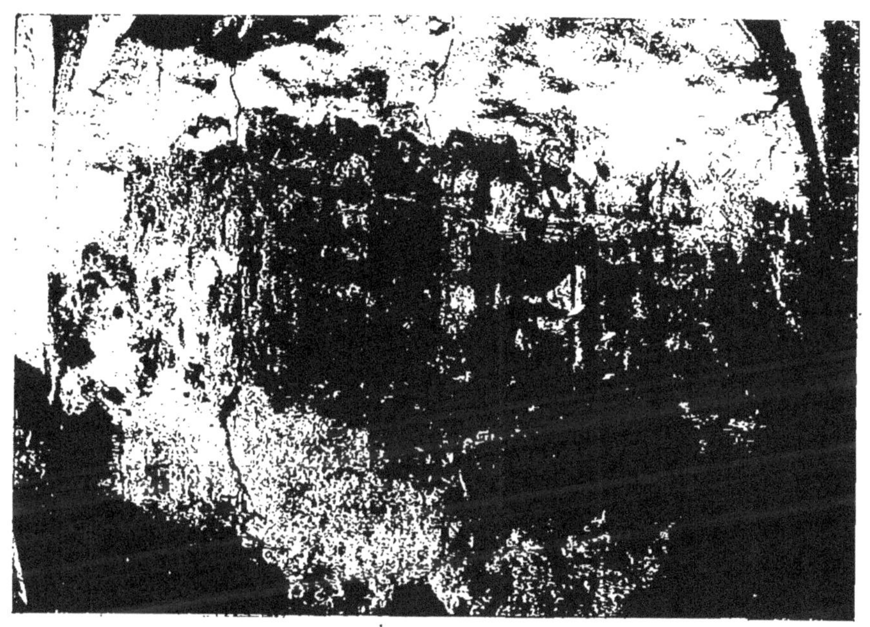

Cliché Ch. Urseau

Ancienne église du prieuré des Alleuds
LE PORTEMENT DE CROIX

presque imberbe, enveloppé dans un bliaud et coiffé d'un feutre rougeâtre, à bords étroits, qu'embellit une ceinture d'orfèvrerie.

Le prisonnier, « aussi aydant à nostre Seigneur à porter sa croix », est en chemise et en braies. Il a la tête nue et soutient la croix de ses deux mains, passées derrière le dos.

Le pèlerin, « aussi aydant à nostre Seigneur à porter sa croix », se reconnaît à son bourdon et à son sac, posé en bandoulière. Sa tête barbue, d'un fin modelé, est couverte d'un chapeau dont les bords sont retroussés sur les côtés et appliqués à la coiffe. Sa main gauche ramène en avant les bords d'une longue pèlerine, qui lui enveloppe les épaules.

La femme veuve, « aussy y aydant », a le visage encadré d'une guimpe et la tête couverte d'un voile, qui retombe sur les épaules. Par-dessus sa robe, elle porte un grand manteau de couleur sombre.

Devant elle, l'orphelin, « aydant comme dessus », est vêtu d'une cotte serrée à la taille et de chausses. Il se dresse de toute sa hauteur pour atteindre la croix, que ses deux petites mains essaient de soulever.

Les quatre mendiants, « aussi aydans à porter la croix de nostre Seigneur », tête nue et en chape de chœur, terminent cette émouvante procession. Les deux moines placés au premier plan, à gauche de la croix, sont agenouillés dans une attitude pleine de respect ; les deux autres se tiennent debout, à droite de la croix.

Toute cette scène, où les couleurs dominantes sont l'ocre rouge, l'ocre jaune, le gris et le noir, se détache d'un fond bleu verdâtre. Elle est peinte à la colle, sur un enduit de chaux et de sable fin.

Le *Portement de croix* des Alleuds remonte à la même époque que celui des Ponts-de-Cé, c'est-à-dire au milieu du seizième siècle. On peut supposer toutefois que la peinture des Alleuds, qui dénote une perfection plus grande, un art plus délicat, est la moins ancienne des deux. Les moines bénédictins du prieuré des Alleuds, qui avaient l'occasion de passer aux Ponts-de-Cé pour se rendre à l'abbaye Saint-Aubin d'Angers, dont ils dépendaient, l'avaient sans doute admirée. Ils auront voulu la faire reproduire, afin de l'avoir sans cesse sous les yeux.

Il est à remarquer, d'ailleurs, que la cure de Saint-Aubin des Ponts-de-Cé entretenait des relations suivies avec l'abbaye de Saint-Aubin d'Angers, qui l'avait fondée, et que l'église du prieuré du Lion-d'Angers, où se trouve encore l'un des quatre exemplaires connus du *Portement de croix*, était desservie par des religieux de la même abbaye. On peut donc croire, sans trop de témérité, que les Bénédictins de Saint-Aubin ont popularisé en Anjou la représentation d'une scène admirable, dont le roi René avait peut-être tracé l'esquisse et le « modèle », mais qu'il avait certainement mise en vers.

Table des Sujets

représentés dans les peintures

Aaron, 157.

Abbé, 93, 97, 128, 201. — *Voir* Fiacre (saint), Gilles (saint), Philbert (saint).

Abbesses de l'ordre de Fontevraud, 76, 77, 78, 79. — *Voir* Bourbon (Jeanne-Baptiste de), Bourbon (Catherine de), Bourbon (Louise de), Bourbon (Madeleine de), Bourbon (Renée de), Bourbon-Lavedan (Louise de), Lorraine (Isabelle de), Lorraine (Renée de), Rochechouart de Mortemart (Marie-Madeleine-Gabrielle de), Rochechouart de Vivonne (Louise-Françoise de).

Abel, 157.

Abraham (sacrifice d'), 169.

Adam, 54, 157, 169, 192. — *Voir* Tentation d'Adam et d'Eve, Expulsion du Paradis terrestre.

Adoration des bergers, 135.

Adoration des Mages, 36, 39, 67, 69, 73, 85, 86, 198.

Agneau, 157.

Agneau de Dieu, *Agnus Dei*, 48, 56, 92, 103, 122, 182.

Agrafe, 145.

Aigle, 48, 75, 105, 146, 155, 178. — Attribut de saint Jean, 48, 75, 105, 106, 117, 132, 133.

Aiguille, 144.

Aliboron (maître), 145.

Alpha, 75, 117.

Ambroise (saint), 53.

Ames du Purgatoire (le Christ en croix et les), 94, 95.

Amours, 65, 135, 136, 175.

Amphore, 198.

Ananas, 136.

Ancienne Loi (emblèmes de l'), 53.

André (saint), 110, 155, 165, 206.

Ane, 86, 141.

Ange, angelot, 35, 36, 37, 38, 42, 43, 46, 47, 55, 56, 59, 61, 68, 69, 75, 81, 85, 86, 88, 90, 102, 103, 104, 105, 107, 114, 116, 131, 154, 164, 167, 176, 179, 200, 202, 205, 206. — Neuf chœurs des Anges, 168. — Anges musiciens, 37, 75, 107. — Anges portant les instruments de la Passion, 81, 82, 83, 84, 90, 154, 155, 185, 186, 187, 202, 203, 204, 205, 206.

Anguille, 129, 145.

Animal, 56, 152, 153, 159.

Animaux symboliques, 54, 105, 117, 135, 189, 204. — *Voir* Évangélistes (symboles des).

Angers (marchand d'), 122. — *Voir* Jehan Vachon.

Anne (sainte) et la sainte Vierge, 94, 96, 158, 168.

Annonce aux bergers, 85, 86.

Annonciation de la Vierge, 57, 85, 114, 135, 176.

Apocalypse (les quatre bêtes de l'), 105, 116. — *Voir* Évangélistes (symboles des).

Apôtre, 46, 75, 77, 108, 129. — Les douze apôtres, 108, 165. — *Voir* André (saint), Barthélemy (saint), Jacques le Majeur (saint), Jacques le Mineur (saint), Jean (saint), Jude (saint), Mathias (saint), Matthieu (saint), Paul (saint), Philippe (saint), Pierre (saint), Simon (saint).

Appareil, 125, 128, 172, 179.

Arabesque, 59, 65, 70, 174.

Arbre, 40, 71, 97, 129, 151, 152, 153, 156, 158, 176, 194.

Arbre de Jessé, 80, 177.

Arc en mitre, 153.

Arcature, 118, 128.

Archange, 128. — *Voir* Gabriel, Michel.

Arche, 169.

Armoiries, 60, 61, 64, 65, 68, 72, 76, 93, 109, 117, 119, 127, 129, 149, 170, 171, 202. — *Voir* Blason, Écusson.

Ascension de Jésus, 78.

Assomption de la Vierge, 78, 197.

Atelier, 120. — *Voir* Ouvroir de saint Crespin et de saint Crespinien.

Aube, 49, 126, 138.

Augustin (saint), 53.

Aumônière, 181, 195.

Autel, 115, 116, 126.

Balance, 180.

Bandé de tapisserie, 175.

Bandelette, 210.

Banderole, 37, 71, 85, 98, 118, 124, 154, 155, 203, 204, 206.

Bannière, 164, 171.

Baptême du Christ, 179, 197.

Barbe (sainte), 108.

Barbier, 143, 147.

Barque, 71.

Barthélemy (saint), 156, 166.

Bateau, 71.

Bâton, 62, 68, 69, 71, 86, 87, 92, 96, 108, 109, 129, 133, 155, 158.

Bêche, 101.

Bélier, 141.

Berger, 68, 69, 85, 86, 116, 192. — *Voir* Adoration des bergers, Annonce aux bergers.

Bernardin de Sienne (saint), 47, 49, 80.

Besace, 87.

Besicles, 157.

Bête, 142.

Biche, 95, 97. — *Voir* Gilles (saint), caressant une biche.

Bidon, 145.

Bijou, 87.

Blaise (saint), 100, 101, 123, 124. — Martyre de saint Blaise, 100, 101, 123, 124.

Blaise Vachon, fils de Jehan Vachon, 124.

Blason, 57, 60, 68, 69, 109, 152, 192. — *Voir* Armoiries, Écusson.

Bliaud, 211.

Bloc de pierre, 206.

Blois (Mademoiselle de), 79.

Bœuf, 81, 86. — Attribut de saint Luc, 81, 105, 117, 133, 154.

Bombe, 65.

Bonaventure (saint), 47, 48, 49, 51.

Bonnet, 157.

Botte à crevés, 70, 71.

Boule du monde, 116. — *Voir* Globe du monde.

Bouquet, 152, 153, 173, 179.

Bourbon (Catherine de), abbesse de Notre-Dame de Soissons, de l'ordre de Fontevraud, 77.

Bourbon (Jeanne-Baptiste de), abbesse de Fontevraud, 77, 78.

Bourbon (Louise de), abbesse de Fontevraud, 77.

Bourbon (Louise de), religieuse de Fontevraud, 78.

Bourbon (Madeleine de), abbesse de Sainte-Croix de Poitiers, de l'ordre de Fontevraud, 77.

Bourbon (Marie, Gabrielle-Éléonore de), religieuse de l'ordre de Fontevraud, 77.

Bourbon (Renée de), abbesse de Chelles, de l'ordre de Fontevraud, 77.

Bourbon (Renée de), abbesse de Fontevraud, 77.

Bourbon-Lavedan (Louise de), abbesse de Fontevraud, 78.

Bourdon de pèlerin, 111, 209, 211.

Bourreau, 39, 44, 99, 100, 101, 110, 119, 123, 124, 194.

Bourse, 84, 133, 154, 181, 202, 203, 206.

Braies, 211.

Branche, 150, 174, 176.

Brasier, 69.

Brebis, 80.

Brie (Jean de), seigneur de la Sorinière, 68, 72.

Brocart, 70, 71, 84, 86, 108, 126.

Brochet, 129.

Broderie, 87, 137.

Buste, 65, 159. — *Voir* Empereurs romains et impératrices.

Caïn, 75.

Calice, 43, 155, 196.

Cape, 86.

Capuchon, 97.

Cardinal, 49, 92. — *Voir* Bonaventure (saint).

Calvaire, 167.

Capuchon, 210.

Cariatides, 65.

Carosse, 40.

Carpe, 129.

Cartouche, 65.

Casque, 68.

Catherine (sainte), 116, 117.

Cavalier, 70, 128.

Cécile (sainte), 167.

Cène (la), 76, 108.

Centaure, 146, 150.

Cerf, 141, 205.

Chaire, 178.

Chameau, 70.

Chandelle, 86.

Chape, 49, 50, 81, 88, 124, 130, 205, 206, 210, 211.

Chapeau, 49, 70, 86, 87, 92, 142, 210, 211. — Chapeau de cardinal, 70, 92.

Chapel, 69. — Chapel de fleurs, 142.

Chapelet, 44, 68.

Chapelle, 41, 71.

Chaperon, 68, 87, 145.

Chapiteau, 128.

Charbon ardent, 200.

Chardon, 80.

Chariot, 146.

Charlemagne, 60.

Chasse, 40, 183.

Chasuble, 126, 206.

Château, 41, 86, 87.

Chat-huant, 150.

Chaufferette, 149, 164.

Chausses, 110, 124, 211.

Chaussure, 120.

Chemise, 211.

Chérubin, 75, 135, 167.

Cheval, 38, 40, 70, 181, 205, 206.

Chevalier, 55, 60, 80, 93, 108, 121.
Chevron, 118, 136.
Chiche-face (la), 143.
Chien, 40, 110, 146.
Chimère, 190.
Chrisme, 173.
Christ (le) au roseau, 45, 98.
Christ (le) bénissant, 55.
Christ (le) en croix et les Ames du Purgatoire, 94, 95.
Christ (le) en majesté, 55, 61, 105, 106, 107, 116.
Christ (le) montrant ses blessures à son Père, 124.
Christophe (saint), 62, 63, 70, 92, 94, 96, 108, 111, 128, 166, 189.
Cierge, 46, 87, 126.
Cigogne, 150.
Cimeterre, 70.
Cimier, 65.
Clef, 137, 155, 206.
Clef de voûte, 54, 55, 56, 73, 127.
Clerc, 126, 205, 206.
Clou, 82, 154, 202, 203.
Cœur enflammé, 49, 51.
Coffre, 146.
Coffret, 108.
Colombe, 81, 87, 130.
Colonne, 74, 101, 108, 110, 128. — Colonne de la Flagellation, 59, 83, 123, 155, 202, 203.
Corbeille, 87, 110.
Corde, 83, 122, 142, 146.
Cordelière, 36, 66, 210.
Cordon, 112.
Corne, 129.
Cornemuse, 69, 86, 142.
Cotte, 68, 96, 211.
Coupe, 69, 70, 87, 157, 167, 182.
Couronne, 55, 59, 65, 69, 70, 74, 87, 88, 104, 108, 117, 130, 132, 135, 198.

Couronne d'épines, 45, 59, 83, 154, 167, 202, 203, 206.
Couronnement de la Vierge, 85, 88.
Couronnement d'épines, 77.
Couteau, 156.
Courtine, 126.
Crèche, 67, 68, 69, 86.
Crespin (ouvroir de saint) et de saint Créspinien, 120, 121.
Crespinien (ouvroir de saint Crespin et de saint), 120, 121.
Croc, 99.
Croix, 55, 56, 59, 62, 66, 71, 77, 81, 82, 90, 94, 95, 96, 98, 103, 107, 110, 117, 121, 124, 127, 137, 138, 154, 157, 167, 177, 188, 196, 202, 203, 209, 210, 211. — Croix à double traverse, 62. Croix de saint André, 155, 206. Croix fleuronnée, 66. — Voir Christ (le) en croix et les âmes du Purgatoire, Descente de croix, Portement de croix, Titre de la croix.
Croix de consécration, 54, 109, 136.
Crosse, 49, 50, 51, 76, 93, 137, 138, 156, 206.
Cruche, 154.
Crucifiement, Crucifixion de Jésus-Christ, 77, 107, 127, 196.
Crucifix, 42, 95, 97, 205, 206.
Cuiller, 69.
Cymbalum, 107.

Daillon du Lude, 119.
Dais, 157.
Dalmatique, 81, 82, 83, 84, 85, 154, 155, 205, 206.
Dame, 68, 117, 118. — Voir Lude (seigneur et dame du), Sorinière (seigneur et dame de la).
Damier, 36, 63, 123.

Damné, 201.

Déluge, 169.

Démon, 44, 63, 99, 137. — *Voir* Diable, Satan.

Deniers (les trente), 84.

Denis (saint), 206.

Dés à jouer, 203.

Descente de croix, 77.

Dessins au pochoir, 79, 85, 104, 128, 137, 138.

Devise, 80, 158, 164.

Diable, 63, 100. — *Voir* Démon, Satan.

Diacre, 126.

Diadème, 46, 66, 201.

Dieu le Père, 88, 103, 135. — *Voir* Père éternel (le).

Disciples de Jésus-Christ, 117.

Docteur de l'Église, 53, 88. — *Voir* Ambroise (saint), Augustin (saint), Bonaventure (saint), Jérôme (saint), Grégoire (saint).

Dragon, 80, 108, 142, 150, 205.

Dromadaire, 70.

Échelle, 203.

Ecclésiastique, 180. — Ecclésiastiques (portraits d'), 175.

Écrivain, 63.

Écuelle, 69, 209.

Écusson, 81, 118, 119, 129, 136, 149, 150, 151, 152, 158, 159, 164, 202. — *Voir* Armoiries, Blason.

Église, 37.

Église (l'), 196. — Église (l'), délivrant du péché l'âme coupable, 80.

Éléphant, 70, 146, 201.

Élie, 129, 130.

Élisabeth (sainte), cousine de la Vierge Marie, 86.

Élus (les) dans le Paradis, 103.

Emblèmes, 53, 80. — Emblèmes de l'Ancienne Loi, 53.

Émérance (sainte), 129.

Empereurs romains et impératrices, 65.

Encensoir, 42, 47, 55, 157.

Encrier, 63, 108.

Enfance de Jésus (l'), 121.

Enfant, 40, 80, 92, 124, 206. — Saint Nicolas et les trois enfants, 80, 205.

Enfant-Jésus, 36, 55, 62, 66, 68, 69, 71, 72, 86, 87, 91, 96, 108, 114, 120, 129.

Enfer, 94, 189, 201.

Enlacement, 54.

Enroulement, 140, 151.

Ensevelissement du Christ, 43, 78.

Entrelac, 74, 112.

Épée, 37, 39, 60, 108, 205.

Épieu, 80, 93.

Éponge, 154, 202, 203, 204.

Équerre, 156, 206.

Ermite, 63, 71, 79. — *Voir* Jean-Baptiste (frère).

Esprit-Saint, Saint Esprit, 58, 81, 130.

Étang, 40.

Étendard, 103.

Étienne (saint), 119, 206. — Martyre de saint Étienne, 119.

Étoffe, 36, 51, 68, 126, 136, 199.

Étoile, 36, 38, 62, 107, 172.

Étole, 205.

Eutrope (saint), 138.

Évangéliste, 114, 131, 138. — Les quatre Évangélistes, 60, 88. — *Voir* Jean (saint), Luc (saint), Marc (saint), Matthieu (saint).

Évangélistes (symbole des), 48, 75, 81, 104, 105, 116, 117, 132, 133, 135, 154, 182, 203, 204. — *Voir* Aigle, Bœuf, Homme, Lion.

Eve, 157, 158, 169, 192. — *Voir*

Tentation d'Adam et d'Eve, Expulsion du Paradis terrestre.

Évêque, 35, 43, 49, 73, 88, 92, 110, 129, 137, 138, 164, 170. — *Voir* Ambroise (saint), Augustin (saint), Blaise (saint), Bonaventure (saint), Denis (saint), Eutrope (saint), Germain (saint), Hubert (saint), Louis de Toulouse (saint), Martin (saint), Maurille (saint), Médard (saint).

Expulsion du Paradis terrestre, 169.

Face du Christ (la sainte), 202, 203, 204. — *Voir* Véronique, Voile.

Faldistoire, 66, 104. — *Voir* Fauteuil.

Famille (la sainte), 87.

Fauteuil, 39, 96. — *Voir* Faldistoire.

Femme, 37, 43, 46, 56, 63, 80, 86, 93, 95, 98, 99, 110, 116, 117, 133, 142, 143, 144, 145, 146, 147, 175, 184, 200, 205, 206.

Femmes (les saintes), 44.

Fermail, 129.

Feu, 190, 201.

Feuillage, 41, 56, 112, 128, 151, 174, 175, 179, 192.

Feuille, 36, 46, 56, 142, 150, 163, 172.

Feutre (chapeau de), 211.

Fiacre (saint), 101.

Figurine, 142.

Fille (jeune), 110, 142.

Fils (Dieu le), 81, 130.

Flagellation de Jésus-Christ, 77, 170. — Colonne de la Flagellation, 59, 83, 123, 155, 202, 203.

Flagellation de sainte Margue-rite, 100, 101. — *Voir* Marguerite (martyre de sainte).

Flamme, 65, 201. — Flammes du Purgatoire, 95.

Flèche, 108, 110, 129, 194.

Fleur, fleurette, 80, 85, 88, 112, 114, 125, 131, 150, 152, 175, 193, 194. — Fleur d'eau, 55. — *Voir* Chapel de fleurs.

Fleur de lis, 43, 44, 50, 65, 105, 142, 149, 150, 151, 171, 173, 174.

Fleuron, 36, 42, 55, 56, 118, 138, 176.

Fleuves du Paradis terrestre (les quatre), 182.

Fontaine, 142.

Fouet, 83, 155, 185, 202, 204.

Fourche, 145.

Fourrure, 132.

Franciscains, 49, 80. — *Voir* Bernardin de Sienne (saint), Louis de Toulouse (saint).

François (saint) d'Assise, 41, 68, 97, 206; recevant les stigmates 41, 95, 97.

Fruit, 47, 114, 156, 158, 175, 192, 193.

Fuite en Égypte, 85, 87.

Fumée, 190.

Gabriel, archange, 58, 155.

Gantelet, 68.

Géant, 201.

Georges (saint), 80.

Gerbe, 75, 135.

Germain (saint), 129.

Gibecière, 68.

Gilles (saint), caressant une biche, 95, 97.

Glaive, 117.

Globe du monde, 55, 62, 71, 75, 88, 105, 116, 117, 124, 130, 157. — *Voir* Boule du monde.

Globe impérial, 60.

Glotonie (la), 180, 181.
Gobelet, 210.
Gonfanon, 56.
Grégoire (saint), pape, 53, 126.
Grenade, 36, 80, 85, 87.
Gril, 205.
Guerrier, 137, 192.
Guêtres, 145.
Guimpe, 56, 86, 96, 209, 211.
Guirlande, 204.

Hache, 37, 157.
Harpe, 107, 132.
Hautes - chausses, hauts - de - chausses, 101, 123.
Héraut d'armes, 165.
Hermine, 87, 108, 117.
Hérode, 36, 38, 39.
Hippopotame, 181.
Homme, 37, 43, 75, 95, 103, 110, 116, 121, 133, 144, 145, 164, 181, 200, 210. — Attribut de saint Matthieu, 75, 105, 117, 132, 203.
Homme d'arme, 36.
Hotte, 145.
Houlette, 68, 80, 86.
Hubert (saint), 205.
Humanité (l') souffrante aidant le Christ à porter sa croix, 96, 97, 121, 185, 209, 210.

Idole, 74.
Innocents (massacre des), 36, 38, 39, 135.
Inscription, 59, 63, 65, 75, 76, 78, 80, 81, 82, 83, 84, 85, 86, 95, 98, 105, 114, 116, 118, 123, 124, 129, 130, 131, 132, 133, 137, 138, 154, 155, 156, 157, 158, 165, 167, 176, 178, 179, 180, 181, 182, 183, 185, 188, 191, 195, 203, 204, 206.
Instruments de la Passion, 81, 82, 83, 84, 90, 126, 154, 185, 202, 203, 205, 206. — Voir Bourse, Clous, Colonne, Corde, Couronne d'épines, Croix, Cruche, Trente deniers, Dés, Échelle, Éponge, Sainte Face, Fouet, Lance, Marteau, Robe, Roseau, Suaire, Tenailles, Titre de la croix, Tunique, Voile.
Israélites, 169.

Jacques le Majeur (saint), apôtre, 75, 111, 155, 166.
Jacques le Mineur (saint), apôtre, 156, 166.
Jean (saint), apôtre et évangéliste, 44, 47, 48, 50, 75, 108, 155, 166, 167, 191, 196, 197.
Jean-Baptiste (frère), ermite des Gardelles, 79.
Jean-Baptiste (saint), 47, 48, 49, 56, 66, 68, 92, 122.
Jehan Vachon, marchand d'Angers, 122, 123.
Jérôme (saint), 53, 60.
Jérusalem, 39.
Jessé (arbre de), 80.
Jésus-Christ, 34, 43, 44, 45, 46, 49, 50, 55, 59, 60, 62, 66, 67, 68, 69, 71, 72, 73, 75, 76, 77, 78, 81, 86, 87, 91, 92, 94, 95, 96, 97, 98, 103, 104, 105, 106, 107, 108, 114, 115, 116, 117, 120, 124, 126, 127, 129, 130, 134, 135, 157, 170, 179, 188, 196, 197, 200, 202, 204, 210, 211. — Voir Fils de Dieu, Messie, Enfant-Jésus, Nativité, Présentation au Temple. Baptème, Transfiguration, Cène, Prise de Jésus aux Oliviers, Jésus chez Pilate, Pilate et les Juifs insultant le Christ, Flagellation, Christ au roseau, Couronnement d'épines, Passion, Portement de croix, Crucifiement,

Christ en croix, Descente de Croix, Ensevelissement, Résurrection, Ascension, Christ bénissant, Christ en majesté, Le Christ montrant ses blessures à son Père, Nom de Jésus, Monogramme du Christ.

Jeu de fond, 118, 134, 138.

Joachim, époux de sainte Anne, 168.

Joseph, fils de Jacob (histoire de), 54.

Joseph (saint), 68, 69, 86, 87, 115, 116, 120.

Judas (trahison de), 77.

Jude (saint), apôtre, 157, 166.

Jugement dernier (le), 191,

Juifs (Pilate et les), insultant le Christ, 95, 97, 98.

Jugement (le), 103, 200.

Julien (saint) de Brioude, 108.

Jupel, 210.

Justaucorps, 181.

Laboureur, 210.

Lac d'amour, 150, 153, 158.

Laie, 142.

Lambrequin, 136.

Lampe, 115, 116.

Lance, 154, 156, 157, 202, 203, 204.

Langue, 49.

Lanterne, 68, 71.

Larron, 107. — Le bon larron, 107.

Laurent (saint), 205.

Lavement des pieds (le), 76.

Lazare, 117. — Lazare (résurrection de), 37, 117, 118, 135.

Légende, 164, 168.

Lettres, 65, 158.

Léopard, 201.

Lévite, 87.

Levrette, 146.

Lévrier, 69.

Licorne, 146.

Lion, 81, 105, 119, 142. — Attribut de saint Marc, 81, 105, 117, 132, 203, 204.

Lit, 115, 116.

Litre, 54, 56, 136, 171. — Litre funèbre, litre funéraire, 93, 109, 119, 129.

Livre, 48, 50, 56, 62, 68, 75, 78, 85, 96, 101, 103, 108, 111, 114, 116, 117, 122, 124, 126, 141, 155, 156, 157, 167, 200, 205, 206.

Longin (le soldat), 196.

Lorraine (Isabelle de), abbesse de l'ordre de Fontevraud, 78.

Lorraine (Renée de), abbesse de Saint-Pierre de Reims, de l'ordre de Fontevraud, 78.

Louis de Toulouse (saint), 47, 49, 50, 80.

Louis (saint), roi, 60, 80.

Luc (saint), 114.

Lude (seigneur et dame du), 117, 118, 119. — Voir Daillon du Lude.

Lune, 127, 196.

Luxure (la), 180, 181.

Madeleine (sainte), 44, 68.

Mages (adoration des), 36, 67, 69, 73, 85, 86, 198. — Mages (histoire des), 38, 39.

Magistrats (portraits de), 175.

Main de justice, 60.

Maison, 41.

Maître enseignant à des disciples, 178.

Mal marié (le), 210.

Malle de voyage, 70.

Marcassin, 142.

Marchand d'Angers, 122. — Voir Jehan Vachon.

Marguerite (fleur de), 54, 103, 114, 128, 138.

Marguerite (martyre de sainte), 99, 100, 101, 108, 116, 205. — Flagellation de sainte Marguerite, 100, 101.
Marie, mère de Jésus. — *Voir* Vierge (la).
Marie, sœur de Lazare, 37.
Marteau, 154, 202, 203, 204.
Marthe, sœur de Lazare, 37.
Martin (saint), 63, 64, 205. — *Voir* Messe de saint Martin.
Martyr, 80.
Martyre, 96, 99, 108.
Martyre (scène de), 97, 99. — Martyre de saint Blaise, 100, 101, 123, 124. — Martyre de saint Étienne, 119. — Martyre de sainte Marguerite, 99, 100, 101.
Mascaron, 56.
Massacre des Innocents, 36, 38, 39, 135.
Massue, 146.
Mât, 146.
Mathefelon (Françoise de), épouse de Jean de Brie, seigneur de la Sorinière, 68, 71.
Mathias (saint), 157, 166.
Matthieu (saint), 75, 131, 157, 166.
Maurille (saint), 206.
Médard (saint), 137.
Melchisedech, 157.
Même (saint), martyr. 80.
Mendiants (les quatre), 209, 211.
Mercure, 136.
Messe de saint Grégoire, 126.
Messe de saint Martin, 63.
Messie (le), 86, 131.
Meuble, 199.
Michel (saint), 44, 60, 137, 138.. — Ordre de saint Michel, 192.
Militaires (portraits de), 175,
Miracle de la Vierge, 168.
Miroir, 146, 181.

Mitre, 49, 50, 51, 87, 88, 101, 103, 110, 123, 137, 138, 205, 206.
Moine, 41, 74, 80, 92, 101, 121, 133, 198, 210, 211. — *Voir* Mendiants (les quatre).
Moïse, 47, 48, 129, 130.
Moissonneur, 87.
Monogramme, 153. — Monogramme du Christ, 49, 50, 51, 134, 150, 179.
Monstre, 112, 142, 147, 158, 190, 201.
Mort (la), 156, 180.
Mort de la Vierge, 47, 78, 80.
Mortier d'apothicaire, 150.
Morts (les), 130, 133, 200.
Moulin à vent, 63.
Mouton, 86.
Mule, 87, 88.
Multiplication des pains, 110.
Musicien, 74. — Anges musiciens, 37, 75, 107.
Musique (instruments de), 182. — *Voir* Cymbalum, Harpe, Orgue portatif, Triangle, Trompette, Viole.

Nativité de Jésus-Christ, 67, 86, 91, 92, 114.
Nativité de la Vierge (annonce de la), 168.
Navire, 42.
Nègre, 70, 87.
Neige, 97.
Nicolas (saint) et les trois enfants, 80, 205.
Noé offrant des sacrifices, 169.
Nom de Jésus, 134. — *Voir* Monogramme du Christ.
Notes de musique, 141.
Nuage, 62, 69, 71, 97, 105, 155.

Oie, 144.
Oiseau, 146, 152, 153, 159, 173, 176.

— 222 —

Olifant, 145.

Oméga, 75, 117.

Ongle de fer, 124.

Oranger, 176.

Ordre de Saint-Michel (Collier de l'), 192.

Oreiller, 179.

Orfèvrerie, 211.

Orgue portatif, 107.

Orgueil (l'), 180, 181.

Orphelin, 209, 211.

Outils, 145.

Ouvrier, 120.

Ouvroir de saint Crespin et de saint Crespinien, 120, 121.

Pain, 157. — Pains (multiplication des), 110.

Palme, 54, 96, 108, 117, 128, 205, 206.

Palmette, 42, 54, 55, 112, 128.

Panetière, 209.

Panier, 145.

Pape, 126. — *Voir* Grégoire (saint).

Paradis, 103, 201.

Paradis terrestre, 169. — *Voir* Expulsion du Paradis terrestre, Fleuves du Paradis terrestre.

Parchemin, 60.

Passage de la mer Rouge, 169.

Passion de Jésus-Christ (scènes de la), 76. — Passion (instruments de la), 81, 82, 83, 84, 90, 126, 154, 185, 202, 203, 205, 206.

Pâtre, 69.

Paul (saint), 200, 205.

Pauvre, 120, 205, 209, 210.

Paysage, 40, 41, 65, 67, 68, 86, 87, 88, 175.

Paysan, 143, 145.

Pêche, 183.

Peigne, 146. — Peigne de fer, 101, 123.

Pèlerin, 209, 211.

Pèlerin (saint), 128.

Pèlerine, 142, 211.

Pentecôte, 78.

Perche, poisson, 129.

Père éternel (le), 61, 81, 124, 130.

Perle, 50, 85, 87, 155.

Personnage, 56, 61, 66, 74, 92, 93, 100, 102, 110, 117, 128, 133, 134, 135, 136, 142, 166, 170, 172, 175, 177, 179, 183, 194, 198, 199, 204. — Personnages de l'Ancien et du Nouveau Testament, 73.

Philactère, 81, 86, 105, 114, 132, 133, 154, 156, 195.

Philbert (saint), abbé, 128

Philippe (saint), 156, 166.

Pierre, 206.

Pierre (saint), 45, 102, 103, 137, 138, 155, 165, 200, 205.

Pierreries, 87, 108.

Pilate et les Juifs insultant le Christ, 95, 97, 98.

Pilate (Jésus chez), 170.

Pilate se lavant les mains, 170.

Pilon, 150.

Pique, 180.

Pitié (Vierge de), 97.

Plie, poisson, 129.

Poisson, 110, 111, 129. — *Voir* Anguille, brochet, carpe, perche, plie, tanche.

Pont, 68.

Porc, 181.

Portement de Croix, 90, 94, 96, 121, 188, 209, 210, 211. — *Voir* Humanité (l') souffrante aidant le Christ à porter sa croix.

Portique, 92.

Portrait, 175. — *Voir* Ecclésiastiques, magistrats, militaires.

Potence, 190.

Poule, 144.

Pourpoint, 101, 110, 119, 123, 124.

Présentation de Jésus au Temple, 85, 87.

Présentation de Marie au Temple, 168.

Prêtre, 80, 121, 133. — Le grand prêtre, 87.

Prie-Dieu, 68, 76, 78, 155.

Prise de Jésus aux Oliviers, 170.

Prison, 80, 102.

Prisonnier, 211.

Procession, 199.

Prophète, 131, 132, 133. — Voir David, Habacuc, Isaïe, Osée, Zacharie.

Puits, 145.

Pupitre, 114, 126.

Purgatoire (flammes du), 95.

Quatrefeuille, 35, 56, 150, 158.

Quenouille, 110, 120.

Rapporteur (le), 145.

Rasoir, 143.

Rat, 145.

Réchaud, 69.

Reine, 40, 108, 175.

Religieuse, 41, 76, 77, 78, 79, 92. — Voir Bourbon (Louise de), Bourbon (Marie-Gabrielle-Éléonore de).

Rencontre de Joachim et d'Anne, 168.

René (saint), 206.

Réprouvé, 201.

Reptile, 152, 178.

Résurrection de Jésus-Christ, 78, 182.

Résurrection de Lazare, 37, 117, 118, 135.

Résurrection des morts 131, 133, 200, 201.

Rideau, 42, 115, 126.

Rinceau, 41, 112, 116, 134, 140, 153, 173.

Rivière, 68, 70, 96, 129.

Robe du Christ, 154, 202, 203.

Roch (saint), 109.

Rochechouart de Mortemart (Marie-Madeleine-Gabrielle de), abbesse de Fontevraud, 78, 79.

Rochechouart de Vivonne (Louise-Françoise de), abbesse de Fontevraud, 77.

Roi, 40, 69, 70, 74, 80, 87, 175, — Voir Louis (saint).

Rosace, 128.

Rose, 57, 134, 172, 181.

Roseau, 45, 98, 149, 154, 204.

Roue, 99, 117.

Rouleau, 81, 82, 83, 84, 157.

Ruban, 35, 37, 47, 55, 164.

Sac, 211.

Sacrement (Saint), 80.

Sacrifice d'Abraham, 169.

Saint, 80.

Sainte, 80, 98, 110.

Sandales, 49, 59, 92, 137.

Satan, 99, 100, 190. — Voir Démon, Diable.

Sceptre, 70, 85, 98, 155, 196.

Scie, 157.

Sébastien (saint), 44, 108, 109, 110, 129, 194.

Sébile, 210.

Seigneur, 68, 117, 118. — Voir Lude (seigneur du), Sorinière (seigneur de la).

Sépulcre, 117.

Serpent, 152, 155, 158, 201.

Siège, 42, 66.

Simon (saint), apôtre, 75, 157, 166.

Singe, 141, 142, 146, 150.

Sirène, 146.

Soldat, 36, 74, 169.

Soleil, 42, 65, 127, 196.

Sorinière (seigneur et dame de la), 68.
Souche, 151.
Soulier à la poulaine, 119, 184.
Souquenie, 210.
Sous-diacre, 126.
Squeletté, 156, 180.
Stephaton, 196.
Suaire, 83, 117, 185, 202, 203.
Supplicié, 190.
Surcot, 68, 96, 108.
Surplis, 180.
Sybilles, 130.
Synagogue (la), 196.

Tableau, 41.
Tables de la loi, 40.
Tablette, 156, 157.
Tablier, 144.
Tanche, 129.
Tapisserie, 175, 199.
Tenailles, 154, 202, 204.
Tentation d'Adam et d'Eve, 157, 158, 169.
Testament (personnages de l'Ancien et du Nouveau), 73.
Tête, 152, 153, 155, 159, 175, 206.
Thomas (saint), apôtre, 156, 166, 206.
Tiare, 81, 104, 124.
Tissu, 59, 80.
Titre de la croix, 154, 205.
Tombeau, 126.
Tonneau, 205.
Toque, 124, 181, 195.
Torrent, 111.
Tour, 108, 131.
Trahison de Judas, 77.
Traîneau, 146.
Transfiguration, 129, 130, 133.
Travaux de la terre (les), 169.
Triangle de musique, 107.
Trinité (Sainte-), 81.
Trompette, 74, 107, 141.
Trône, 55, 61, 75, 81, 87, 88, 104, 114, 200.
Tunique, 81, 82, 83, 84, 85, 86, 92, 97, 101, 103, 105, 122, 124, 128, 129, 137, 138, 154, 155, 202, 203, 204, 206.
Turban, 70, 86, 86, 123, 128, 132.

Vachon (Blaise), fils de Jehan Vachon, 124.
Vachon (Jehan), marchand d'Angers, 122, 123.
Valérien (saint), martyr, 128.
Valet, 69.
Vase, 70, 85, 142, 152, 173, 182, 196, 198. — Vase d'élection, 195.
Venant (saint), 108.
Verges, 154, 203.
Véronique, 202.
Veuve, 209, 211.
Vieillard, 43, 44, 69, 70, 86, 135, 155. — Vieillards de l'Apocalypse, 182.
Vierge (la) Marie, Sainte Vierge (la), 36, 43, 45, 46, 47, 55, 56, 57, 66, 67, 69, 71, 78, 80, 85, 86, 87, 88, 94, 96, 97, 114, 115, 116, 120, 121, 155, 158, 164, 167, 168, 176, 194, 196, 198. — Voir Anne (sainte) et la Vierge, Annonce de la Nativité, Présentation au Temple, Prière de Marie, Annonciation, Visitation, Fuite en Égypte, Mort de la Vierge, Assomption, Couronnement dans le ciel, Vierge de Pitié, Miracle de la Vierge.
Ville, 42, 71.
Viole, 107.
Visitation de la Vierge, 85, 86, 155.
Voile de bateau, 146.
Voile, 82, 126, 154, 204. — Voile de la Sainte Face, 96, 126, 209, 211. — Voir Face du Christ, Véronique.
Volet de triptyque, 96.
Vouge, 145.

Table des Planches

I. Ancien cloître de l'Abbaye Saint-Aubin, à Angers.
— Les Mages à cheval 38

II. Ancien cloître de l'Abbaye Saint-Aubin, à Angers.
— Les Mages devant Hérode 39

III. Ancien couvent de la Baumette, à Angers. —
Saint-Jean-Baptiste 48

IV. Ancien couvent de la Baumette, à Angers. —
Saint-Bonaventure 48

V. Ancien couvent de la Baumette, à Angers. —
Saint-Louis de Toulouse 49

VI. Château de la Bourgonnière, à Bouzillé. — Autel
du Christ 58

VII. Église de Chanteussé. — Les Femmes qui médisent,
les Diables qui écrivent 62

VIII. Château de Raguin, à Chazé-sur-Argos. — Amours
jouant avec des couronnes et des lettres 64

IX. Église Saint-Pierre, à Chemillé. — Le Christ et la
Vierge du clocher 65

X. Chapelle de la Sorinière, à Chemillé. — L'Adoration
des Bergers 66

XI. Chapelle de la Sorinière, à Chemillé. — L'Adora-
tion des Mages 69

XII. Chapelle de la Sorinière, à Chemillé. — Saint Chris-
tophe 70

XIII. Église de Denézé-sous-le-Lude. — Le Christ en ma-
jesté 74

XIV. Chapelle du Pimpéan, à Grésillé. — Les Anges
tenant les instruments de la Passion 81

XV. Chapelle du Pimpéan, à Grésillé. — Scènes de la vie
de la Vierge 85

XVI. Chapelle du Pimpéan, à Grésillé. — L'Annonce
aux Bergers 86

XVII. Église du Lion-d'Angers. — Le Portement de Croix. 96

XVIII. Église du Lion-d'Angers. — Satan.............. 98

XIX. Église de la Jaillette, commune de Louvaines. —
Le martyre de saint Blaise.................. 100

XX. Église de Lué. — Les Élus au ciel............. 102

XXI. Église de Lué. — L'Agneau de Dieu............ 102

XXII. Chapelle de Souzigné, commune de Martigné-
Briant. — Le Christ en majesté.............. 104

XXIII. Oratoire du château de Montreuil-Bellay. — Les
Anges musiciens de la voûte................. 107

XXIV. Même sujet........................... 107

XXV. Oratoire du château de Montreuil-Bellay. — La
Cène 108

XXVI. Oratoire du château de Montreuil-Bellay. — Deux
saintes martyres.......................... 108

XXVII. Église de Pontigné. — La Vierge couronnée, l'Annonciation, la Nativité du Christ.............. 114

XXVIII. Église de Pontigné. — La Vierge couronnée
(détails) 114

XXIX. Église de Pontigné. — Le Lion de saint Marc...... 117

XXX. Église de Pontigné. — Le Christ ressuscitant
Lazare 118

XXXI. Église Saint-Aubin des Ponts-de-Cé. — L'Humanité souffrante soutenant la croix du Christ..... 121

XXXII. Église Saint-Aubin des Ponts-de-Cé. — Portrait de
Jean Vachon............................ 124

XXXIII. Église Saint-Aubin des Ponts-de-Cé. — Le Martyre
de saint Blaise.......................... 124

XXXIV. Église de Cunaud. — Saint Christophe........... 129

XXXV. Château du Plessis-Bourré, à Écuillé. — Un panneau du plafond.......................... 146

XXXVI. Chapelle de la Bouteillerie, à Brain-sur-l'Authion.
— Lambris de la Chapelle. 150

XXXVII. Église de Fontaine-Guérin.— Fragment du lambris. 152

XXXVIII. Église de Miré. — Fragment du lambris......... 154

XXXIX. Église de Villevêque. — Le Jugement......... 200

XL. Église de Villevêque. — L'Enfer............. 200

XLI. Ancienne église du prieuré des Alleuds. — Le Portement de Croix.......................... 210

TABLE DES MATIÈRES

Pages

INTRODUCTION :   5

Les plus anciennes peintures de l'Anjou. — Le décor des édifices et le décor des manuscrits. — Les peintures murales du
XIIe siècle. — La flore et les peintures murales du XIIIe siècle.
— L'influence du vitrail sur la fresque. — La tonalité des
peintures murales au XIVe siècle et au XVe siècle. — L'influence du roi René. — Le *Portement de croix* de Montriou,
de Saint-Aubin des Ponts-de-Cé et du Lion-d'Angers. —
La satire dans l'œuvre des peintres du XVIe siècle. —
Les plafonds et les lambris peints. — Les œuvres détruites. — Les méfaits du badigeon. — Les démolitions et les
restaurations maladroites. — Quelques noms d'artistes. —
Caractères généraux des peintures murales de l'Anjou :
le respect de la tradition et le sens de la mesure. — Conclu-
sion.

PREMIÈRE PARTIE

Peintures existantes

Peintures murales

ANGERS :
Ancienne église collégiale de Saint-Martin 35
Ancienne église abbatiale de Toussaint..................... 36
Ancien cloître de l'abbaye Saint-Aubin, aujourd'hui préfec-
    ture de Maine-et-Loire................................ 38
Ancienne abbaye du Ronceray, aujourd'hui École nationale
    d'Arts-et-Métiers 39
Ancien hôpital Saint-Jean, aujourd'hui Musée archéologique. 41
Ancienne chapelle du château......................... 45
Ancienne maison canoniale de Saint-Michel............... 46
Dispensaire de la Croix-Rouge........................... 47
Ancien couvent des Cordeliers, puis des Récollets de la Bau-
    mette.. 47

AUBIGNÉ-BRIANT :
Église paroissiale..................................... 53

AVRILLÉ :
  Ancienne église du prieuré de la Haie-aux-Bons-Hommes... 53

BEAUFORT-EN-VALLÉE :
  Chapelle de l'ancien prieuré d'Avrillé...................... 57

BOUZILLÉ :
  Chapelle du château de la Bourgonnière.................... 58

BRÉZÉ :
  Chapelle du château de Lançon....................... 61

CHANTEUSSÉ :
  Église paroissiale................................. 62

CHAZÉ-SUR-ARGOS :
  Château de Raguin................................. 64

CHEMILLÉ :
  Église paroissiale de Saint-Pierre..................... 66
  Chapelle du château de la Sorinière.................... 67

CIZAY :
  Ancienne église abbatiale d'Asnières.................. 73

DAUMERAY :
  Chapelle de Doussé.............................. 74

DENEZÉ-SOUS-LE-LUDE :
  Église paroissiale................................. 74

FONTEVRAUD :
  Ancienne salle capitulaire de l'abbaye.................. 76
  Chapelle Saint-Benoît............................. 79

GRÉSILLÉ :
  Chapelle du château du Pimpéan...................... 79

LASSE :
  Ancienne chapelle du château de Poisieux.............. 92

LION-D'ANGERS (LE) :
  Église paroissiale................................. 93

LOUVAINES :
  Église paroissiale de la Jaillette..................... 100

LUÉ :
  Église paroissiale................................. 101

MARTIGNÉ-BRIANT :
  Chapelle du village de Souzigné...................... 104

MONTFAUCON :
  Ancienne église paroissiale de Saint-Jean.............. 105

MONTJEAN :
  Ancienne église du prieuré-cure de Châteaupanne.......... 106

Montreuil-Bellay :
Oratoire du château...
Ancienne église collégiale, aujourd'hui église paroissiale...... 109
Chapelle de l'hôpital Saint-Jean........................... 109

Morannes :
Ancienne église du prieuré de Juigné-la-Prée.............. 110

Pin-en-Mauges (le) :
Chapelle du château de la Jousselinière.................. 111

Pontigné :
Église paroissiale.. 111

Ponts-de-Cé (les) :
Église paroissiale de Saint-Aubin........................ 119

Prévière (la) :
Ancienne église de la Primaudière....................... 125

Saint-Hilaire-du-Bois :
Ancien prieuré de Coudray-Montbault.................. 126

Saint-Saturnin :
Ancienne église du prieuré de la Colombe............... 127

Trèves-Cunaud :
Ancienne église du prieuré, aujourd'hui église paroissiale de
   Cunaud 127
Ancienne église paroissiale de Saint-Maxencieul de Cunaud.. 134
Église paroissiale de Trèves............................. 134
Église de l'ancien prieuré de Saint-Macé 134

Varrains :
Maison appartenant à Mme Expert..................... 135

Vergonnes :
Ancienne chapelle du château du Plessis................. 136

Villemoisan :
Chapelle de la Commanderie............................ 137

Planchers et plafonds peints

Brissac :
Château 139

Écuillé :
Château du Plessis-Bourré............................. 140

Lambris peints

Angers :
Ancienne église collégiale de Saint-Martin............... 149

Brain-sur-l'Authion :
Chapelle du château de la Bouteillerie................... 149

CHALLAIN-LA-POTHERIE :
Ancienne chapelle du château de la Cour-aux-Aulnais...... 150
FONTAINE-GUÉRIN :
Église paroissiale.................................... 151
MÉNITRÉ (LA) :
Ancienne chapelle du château...................... 152
MIRÉ :
Église paroissiale.................................. 153
MORANNES :
Ancienne chapelle de Chandemanche................ 158
MURS :
Église paroissiale d'Érigné......................... 159

DEUXIÈME PARTIE

Peintures détruites au XIXe siècle

Peintures murales

ANGERS :
Église cathédrale.................................... 163
Église paroissiale de la Trinité...................... 167
Chapelle de Notre-Dame-de-Sous-Terre, à l'ancien prieuré de
l'Esvière 168
Ancienne église collégiale Saint-Julien................ 169
Ancienne chapelle Saint-Blaise...................... 171
Ancienne chapelle du prieuré de la Papillaie.......... 171
Chapelle Saint-Hilaire de l'île Saint-Aubin........... 171
Ancien hôpital Saint-Jean, aujourd'hui Musée archéologique. 172
Ancien couvent des Jacobins, aujourd'hui caserne de gendar-
merie 174
Ancien hôtel de la famille Louet..................... 174
Ancien logis de Douzillé............................ 175
Logis d'Épluchard ou de Haute-Folie................ 175
BAUNÉ :
Église paroissiale................................... 176
BEAUFORT-EN-VALLÉE :
Église paroissiale.................................. 176
BEAULIEU :
Église paroissiale.................................. 177
BRION :
Église paroissiale.................................. 177
BROSSAY :
Chapelle de l'ancien prieuré de la Madeleine.......... 178

CHALONNES-SUR-LOIRE :
Ancienne chapelle de Saint-Hervé...................... 178

CHAMBELLAY :
Ancienne église paroissiale........................... 179

CHEFFES :
Église paroissiale.................................... 179

CHEMILLÉ :
Ancienne église paroissiale de Notre-Dame., ... 180
Église paroissiale de Saint-Pierre.................... 181

CHEMIRÉ-SUR-SARTHE :
Église paroissiale.................................... 182

CIZAY :
Église paroissiale.................................... 182

DENEZÉ-SOUS-DOUÉ :
Ancienne chapelle du prieuré de Chavais............... 183

DURTAL :
Ancien château, aujourd'hui hôpital................... 183

ÉTRICHÉ :
Chapelle du village des Moulins-d'Yvrée............... 183

FAYE :
Château de Gilbourg................................... 184

FENEU :
Chapelle du château de Montriou...................... 185

GENNES :
Église paroissiale de Milly........................... 189

LUIGNÉ :
Chapelle de la Commanderie........................... 189

MARCÉ :
Église paroissiale.................................... 189

MONTREUIL-BELLAY :
Ancienne église paroissiale de Saint-Pierre........... 191

MONTSOREAU :
Château 191

MORANNES :
Église paroissiale.................................... 192

PLESSIS-GRAMMOIRE (LE) :
Église paroissiale.................................... 192

PONTS-DE-CÉ (LES) :
Manoir des Rivettes................................... 193

PUY-NOTRE-DAME (LE) :
Ancienne collégiale, aujourd'hui église paroissiale........... 193

Saint-Aubin-de-Luigné :
Chapelle des Noulis...... 194
Saint-Melaine :
Église paroissiale...... 194
Saint-Laurent-du-Mottay :
Logis de la Prévôté...... 194
Saint-Rémy-la-Varenne :
Chapelle de l'ancien prieuré...... 196
Savennières :
Église paroissiale...... 197
Toureil (le) :
Ancienne église Saint-Martin...... 197
Villedieu-la-Blouère :
Ancienne église paroissiale de la Blouère...... 198
Villevêque :
Église paroissiale...... 200

Lambris peints

Durtal :
Ancienne église paroissiale de Saint-Pierre...... 202
Église paroissiale de Notre-Dame...... 203
Fougeré :
Église paroissiale...... 203
Corrections et additions 209
Peinture murale de l'ancienne église du prieuré de Saint-Aubin
des Alleuds...... 210

Table des Sujets représentés dans les peintures...... 213
Table des Planches...... 225
Table des Matières...... 227

Angers. Imp. G. Grassin, Richou frères successeurs. — 5 20.